W0404659

Das willkürliche und autonome Nervensystem: Hier werden unsere Erfahrungen durch die Repräsentations-Systeme analog zu unseren fünf Sinnen verarbeitet.

- visuell
- auditiv
- kinästhetisch
- olfaktorisch
- gustatorisch

N

Sprachliche und nonverbale Kommunikationssysteme, durch die unsere neuralen Repräsentationen kodiert, organisiert und mit einer Bedeutung belegt werden.

- Bilder
- Klänge, Worte, innerer Dialog
- Gefühle
- Geruch
- Geschmack

P

Das Vermögen, neue Fähigkeiten zu entdecken und zu entfalten und diese zu nutzen, um unser Nervensystem und unseren Körper so zu verändern, wie wir es wünschen. Uns zu programmieren, die Leistungen in den Kontexten hervorzubringen, die wir uns vorstellen.

L

Susanne Haag
Klaus Grochowiak

Das Arbeitsbuch zur NLP-Practitioner-Ausbildung

Neu überarbeitete und erweiterte Ausgabe

Susanne Haag
Klaus Grochowiak

Das Arbeitsbuch zur NLP-Practitioner-Ausbildung

Neu überarbeitete und erweiterte Ausgabe

CNLPA·VERLAG

1. Auflage
Covergestaltung: Eliane Zimmermann unter Verwendung des Motives „Karriere & Lebensweg" (Serie: Zen-Gärten) von Klaus Holitzka

Druck: Digital Print Group Erlangen

ISBN 3-00-012266-4

EINFÜHRUNG

Aufbau des Buches

Die Kapitel beginnen jeweils mit einer kurzen theoretischen Einführung in das Thema. Hier werden die wichtigsten Aspekte der folgenden NLP-Untermethoden erläutert und im Überblick dargestellt:

- Pacing & Leading
- Ankern
- Repräsentations-Systeme
- Submodalitäten
- Milton-Modell
- Metamodell der Sprache
- Reframing
- Reimprint

Exkurse bieten darüber hinaus interessante Hintergrundinformationen zu den einzelnen Themen.

Nach der Einführung in das jeweilige Thema folgen die praktischen Übungen. Dieser Übungsteil unterteilt sich in die Bereiche Grundfähigkeiten und Techniken.

Als Grundfähigkeiten bezeichnen wir grundlegende Fertigkeiten, die ein erfolgreiches Arbeiten mit den Techniken ermöglichen. Sie bilden die Basis der praktischen Handlungskompetenz. Die Grundfähigkeiten werden in Form von Modulen eingeführt. Danach folgen Übungsanleitungen zu den einzelnen Techniken. Die Anleitungen beinhalten die Schritte im Überblick. Zu jedem Schritt folgt jeweils eine genaue Beschreibung. Hierbei werden wichtige Hinweise für erfolgreiches Arbeiten am Seitenrand ergänzt. Bei komplexeren Techniken wird der Ablauf in der Regel zusätzlich als Grafik dargestellt.

Einige Technikanleitungen sind um Soll- und Soll-nicht-Listen erweitert. Diese Listen beziehen sich auf die praktischen Testings in unserer Practitioner-Ausbildung, bei denen unsere TeilnehmerInnen ihre Handlungskompetenz demonstrieren können. Die Soll-Liste zeigt dabei an, welche Fähigkeiten vorausgesetzt werden, die Soll-nicht-Liste, was vermieden werden muss, um das Testing zu bestehen.

Das Glossar im Anhang des Buches bietet Definitionen zu den NLP-Fachbegriffen. Im Glossar definierte Begriffe werden im Text mit *kursiver Schrift* angezeigt, wenn diese das erste Mal in einem Text benutzt werden.

Der Anhang beinhaltet darüber hinaus eine umfangreiche Literaturliste zu den im Buch behandelten Themen.

Ausführliche Informationen zu NLP-Fachbegriffen findendest du auf unserer homepage: **www.cnlpa.de**, Bereich: **Redaktion**, Unterbereich: **NLP Wissen**

Was ist NLP

Das Neurolinguistische Programmieren wurde in den 70er Jahren von Richard Bandler und John Grinder entwickelt. NLP ist ein psychologisches Kommunikationsmodell, das durch die Analyse der Arbeiten dreier Meistertherapeuten entstand. Diese drei „Zauberer der Therapie" genossen bereits zu ihren Lebzeiten einen legendären Ruf:

- Fritz Perls, der Begründer der Gestalttherapie
- Virginia Satir, die Grande Dame der Familientherapie
- Milton Erickson, der Vater der modernen Hypnosetherapie

Bandler und Grinder nahmen an, dass es in der Kommunikation dieser Therapiemeister mit ihren Klienten Gemeinsamkeiten geben müsse, die essenziell sind für das Erzielen tiefgreifender und effektiver Veränderung. Im Laufe der Zeit entwickelten sie auf diese Weise vielfältige Techniken für Kommunikation und therapeutische Interaktionen, mit denen in erstaunlich kurzer Zeit tiefgreifende und anhaltende Veränderungen herbeigeführt werden können. Im therapeutischen Bereich und im Coaching gelten die Techniken des NLP schon seit langer Zeit als höchst wirksame Kurzzeittherapie. Nun erlangt NLP auch im Geschäftsleben zunehmend an Bedeutung. Es bietet zum einen für die zunehmend gefragte soziale Kompetenz wertvolle Vorgehensweisen und hält effektive Werkzeuge zur Steigerung der immer wichtiger werdenden Verhaltensflexibilität bereit. Ob es um Führung, Verkauf, Serviceleistungen, Verhandlungen oder Teamarbeit geht, mit den Kommunikations- und Coachingtechniken des NLP werden Fähigkeiten erlernbar, die zuvor als angeborenes Talent betrachtet wurden.

NLP ist die Kunst und Wissenschaft von persönlicher Vervollkommnung, von effizienter Kommunikation und Spitzenleistungen.

J. O'Connor, J. Seymour: Introducing Neuro-Linguistic Programming

Neuro bezieht sich auf das Gehirn und das Nervensystem, in dem menschliches Verhalten, Körperzustand, Denken und Fühlen – sozusagen die Regiearbeit über sämtliche Handlungen – des jeweiligen Individuums beheimatet sind.

Linguistisch bedeutet, dass wir mittels der verbalen und nonverbalen Sprache unser inneres Erleben intern verarbeiten, speichern und mitteilen können. Mittels dieser Sprache bauen wir uns „Landkarten der Wirklichkeit".

Programmieren bezieht sich auf die Fähigkeit, in unsere neuralen Netzwerke eingreifen zu können, um sowohl Gefühlsreaktionen als auch Verhaltensweisen so zu verändern, dass diese unserer Gesamtpersönlichkeit nützlich sind.

Voranannahmen des NLP

1. Kommunikation läuft immer über die 3 *Hauptrepräsentations-Systeme* gleichzeitig und kann daher als redundant angesehen werden.

2. Die Bedeutung meiner Kommunikation wird nur von der (verhaltensmäßigen) Antwort bestimmt, die ich erhalte; unabhängig von dem, was ich meine, und unabhängig von dem, was meiner Meinung nach der andere versteht.

3. „Widerstand“ kommentiert die Inflexibilität des Kommunizierenden. Erfolgreiche Kommunikatoren akzeptieren und nutzen jedes angebotene Verhalten.

4. Es gibt keinen Ersatz für saubere, offene sensorische Kanäle.

5. Ich treffe immer die beste Wahl, die mir zu einem gegebenen Zeitpunkt zur Verfügung steht. Das bedeutet allerdings nicht, dass es keine bessere Wahl gibt.

6. Alle Menschen haben Ressourcen, um gewünschte Veränderungen an sich vorzunehmen.

7. Individuen haben zwei Ebenen der Kommunikation: die bewusste und die unbewusste.

8. Die Angemessenheit des Verhaltens einer Person sagt nichts über ihren Wert aus. Menschen arbeiten perfekt, niemand funktioniert nicht richtig oder ist kaputt. Wenn ein Mensch nicht über ausreichend angemessene Verhaltensmuster verfügt oder mit seinem Verhalten unzufrieden ist, kann dieses Verhalten Gegenstand der Veränderung sein.

9. Für jedes Verhalten gibt es einen Kontext, in dem es nützlich und sinnvoll angewendet werden kann.

10. Jedes Individuum kann um so angemessener auf seine Umgebung reagieren, je mehr Verhaltenswahlmöglichkeiten es besitzt.

11. Die Intention allen Verhaltens ist positiv.

12. „Die Landkarte ist nicht das Territorium.” Menschen reagieren auf ihre Abbildung der Realität, nicht auf die Realität selbst. NLP ist die Wissenschaft vom Verändern dieser Landkarten.

13. Es gibt keine Fehler in der Kommunikation, nur Feedback.

14. Alle Unterschiede, die Menschen hinsichtlich ihres inneren Erlebens machen können, können sinnvoll in den fünf *Repräsentations-Systemen* abgebildet werden.

15. Die Person mit der größten Verhaltensvariabilität steuert die Situation.

16. *Rapport* bedeutet, dem anderen in seinem Modell der Welt zu begegnen.

17. Wenn ein Mensch eine Leistung vollbringen kann, ist es möglich, das entsprechende Verhalten zu *modellieren* und es andere zu lehren.

18. *Chunking* – alle Menschen können Leistungen weit über ihre subjektiv empfundenen Grenzen hinaus vollbringen, wenn die Aufgabe in Stücke geteilt wird, die klein genug sind. „Wie isst man einen Elefanten? – Happen für Happen.”

Eine ausführlichere Variante der Geschichte des NLP findendest du auf unserer homepage:
www.cnlpa.de,
Bereich: **Redaktion**,
Unterbereich: **NLP Wissen**

GESCHICHTE DES NLP

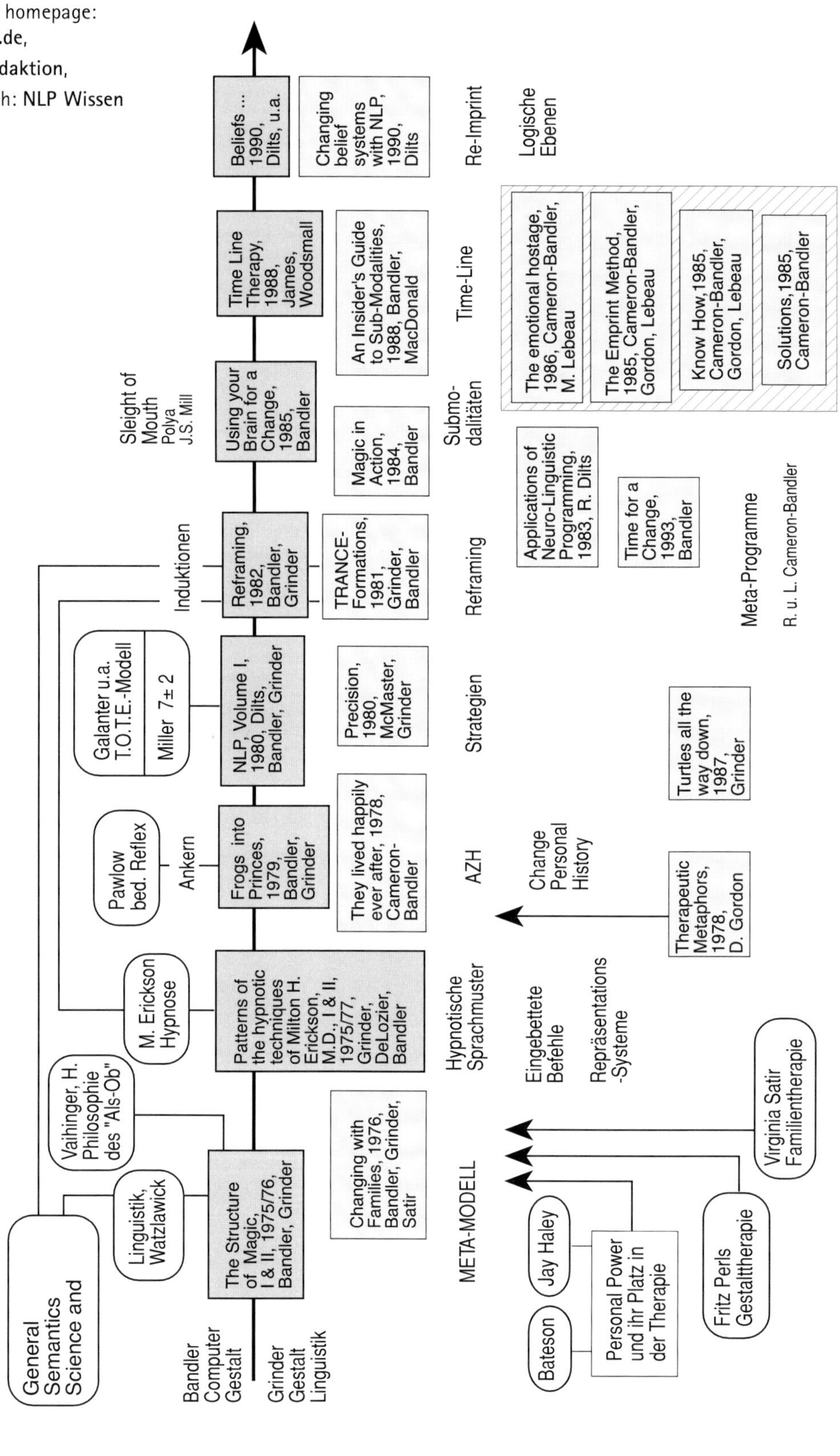

Prac. Geschichte des NLP

Das S.C.O.R.E.-Modell

Technik	Symptom	Ursache	Ressource	Ziel	Effekt
Zielbestimmung	Ziellosigkeit	Infos fehlen	Führen zu ... →	... →	
Meta-Modell	Diffuse Problem-beschreibung	Tilgung, Verzerrung, Generalisierung	Rückgewinnung der relevanten Erfahrungen	Klarheit, Verstehen	Problemlösung
Anker verschmelzen	behindernde Erfahrung (K-)	Kein Zugang zu Ressourcen	positive Erfahrung	Ressource K+ in der Problemsituation erleben	Kreativität und Lebendigkeit
Chaining	Steckenbleiben	zu große Schritte	mehrere kleine Schritte	autonomes Weiterkommen	Vertrauen auf Weiterkommen
Re-Imprinting	Trauma, negative Glaubenssätze	Konflikte im Imprint-System	neue Ressourcen und Erfahrungen einführen	positiver Glaube K+ Verständnis / Verzeihen	Synergie des Gesamtsystems
Geschichte verändern	Wiederholtes K- ohne Glaubenssatz	vergangene negative Erfahrungen	Verbindung mit positiver Erfahrung	wiederholtes K+	GLÜCK
Walt-Disney-Strategie	unerfüllte Wünsche, was kann ich machen?	Konflikte von Teilpersönlichkeiten	Austausch und Ausleben der Teilpersönlichkeiten	Zielklarheit und Zielerreichung	persönliche Wirksamkeit
1.-2.-3.-Position	Konflikt interpersonell	wechselseitiges Unverständnis	Wissen vom anderen	Verständnis	Gemeinsamkeit
Reframing	unangemessenes Verhalten	einseitiger Standpunkt einseitige Sicht	neue Standpunkte und Sichtweisen ausprobieren	angemessenes Verhalten	Kongruenz
Verhandlung zwisch. d. Teilen	innerer Konflikt	verschiedene Teile arbeiten gegeneinander	Kommunikation und Anerkennung der Teile	Ergänzung der Teile	ganzheitliches Handeln
Kontext-reframe	unangemessenes Verhalten in bestimmten Situationen	Situationen werden verwechselt	passenden Kontext finden	angemessenes Verhalten	Wahlmöglichkeiten
Bedeutungs-reframe	unerwünschtes Gefühl und Verhalten	negative Interpretationen	positive Interpretation	positives Gefühl	Akzeptanz
6-Schritt-Reframe	unerwünschtes Verhalten, körperliche Symptome	Teil mit positiver Absicht und unangemessenem Verhalten	kreativen Teil einbeziehen	neue Wahlmöglichkeiten	gute Absicht und sinnvolles Verhalten
Submodalitäten Swish	Steckenbleiben in negativen Gefühlen	"sinnliche Verpackung" ist unangemessen	Austausch und Veränderung der "Verpackung"	weitergehen	Flexibilität
Trance	Streß, Unzufriedenheit, Rationalisieren	einseitige Wahrnehmung	positive Erfahrung mit den unbewußten Ressourcen	neues Empfinden, Zufriedenheit und K+	neue Wege entspannt finden
Strategien	verwirrt, weiß nicht wie	Unwissenheit	Sequenzen erlernen, wahrnehmen	wissen wie	Effektivität, mehr Fähigkeiten
Bewegung in logischen Ebenen	persönliche Inkongruenz	Verhältnis der Teile zum Ganzen unbestimmt	stimmiger Neuentwurf mit Ressourcen	Kongruenz, Authentizität	Ganzheitlichkeit
Zwänge zer-platzen lassen	zwanghaftes Verhalten, innere Stimmen	negative Konditionierung	durch Übertreibung entmachten	Wahlmöglichkeiten	Selbstbestimmung
Fast Phobia	Phobien, Angstzustände	unkontrolliertes Ablaufen eines "Befürchtungsfilms"	Dissoziation, Film rückwärts laufen lassen	Angstfreiheit, angemessenes Gefühl	Selbstvertrauen

Das S.C.O.R.E.-Modell

Technik	Symptom	Ursache	Ressource	Ziel	Effekt
Meta-Programme	unklare Problembestimmung	unangemessene Sortprogr. bzw. Wahrnehmungsfilter	Erweiterung und Ergänzung von Meta-Programmen	angemessene Informationsverarbeitung	Klarheit, Verstehen Einsicht
Glaubenssätze verändern	einschränkende Statements, über sich und die Welt	Limitierender Glaubenssatz	Gegenbeispiele	neuer, bereichernder Glaubenssatz	Vertrauen in die eigenen Fähigkeiten
Konflikt-Integrations-Modell	widersprüchliche Glaubenssätze	widersprüchliche Welterfahrung	Gemeinsames Ziel der beiden Teile finden	Integration der Ziele	mehr Energie u. Lebensfreude im entsprechend. Bereich
Sleight of Mouth	Komplexe Äquivalenz, Ursache-Wirkung-Behaupt.	Limitierender Glaubenssatz, Modell der Welt	15 verschiedene Muster, die Äquivalenz aufzulösen	neuer bereich. Glaubenssatz, erweitertes Modell d. Welt	Zuversicht, neue Perspekt., Offenheit für Neues
Timeline	unangemessenes K- wiederholt sich	vergangene negative Erfahrungen	Ursprungserfahrung plus Ressource-Erfahrung	angemessenes K+	Wachstum, Freiheit
Allergie-Format	Allergische Reaktionen	Fehlkonditionierung des Immunsystems	ähnliche, andere Erfahrung ohne allergische Reaktion	angemessene körperliche Reaktion - allergiefrei	neues Verständnis des eigenen Körpers
Vordergrund-Hintergrund	Allergien,Phobien ..., Reize, die i. best. Kontexten wirken	Reiz-Reaktions-Kopplung	alternat. Erfahrung und Verschieb. d. Aufmerksamkeit	ohne Symptome auf den entsprechenden Reiz reagieren	neues Verständnis des eigenen Körpers
Schwellen-muster	will etwas beenden, aber kann nicht	Mangelnde Alternative, K- nicht groß genug	Erinnerung an erfolgreiches "niemals wieder"	Beenden eines unangemessenen Verhaltens	Freiheit und Selbstbestimmung
Integration der Wahrnehmungsp.	verzerrte Wahrnehmung, mangelnde Kongruenz	Dissoziierung der Wahrnehmung - Kindheitstrauma	Integration der Wahrnehmung	erwachsene Wahrnehmungsfähigkeit in allen drei Pos.	mehr Kongruenz, mehr Wahlmöglichkeiten
Aligned Self	Alle Symptome, besonders Arbeit mit jüngeren Teilen	Kindheitstrauma	CORE OUTCOME	neues, angemessenes Verhalten, Symptomfreiheit	mehr Kongruenz, mehr Wahlmöglichkeiten
Augenbewegungsintegration	Problemloop	Mangelhafte Nutzung der verschiedenen Rep.-Systeme	Vollständige Nutzung der Rep.-Systeme	komplexere, differenziertere Wahrnehmung des Konflikts	komplexere Welterfahrung

EIN MODELL FÜR VERÄNDERUNG

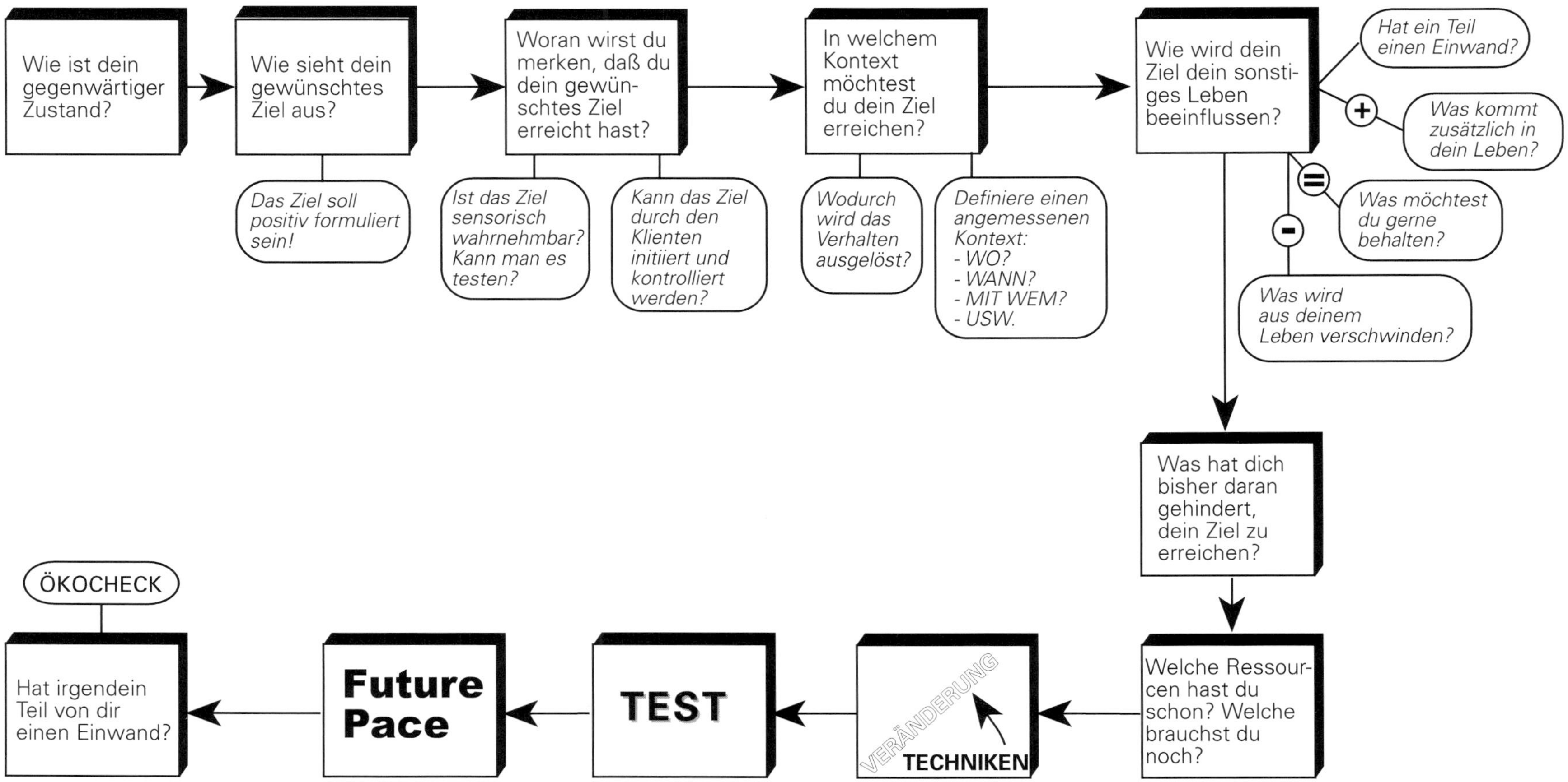

DER MENSCHLICHE MODELLIERUNGSPROZESS

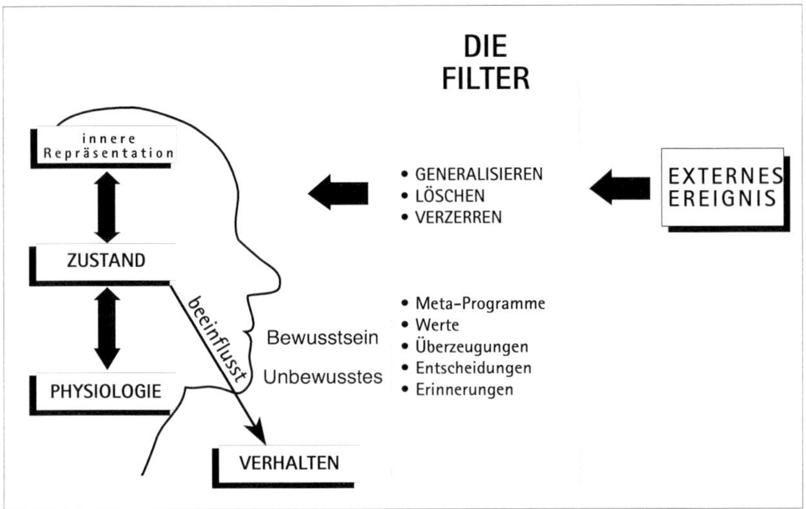

Wenn ein Kind geboren wird, beginnt es, die Welt mit Hilfe der fünf Sinne zu repräsentieren: Hören, Sehen, Fühlen, Schmecken und Riechen. Wenn das Kind größer wird, beginnt es, ein Sprachsystem zu entwickeln. Damit entwickelt es gleichzeitig ein Modell der Welt, das nicht mehr auf direkter Erfahrung beruht, sondern durch Sprache vermittelt wird. Mit dieser Übersetzung der sinnlichen Erfahrung in Sprache beginnt das Kind, ein eigenes Modell von der Welt hervorzubringen.

Unsere Sprache ist eine *Repräsentation* einer Repräsentation einer Erfahrung. Wir brauchen deshalb einen vereinheitlichenden Prozess, um mit der Außenwelt kommunizieren zu können. Die drei Hauptprozesse menschlicher Modellbildung, die uns in die Lage versetzen, unsere Erfahrung so zu repräsentieren, dass auch andere sie verstehen können, sind:

- Generalisierung
- Tilgung
- Verzerrung

(R. Bandler und J. Grinder, „Metasprache und Psychotherapie" sowie „Kommunikation und Veränderung").

Generalisierung

Beim *Generalisieren* finden wir ein einheitliches Charakteristikum in einer Serie unterschiedlicher Ereignisse. Durch diesen Prozess sind wir in der Lage, tausende von Daten unter einem gemeinsamen Nenner abzuspeichern, anstatt jede dieser Informationen einzeln *repräsentieren* zu müssen.

Diese Datenkomprimierung ist der positive Aspekt der *Generalisierung*. Der Mechanismus ermöglicht uns einerseits, die uns ständig erreichende Informationsflut in komprimierter

Wir beginnen mit einem sensorischen Reiz und gehen dann weiter zu einer sensorischen Repräsentation dieses Reizes in unseren eigenen internen (auditiven, gustatorischen, visuellen, olfaktorischen, kinästhetischen) Kanälen. Der nächste Schritt besteht darin, dass wir zu diesen internen Repräsentationen aus unserem Wortschatz die passende Vokabel aussuchen, und zwar mit der Absicht, mit anderen zu kommunizieren.

Wenn man mehrere Menschen nach der Bedeutung des Wortes „Liebe" fragt, wird man völlig verschiedene Definitionen bekommen. Die einzige Realität, die jeder von uns kennt, ist die subjektive Erfahrung – gefiltert durch das Medium Sprache.

Form abzuspeichern. Andererseits können wir durch diese Art der Speicherung schnell auf vorhandene Informationen zugreifen. Dies gilt für bereits erlernte Handlungsroutinen ebenso wie für Erfahrungswerte. Haben wir beispielsweise einmal gelernt, wie ein Wasserhahn funktioniert, müssen wir nicht jedesmal aufs Neue überlegen, wie er auf- bzw. zugedreht wird. Der Bewegungsablauf ist unabhängig vom Design gespeichert und kann automatisch unbewusst angewandt werden. Schnellen Zugriff auf gespeicherte Erfahrungen erleben wir zum Beispiel, wenn wir Aggression bei einer anderen Person wahrnehmen. Der andere muss nicht erst zugeschlagen haben, bevor wir wissen, wie sich Aggression bei diesem Menschen ausdrückt. Bestimmte Veränderungen des Körpers, beispielsweise Ballen der Fäuste verbunden mit extremer Anspannung des Oberkörpers, erkennen wir (beim Vorhandensein entsprechender Erfahrungen) als Anzeichen von Wut, was es uns erlaubt, uns in Sicherheit zu bringen.

Generalisierungen sind Aussagen, die etwas über alle Elemente einer Menge aussagen, obwohl nur einige Elemente tatsächlich beobachtet wurden (unvollständige Induktion).

Einschränkend wirkt Generalisieren dann, wenn uneinheitliche Informationen zu einer vermeintlichen Einheit zusammengefasst werden und dadurch wesentliche Differenzierungen fehlen. Ein klassisches Beispiel aus der Kommunikation wäre Folgendes: Ein kleines Kind wird von einem Hund gebissen und generalisiert seine Erfahrung mit diesem speziellen Hund auf alle Hunde. Als Folge davon entsteht eine starke Angst vor Hunden mit der Überzeugung, dass alle Hunde gefährlich sind. Diese unangemessene Verallgemeinerung schließt von einem Mitglied der Klasse auf alle Mitglieder dieser Klasse, ohne Raum für vorhandene Unterschiede zu lassen. Wir alle nehmen diese unangemessenen Vereinheitlichungen im Alltag vor und sind uns dabei selten bewusst, welche zum Teil katastrophalen Folgen solche Generalisierungen für uns und unsere Mitmenschen haben können.

Tilgung

Tilgen oder Löschen ist ein Prozess, der es uns erlaubt, bestimmte Teile der Information aus der Erfahrung auszuschließen. George Miller schrieb in seinem berühmten Artikel **The Magical Number Seven plus or minus two: Some limits on our capacity for processing information**, dass der menschliche Verstand nur 7 ± 2 *Chunks* an Informationen bewusst verarbeiten kann (Miller, 1956).

Wenn du diese Worte liest, kannst du dir dabei bewusst werden, welcher Schrifttyp benutzt wird. Du wirst (hoffentlich) den Inhalt der Sätze verstehen, vielleicht nimmst du auch die Temperatur des Raumes wahr, die Intensität des Lichts und vielleicht auch, wie sich der Stuhl anfühlt, auf dem du gerade sitzt. Wenn du all die Informationen, auf die dieser Text dich eben hingewiesen hat, bewusst wahrnimmst und außerdem noch fühlst, mit welcher Rate dein Puls schlägt, hörst, welche Geräusche es in deiner Umgebung gibt, und zusätzlich noch den Druck spürst, den deine Schuhe an deinen Füßen ausüben, wird deine bewusste Informationsverarbeitung recht schnell zusammenbrechen.

Stünde uns nicht der Mechanismus des Tilgens zur Verfügung, würde jeder von uns schnell in einem Meer von

Informationen untergehen. Da Tilgen genau wie Generalisieren und *Verzerren* primär ein unbewusster Prozess ist, leiden wir Menschen an einem verarmten Modell der Welt. Denn die vorgenommenen Löschungen sind uns selbst nicht bewusst, und meistens sind diese Löschungen von einem spezifischen Typ. So kreiert jeder Mensch ständig einen blinden Fleck in seiner Wahrnehmung.

Dies führt häufig dazu, dass wichtige Informationen der Tilgung zum Opfer fallen, mit zum Teil schwerwiegenden Folgen für den Betroffenen. Ein Beispiel für ein solches unbewusstes Löschungsverhalten ist ein Fall aus unserer Coachingpraxis: Ein Mitarbeiter einer größeren Firma stand kurz vor einer Kündigung, da er auf die schriftlichen Memos seines Vorgesetzten prinzipiell nicht reagierte. In einem Interview mit diesem Mitarbeiter stellte sich heraus, dass er einen unbewussten Löschungsprozess für viele visuelle Reize hatte. Hingegen reagierte er prompt und angemessen auf auditive Reize. Nachdem der Vorgesetzte davon Kenntnis hatte, teilte er seinem Mitarbeiter die wichtigen Anweisungen nicht mehr schriftlich mit, sondern mündlich. Von diesem Zeitpunkt an arbeitete der Mitarbeiter zur vollen Zufriedenheit seines Vorgesetzten.

Verzerrung

Verzerrung ist ein Prozess, bei dem wir unsere internen Repräsentationen von der Welt verändern bzw. verzerren. Dieser Prozess versetzt uns in die Lage, unsere Fantasie und Kreativität zu benutzen, um neue Möglichkeiten zu entwickeln. Durch Verzerrung können wir die Realität ein wenig verrücken und dadurch die verschiedensten Formen virtueller Realitäten erzeugen. Auf Verzerrung basieren die kreativen Leistungen in Literatur, bildender Kunst, Philosophie, Wissenschaft und Mathematik. Michelangelos Malereien in der Sixtinischen Kapelle und Dantes Beschreibung des Infernos stehen beispielhaft dafür, wie der kreative Prozess des Verzerrens unsere Welt bereichert.

Der bereichernde Aspekt kehrt sich jedoch ins Gegenteil, wenn die verzerrte Repräsentation zur Realität für eine Person wird. Ein typisches Beispiel hierfür ist Verfolgungswahn – nicht nur in seiner klinischen Ausformung, sondern auch im alltäglichen Leben. Vielleicht kennen Sie Kollegen, Nachbarn, Verwandte, Bekannte, die ständig vermuten, dass andere Menschen nichts Besseres zu tun hätten, als sich über sie zu unterhalten und Intrigen gegen sie zu spinnen. Und selbst wenn jeder normale Mensch das betreffende Vorkommnis als etwas Harmloses betrachten würde, sieht jemand, der an Verfolgungswahn leidet, gerade darin einen Beweis für die raffinierte Absicht der anderen, ihn zu täuschen.

Generalisierung und Bedeutung

Wir Menschen sind große Verallgemeinerer. Diese Generalisierungen sind Teil unserer *Filter*, die wir unbewusst zwischen uns und die wahrnehmbare Welt schieben. Dieser Prozess geschieht automatisch und ist unvermeidlich. Im Einzelfall kann er jedoch unser Wohlbefinden stark beeinträchtigen.

- Menschen = Verallgemeinerer
- Generalisierungen sind Teil unserer Filter

Jede dieser Generalisierungen könnte auch ein wenig anders ausfallen, ist also per Definition so wie sie ist, willkürlich, jedoch unvermeidlich. Wir sind gewissermaßen zum Generalisieren verdammt.

Wir benutzen Generalisierungen, um unser Wissen sprachlich auszudrücken. Der Wert unseres Wissens liegt in seiner Vorhersagekraft.

Diese Vorhersagekraft ist bei den sogenannten Naturgesetzen natürlich höher als bei unseren Alltagsgeneralisierungen („Der Kollege Meier kommt immer zu spät").

Wir können uns über den Inhalt der Generalisierungen nie hundertprozentig sicher sein, denn die Karte ist nicht die Landschaft, sie umfasst noch nicht einmal die Details der Landschaft.

Grafik Kommunikation

nach Robert Dilts

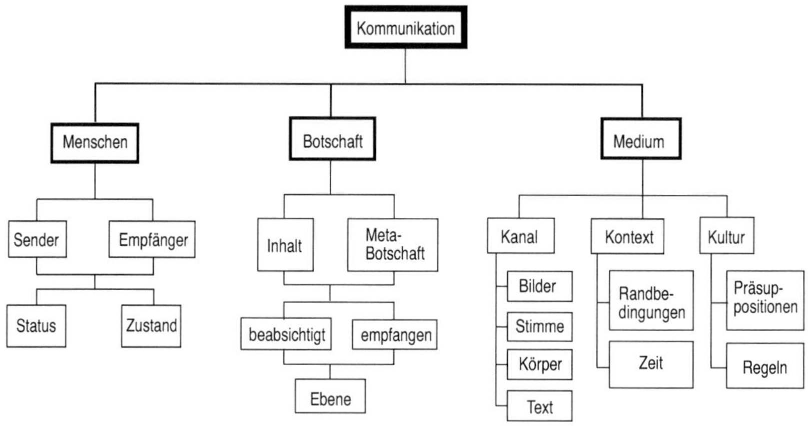

ÜBUNGS-DESIGN

Das Hauptziel der Practitioner-Ausbildung ist das Vermitteln der Grundtechniken des NLP. Im Vordergrund steht hierbei das Entwickeln einer hohen Kompetenz im Anwenden der einzelnen Techniken. Ein essenzieller Bestandteil der Ausbildung wird daher das Üben in den Kleingruppen sein. Im Folgenden werden wichtige Aspekte und Rahmenbedingungen der Übungsrunden besprochen.

Die drei Übungspositionen

Komplexere Übungen werden im NLP in der Regel mit drei Personen durchgeführt:

- Person A = Klient
- Person B = Coach
- Person C = Metaperson

Jede dieser drei Positionen hält unterschiedliche Lernerfahrungen bereit.

In der **Position des Klienten** erlebst du die Wirkungsweise der jeweiligen Technik an eigenen Leib. Gleichzeitig hast du die Möglichkeit, alte Verhaltens- und Erlebnisprogramme nach deinen Wünschen zu verändern. Durch diese Veränderungen wächst dein Erfahrungshintergrund für die Überzeugung, dass Veränderung leicht und schnell möglich ist. Diese Haltung ist für das kongruente Arbeiten mit NLP eine unerlässliche Voraussetzung.

In der **Position des Coachs** machst du die ersten Erfahrungen im Anwenden der jeweiligen NLP-Technik. Außerdem übst du in jeder Runde die grundlegenden Kommunikationstechniken des NLP und trainierst gleichzeitig deine Wahrnehmungsfähigkeit. Wissen über NLP zu besitzen ist ein erster Schritt. Kompetent im NLP zu sein bedeutet jedoch, NLP auf hohem Niveau anwenden zu können. Die Position des Coachs ermöglicht dir, diese Handlungskompetenz zu entwickeln.

Als **Metaperson** lernst du, den Kommunikationsprozess zwischen Menschen genau zu beobachten. Gleichzeitig bist du für den Coach eine *Ressource*-Person. Das heißt, du verfolgst den Prozess zwischen A und B und hilfst, wenn B in der Technik stecken bleibt, und machst B darauf aufmerksam, wenn dieser von der Technik abgewichen ist. Dabei trainierst du deine Fähigkeit, anderen *sensorisch definite* Rückmeldungen über das zu geben, was von außen zu beobachten war. Metaperson zu sein ist also eine aktive Beobachterposition.

Übungs-Bedingungen

1. B liest sich vor Beginn der Übung das Format noch einmal durch und beginnt erst, wenn er die wesentlichen Schritte verstanden und vor Augen hat.

2. Noch offene Fragen bezüglich der Vorgehensweise sollten mit einem der Trainer besprochen werden. Weitere Fragen, z. B. bezüglich der Wirksamkeit oder des theoretischen Hintergrundes, sollten erst nach dem Durchlaufen der Übung diskutiert werden (siehe hierzu auch den Abschnitt „Die vier Lernpositionen"). Einen Rahmen für diese Diskussionen bietet die jeweilige Feedbackrunde.

3. B beginnt die Arbeit immer, indem er zu A Rapport aufbaut (siehe hierzu auch das Kapitel „Pacing & Leading", Seite 31 ff.). Erst wenn ausreichend tiefer Rapport vorhanden ist, geht B zu den Formatschritten über.

4. Falls es während der Arbeit zu einem Rapportbruch kommt, leitet B umgehend rapportbildende Maßnahmen ein, bevor er in der Technik fortfährt (siehe auch hierzu das Kapitel „Pacing & Leading", Seite 31 ff.).

5. Zügige und prozessorientierte Arbeit spielt beim Erlernen von NLP eine wesentliche Rolle – B sollte daher mit A zügig zum Thema kommen, ohne lange Vorgespräche.

6. Für das Erlernen eines NLP-Formates ist eine prozedurale Vorgehensweise unerlässlich. Das heißt, die einzelnen Schritte sollten während der Übungsrunden exakt eingehalten werden. Mit wachsender Kompetenz ist dann ein zunehmend optionaleres Anwenden der Techniken möglich, ohne den Klienten oder den Erfolg der Arbeit zu gefährden (siehe hierzu auch den Abschnitt prozedural/optional) – ganz nach dem Motto des Jazz: **Zuerst lernst du die Regeln, dann lernst du, sie zu brechen!**

Die vier Lernpositionen

Wenn man NLP oder eine andere handlungsorientierte Methode erlernen möchte, gibt es immer mindestens vier verschiedene Positionen, in denen man sich während des Lernens befinden kann. Jede dieser Positionen hat ihre besondere Bedeutung. In der Practitioner-Ausbildung werden diese vier Positionen in folgender Reihenfolge eingenommen:

- Informationsaufnahme
- Eigenes Erleben
- Anwendung
- Reflexion

1. **Informationsaufnahme:**
   In dieser Position befindest du dich, wenn du ein Buch liest, die Arbeitsunterlagen studierst, dir ein Video ansiehst bzw. Audiotapes hörst oder dem Einleitungsvortrag folgst und die Demo zum Format beobachtest. In dieser Position entwickeln wir im Wesentlichen unser rationales, kognitives Verständnis.

2. **Eigenes Erleben:**
   In dieser zweiten Position befindest du dich, wenn jemand mit dir eine NLP-Technik durchführt. Hier erlebst du, wie es sich anfühlt und welche inneren Prozesse ablaufen, während man durch einen bestimmten NLP-Prozess geführt wird.

3. **Anwendung:**
   In dieser Position nimmst du die Rolle des Anwenders einer Technik ein und sammelst Erfahrungen damit, worauf beim Anwenden dieser Technik zu achten ist, welche Schwierigkeiten auftreten können, wie diese überwunden werden und was der Unterschied zwischen Stil und Wirkmechanismus ist.

4. **Reflexion:**
   In der 4. Lernposition geht es darum, die Erfahrungen aus den ersten drei Positionen zu reflektieren und mit anderen auszutauschen. In dieser Position kodierst du das Gelernte in eigenen Worten, verallgemeinerst es und verbindest es mit bereits vorhandenem Wissen. Gleichzeitig erfährst du durch die Diskussion mit anderen Teilnehmern andere mögliche Betrachtungsweisen der gleichen Übung bzw. Technik. Dadurch erweitert und vertieft sich das Verständnis der Technik und der NLP-Grundhaltung. Um in dieser Position echte Erfahrungen machen zu können, müssen die Schritte 1 bis 3 bereits durchlaufen worden sein, da ansonsten nur aus den alten Erfahrungen heraus über Dinge diskutiert wird, die noch nicht erlebt wurden. Eine solche Diskussion aber bringt keine neuen Erkenntnisse, sondern verfestigt im Gegensatz dazu das vorhandene Weltmodell, was neue Erfahrungen erschwert oder gar vermeidet. Daher steht diese Lernposition im Practitioner immer an abschließender Stelle.

Innerhalb dieser Practitioner-Ausbildung werden die Schritte 2 und 3 ihre Position je nach Übungssetting tauschen. Schritt 1 wird in der Regel ein Thema eröffnen. Einige Übungen werden jedoch auch in der 2. bzw. 3. Position beginnen, sodass die Teilnehmer die Möglichkeit haben, selbstständig gemachte Erfahrungen zu analysieren und zu generalisieren. Das entspricht der Unterscheidung von induktivem und deduktivem Vorgehen. Die 4. Position wird allerdings immer an abschließender Stelle kommen, um zu vermeiden, dass über etwas diskutiert wird, bevor die entsprechenden Erfahrungen vorhanden sind. Damit wird verhindert, dass das Einnehmen der Metaposition zum Vermeiden von Erfahrung führt, und ermöglicht, dass die gemachten Erfahrungen auf einer höheren logischen Ebene integriert werden können.

prozedural / optional

Beim Erlernen von NLP gibt es viele Prozeduren (Techniken), d.h. Schritt-für-Schritt-Anweisungen. Bei diesem prozeduralen Vorgehen besteht eine gewisse Ähnlichkeit zu einem Kochrezept, das detailliert und Schritt für Schritt angibt, wie ein bestimmtes Gericht hergestellt wird. Der Vorteil eines prozeduralen Vorgehens besteht vor allem darin, dass – bei einer erprobten Prozedur – die Erreichung des Zieles sichergestellt ist. Ein erprobtes Kochrezept, an das man sich exakt hält, bringt fast immer ein gutes Gericht.

Im Gegensatz dazu steht optionales Vorgehen. Hier wird nur ein Ziel definiert, der Weg zu dem Ziel kann frei gewählt werden. Optionales Vorgehen fördert kreative Lösungen und ermöglicht es Menschen, in Situationen, in denen es keine vorgegebenen Prozeduren gibt, neue schöpferische Lösungen zu erschaffen.

Beide Vorgehensweisen haben somit in bestimmten Kontexten ihre Berechtigung. Beim Entschärfen einer Bombe macht es in der Regel mehr Sinn, nach einer festgelegten Prozedur vorzugehen, als kreativ herumzuprobieren. Beim Flirten ist eine eher optionale Vorgehensweise sicher angebrachter. Allerdings haben Menschen, was diese Unterscheidung anbelangt, in der Regel eine bestimmte Präferenz, das heißt, sie gehen entweder eher optional oder eher prozedural vor. So fühlen sich prozedural orientierte Menschen bei einer Aufgabe, die optional gestellt wurde, leicht überfordert, geraten in einen schlechten Zustand und wissen nicht mehr weiter. Optional orientierte Zeitgenossen neigen hingegen dazu, sich bei prozedural formulierten Aufgabenstellungen bevormundet und in ihrer Kreativität eingeschränkt zu fühlen. In der Praxis sieht es allerdings so aus, dass es kaum prozedurale Aufgaben gibt, die nicht ein gewisses Maß an Optionalität aufseiten des Anwenders erfordern. Wenn z. B. in einem Kochrezept steht: „Geben Sie eine Prise Salz hinzu“, muss der Koch zumindest selbst entscheiden können, wieviel Salz „eine Prise“ bedeutet – in Relation zu der Zahl der Personen, für die gekocht wird.

Daraus lässt sich ableiten, dass ein Anwender um so prozeduralere Anweisungen benötigt, je weniger Erfahrung er auf dem entsprechenden Gebiet hat. Je größer die Kompetenz jedoch ist, desto optionaler kann vorgegangen werden.

Im Laufe der NLP-Ausbildung werden die gestellten Aufgaben mit wachsender Qualifikation immer optionaler werden. Solltest du eher optional orientiert sein, könnte das zu Beginn der Ausbildung zu Situationen führen, in denen du dich von den Anweisungen des Trainers genervt und „gegängelt" fühlst. Solltest du im Laufe der Ausbildung solche Situationen erleben, hilft einer der Trainer gerne mit einem Coaching. Die prozedurale Vorgehensweise ist besonders am Anfang unerlässlich, da ansonsten die Sicherheit deiner Klienten nicht gewährleistet ist und der gewünschte Lernfortschritt nicht stattfinden kann.

Die gleiche Unterstützung stellen wir natürlich auch zur Verfügung, wenn du eher prozedural orientiert bist und im weiteren Verlauf der Ausbildung bei optionalen Übungsanweisungen eine Überforderung erlebst. Auch hier stehen dir die Trainer für ein Coaching zur Verfügung.

PACING & LEADING

Pacing bedeutet, das eigene Ausdrucksverhalten an das Ausdrucksverhalten eines Gesprächspartners anzugleichen. Mit Ausdrucksverhalten ist hier das nonverbale Kommunikationsverhalten gemeint, wie Klang der Stimme, Mimik, Atemrhythmus u.ä. Darüber hinaus können bestimmte sprachliche Strukturen wie beispielsweise Lieblingsworte gepacet werden.

Pacing ermöglicht dir, schnell und zuverlässig einen tiefen, harmonischen Kontakt zu einem Gesprächspartner aufzubauen.

Eine solche spontan entstehende harmonische Atmosphäre wird im NLP *Rapport* genannt.

Leading bedeutet eine Gesprächsführung auf der Grundlage eines ausreichend tiefen Rapports. Hierbei ist der entstehende Rapport für einen Gesprächspartner so angenehm, dass er der Gesprächsführung automatisch unbewusst folgt. Pacing und Leading des nonverbalen Ausdrucksverhaltens stellt die Basis jeder erfolgreichen Kommunkation dar.

Im semantischen Ansatz der Körpersprache geht man von der Vorstellung aus, dass Gesichtsausdrücke, Gesten, Haltungswechsel u. Ä. wie eine Sprache interpretiert werden können. Einzelne Bewegungen werden wie Worte mit feststehenden Bedeutungen angesehen.
Im NLP gehen wir dagegen einen funktionaleren Weg. Innere Zustände wie Freude, Ärger, Interesse, Neugier usw. gehen mit einer bestimmten *Physiologie* einher. Teilweise ist diese nonverbale Reaktion bei allen Menschen gleich, da sie genetisch verankert ist. Freude drückt sich beispielsweise bei allen Menschen unabhängig von Rasse und Abstammung durch das Ennervieren bestimmter Gesichtsmuskeln aus, das zu einem mehr oder weniger ausgeprägtem Lächeln führt. Zu einem weiteren Teil ist die jeweilige Physiologie jedoch von Person zu Person verschieden. Beispielsweise wird der eine leicht erröten, wenn er im Zustand großen Interesses ist, während ein anderer sich vielleicht eher leicht anspannt und nach vorne beugt.

Jeder Gefühlszustand ruft bei uns Menschen demnach gleichartige Physiologieanteile hervor, wird aber darüber hinaus von Person zu Person individuell ausgedrückt. Daher wird im NLP das Ausdrucksverhalten eines Gesprächspartners nicht wie eine allgemeingültige Sprache gedeutet, sondern als Zugang zu dessen innerem Erleben und seinem Modell der Welt verstanden.

Rapport ist die Grundlage jeder guten Kommunikation, daher sind Pacing & Leading grundlegende Techniken im NLP.

Pacing & Rapport

Das Angleichen der eigenen Physiologie an die Physiologie des Gesprächspartners ermöglicht diesen Zugang. Die ähnliche Körperhaltung, Muskelspannung, Stimmqualität usw. aktiviert die genetisch verankerte Gefühlsreaktion im eigenen Körper, wodurch eine Annäherung des eigenen emotionalen Erlebens an das des Gesprächspartners erfolgt – eine Fähigkeit, die oft als Einfühlungsvermögen bezeichnet wird.

Darüber hinaus ermöglicht das Angleichen der eigenen Physiologie an den individuellen Ausdruck des Gesprächspartners einen „Einstieg" in sein individuelles Modell der Welt. Indem wir mit seiner Sprachstruktur sprechen, seine Gestiken in den eigenen Ausdruck übernehmen, unsere Stimme seiner Stimmqualität angleichen u. Ä., spiegeln wir ihm sein individuelles Erleben der Welt wider. Er nimmt bei uns Vertrautes wahr, und **Vertrautes schafft Vertrauen.**

Diese menschliche Instinktreaktion ist uns aus der stammesgeschichtlichen Urzeit erhalten geblieben, in der wir Menschen noch zu den „gefährdeten Spezies" gehörten. Die Gleichartigkeit innerhalb des eigenen Stammes bedeutete damals Sicherheit, während alles Andersartige eine potenzielle Gefahr darstellte. Auf dieser Instinktebene reagieren wir auch heute noch mit Vertrauen auf Gleichartiges und mit Misstrauen auf Andersartiges. Das Angleichen des eigenen Ausdrucksverhaltens an das des Gesprächspartners spricht somit eine unbewusste Instinktebene an, die eine vertrauensvolle Atmosphäre schafft. Wir empfangen und senden auf der gleichen Wellenlänge wie unser Gesprächspartner.

Pacing ist eine natürliche Fähigkeit, die jeder bereits bis zu einem gewissen Grad beherrscht. In guten, harmonischen Gesprächen findet diese

Exkurs

Mutter-Baby-Pacing

Der Psychiater Daniel Stern fand in seinen Untersuchungen heraus, dass Mütter sich in Interaktionen mit ihren Babys auf deren Erregungs-Niveau einstellen. Sie ahmen die Mimik des Kindes nach, stellen ihre Stimmhöhe auf das fröhliche Quietschen des Babys ein u. Ä. Stern nannte dieses Phänomen „Abstimmung", – eine Botschaft, die Mütter ungefähr im Minutenabstand abschicken, wenn sie mit dem Kind interagieren, und die seiner Beobachtung zufolge dem Kind das beruhigende Gefühl vermittelt, emotional mit der Mutter verbunden zu sein. Ein bedeutsames Ergebnis seiner Untersuchungen war die Erkenntnis, dass Babys, deren Mütter diese Abstimmung nicht vornahmen, die also die Gefühlsregungen des Kindes nicht in das eigene Verhalten aufnahmen und widerspiegelten, bereits nach wenigen Monaten starke emotionale Störungen aufwiesen, die sich mit zunehmendem Alter verstärkten (Daniel Goleman, Emotionale Intelligenz, Hanser Verlag). Das Gefühl, von anderen emotional angenommen zu sein, scheint für unser Wohlbefinden demnach essenziell zu sein. Dies ist eine weitere Erklärung dafür, weshalb das Pacing mit seiner einfachen Vorgehensweise so tiefgreifende Wirkungen in der Interaktion mit anderen hervorbringt.

Angleichung zwischen den Gesprächspartnern automatisch unbewusst statt. Ein Verhalten, das wir bereits im Babyalter erlernen, wie jüngste Erkenntnisse aus der Verhaltensforschung belegen (siehe hierzu auch den Exkurs auf der vorangegangenen Seite).

Rapport sollte jedoch nicht mit einem Vertrauen verwechselt werden, das über einen längeren Zeitraum durch positive Erfahrungen mit der betreffenden Person entstanden ist. Bei diesem gewachsenen Vertrauen hat sich die betreffende Person in vielen Situationen als vertrauenswürdig erwiesen. Rapport dagegen entsteht spontan, auch mit Menschen, die wir bisher nicht kannten. Rapport bietet keine Aussage darüber, wie zuverlässig und im tieferen Sinne „vertrauenswürdig" ein anderer ist. Daher kann Rapport in einer längerfristigen Beziehung wie Freundschaft, Partnerschaft oder einer Geschäftsbeziehung das gewachsene Vertrauen nicht ersetzen. Andererseits bedeutet befreundet zu sein oder zu lieben nicht automatisch, dass zu Beginn jeder Interaktion Rapport vorhanden ist. Einem Freund zu begegnen bedeutet zum Beispiel nicht immer, „genauso drauf zu sein" wie dieser. Und selbst in den besten Liebesbeziehungen kommt es vor, dass einer von beiden verstimmt ist. Daher ist es empfehlenswert, den anderen am Anfang jeder Interaktion zu pacen, auch wenn man sich schon lange kennt.

Insbesondere gilt dies für die Übungsrunden innerhalb der NLP-Ausbildung. Die erste und wichtigste Regel lautet:
Zuerst einen ausreichend tiefen Rapport aufbauen, dann die Technik anwenden!

Die Vorgehensweise

Pacing ist eine klar strukturierte Technik, mit der innerhalb von Minuten Rapport gezielt aufgebaut und vertieft werden kann. Dies gilt sowohl für inhaltlich schwierige Situationen wie Kritikgespräche oder Reklamationen, als auch für Interaktionen mit Personen, deren Verhalten dem eigenen Erleben bisher so fremd waren, dass ein „natürliches Einstimmen" nicht möglich war.

Über Pacing Rapport herzustellen ist bei entsprechender Kompetenz von sehr zuverlässiger Wirkung. Es hat den Vorteil, dass tiefer Kontakt gezielt und schnell aufgebaut werden kann und der Rapport nicht abhängig von inhaltlichen Übereinstimmungen ist. Auch in schwierigen und kontroversen Situationen kann so eine stabile und positive Beziehung gewährleistet werden.

Folgende Komponenten des Ausdrucksverhaltens können gepacet werden und sind in diesem Kapitel ausführlich beschrieben:

- Körperhaltung
- Mimik
- Gestik
- Stimmqualität
- Lieblings- und Schlüsselworte
- Atemrhythmus
- Blinkreflex

Leading

Leading bedeutet Führen durch das Verändern des eigenen Ausdrucksverhaltens auf der Grundlage eines

Auch kognitive Komponenten können gepacet werden. Dies sind:
- *Prozessverben*
- Augenbewegungsmuster
- Metaprogramme

Das Pacing der Prozessverben und der Augenbewegungsmuster wird im Kapitel Repräsentations-Systeme eingehend besprochen. Das Pacen von Metaprogrammen wird Thema der Master-Practitioner-Ausbildung sein.

ausreichend tiefen Rapports. Durch den tiefen Kontakt verspürt der Gesprächspartner das Bedürfnis, dem Führenden zu folgen, im Gegensatz zu sonst üblichen Führungsstilen, in denen der andere aufgefordert wird, etwas Bestimmtes zu tun.

Leading ist ebenso wie Pacing ein ganz natürlicher Vorgang. Mit dem Leading lernst du, einen Gesprächspartner nach dem Aufbauen des Rapports zu dem gemeinsam festgelegten Gesprächsziel zu führen. Beispielsweise in einem therapeutischen Kontext von einem Problemzustand in einen lösungsorientierten *ressourcevollen* Zustand.

Rapportbruch

Im Gegensatz zu mit der Zeit gewachsenem Vertrauen gleicht Rapport einem feinen seidenen Faden, der schnell gesponnen ist und ebenso leicht reißen kann. Ein Wort oder eine Geste kann schon ausreichen, um beim anderen den Eindruck des Gleichseins zu zerstören. Ein Brechen des Rapports, im NLP als *Rapportbruch* bezeichnet, kann daher auch von Kommunikationsprofis nicht immer vermieden werden. Kompetenz im Aufbauen und Halten von Rapport zeichnet sich nicht dadurch aus, dass es nie zu einem Rapportbruch kommt, sondern dadurch, dass der Betreffende den Rapportbruch innerhalb von Sekunden erkennt und sofort zu rapportbildenden Maßnahmen übergeht.

Einen Rapportbruch gezielt herstellen zu können gehört jedoch auch zum Repertoire eines Kommunikationsprofis. In Situationen, in denen ein Gespräch dezent beendet werden soll, kann ein subtiler Rapportbruch ein effektives Werkzeug sein. Beispielsweise am Ende eines Verkaufsgesprächs, bei dem bereits alles Relevante besprochen wurde, der Kunde jedoch eine redselige Haltung einnimmt. Das Gespräch mit einer verbalen Äußerung zu beenden birgt immer das Risiko, dass der andere verletzt oder verärgert reagiert. Wird jedoch ein dezenter Rapportbruch herbeigeführt, verliert der andere das Interesse an dem Gespräch und beendet es von sich aus – ohne Störgefühl.

Module & Techniken

Module

- Pacen der Körperhaltung
- Pacen der Mimik
- Pacen der Gestik
- Pacen der Stimmqualität
- Pacen der Lieblings- und Schlüsselworte
- Atempacing
- Pacen des Blinkreflexes
- Über-Kreuz-Pacing
- Match • Mismatch • Match

Techniken

- Emotionspacing
- Pacing & Leading

Module

Modul

Pacen der Körperhaltung

Beim Körperpacing wird die eigene Körperhaltung der des Gesprächspartners angeglichen. Dabei ist darauf zu achten, dass das Pacing dezent durchgeführt wird, da der andere sonst leicht den Eindruck erhalten kann, dass er nachgeäfft wird. Die Bewegungen sollten nicht abrupt, sondern fließend sein und mit einer Zeitverzögerung von einigen Sekunden vorgenommen werden.

1. **A bewegt sich langsam auf der Stelle:**
   - Im Stehen, im Sitzen und Bewegungen im Drehen.
   - Steigere die Geschwindigkeit der Bewegungen von ganz langsam zu einem normalen Bewegungstempo.
   - Erhöhe die Vielfalt der Veränderungen graduell.

2. **B pacet A:**
   Wenn A zu schnell oder zu vielfältig in den Bewegungen wird, gibt B ihm einen Hinweis.

3. **Nach ca. 5 Minuten mismatcht B die Bewegungen:**
   Zuerst leicht, dann zunehmend stärker, anschließend zurück zum Matching.

4. **Wechsel.**

Modul

Pacen der Mimik

Beim Pacen der Mimik werden Mimikbewegungen und typische Gesichtsausdrücke eines Gesprächspartners gepacet, beispielsweise Lachen, Lächeln, Augenbraue nach oben ziehen, Augen aufreißen, Stirn in Falten legen u. Ä. ..... In unserem Gesicht werden Gefühlszustände am deutlichsten und differenziertesten sichtbar. Dies gilt sowohl für spontane Gefühlsreaktionen, wie Lachen in einer heiteren Situation, als auch für „erstarrte" Befindlichkeitszustände, wie beispielsweise eine maskenhafte Mimik aufgrund einer unverarbeiteten Trauer. ..... Mimikpacing ermöglicht einerseits schnellen Zugang zur emotionalen Befindlichkeit eines Gesprächspartners. Andererseits spiegelt die eigene Mimik beim Pacen emotionale Ausdrucksformen wider, die dem Gegenüber vertraut sind. Beides macht Mimikpacing zu einem kraftvollen Werkzeug, um Rapport aufzubauen und ihn zu vertiefen. ..... Die Mimikbewegungen und die typischen Gesichtsausdrücke müssen jedoch dezent gepacet werden. Sonst besteht die Gefahr, dass die Bewegungen überzogen und damit karikierend wirken.

1. **A erzählt eine Begebenheit, B pacet A's Mimik:**
   B gleicht seine Mimik der von A während des Gespräches fortlaufend an. Die Bewegungen sollen dezent gepacet werden. Dabei achtet er auf:
   - Muskelbewegungen im Bereich der Augen
   - Spannung der Wangenmuskulatur
   - An- und Entspannen der Kiefermuskulatur
   - Muskelbewegungen der Stirn
   - Muskelbewegungen der Augenbrauen
   - An- und Entspannen der Mundmuskulatur
   - Muskelbewegungen der Lippen

2. **Wechsel.**

Modul

Pacen der Gestik

Beim Gestikpacen werden zwei verschiedene Arten von Gesten unterschieden:

- **Sprachbetonende Gesten, die ins eigene Sprachverhalten übernommen werden können**
- **Sonstige Gesten, die während des Zuhörens gepacet werden können**

Unter sprachbetonenden Gesten werden Gestikbewegungen verstanden, die ein Gesprächspartner benutzt, um ein Wort oder eine Aussage zu unterstreichen. Beispielsweise: „Das sage ich dir!" wird parallel mit einem Tippen des Zeigefinger auf den Tisch unterstrichen; oder eine Faust wird in den Handteller geschlagen, um der Aussage „Darauf können Sie sich verlassen!" mehr Gewicht zu verleihen. Eine solche Geste während des Zuhörens zu pacen würde albern oder sogar grotesk wirken. Sprachbetonende Gesten werden daher nicht während des Zuhörens gepacet, sondern in das eigene Sprachverhalten übernommen, um Aussagen auf eine dem Gesprächspartner vertraute Weise zu betonen. ..... Sonstige Gesten sind Bewegungen, die nicht dazu dienen, etwas Gesagtes zu betonen; dies sind zum Beispiel Verlegenheitsgesten oder nervöse Bewegungen, wie mit einer Hand durch die Haare fahren, über das Kinn streichen, mit dem Fuß wippen, Füße kreisen lassen usw. Diese Gesten können während des Zuhörens gepacet werden. Diese Gesten sollten stets dezent gepacet werden.

1. **A erzählt eine Begebenheit, B pacet die sonstigen Gesten:**
   Dabei achtet er auf:
   - Bewegungen der Füße
   - Bewegungen der Finger und Hände
   - Bewegungen des Kopfes

2. **B beginnt, aktiv am Gespräch teilzunehmen:**
   Er stellt Zwischenfragen und bringt inhaltliche Bemerkungen zu dem, was A erzählt, vor. Dabei pacet er nun zusätzlich die Sprachgesten.

3. **Wechsel.**

Modul

Pacen der Stimmqualität

Auch die Stimme spiegelt unsere emotionale Befindlichkeit stark wider. Beispielsweise spiegelt sich Traurigsein in einer leiseren und weicheren Stimme wider, Wut zeigt sich dagegen in einer druckvolleren und meistens lauteren Stimme, bei Heiterkeit wird die Stimme heller mit einer lebendigeren Intonation, usw. Natürlich zeigen sich auch in der Stimme spezifische Eigenheiten. Manche Menschen sprechen zum Beispiel generell eher leiser oder mit mehr Druck in der Stimme als andere. ..... Beim Stimmpacing soll die Stimme des Gesprächspartners nicht imitiert werden, es geht auch hier um ein *Angleichen* an die Stimmqualität des anderen. ..... Die folgenden Ausdruckskomponenten der Stimmqualität können gepacet werden:

In der Intonation zeigen sich individuelle Eigenheiten einer Stimme besonders stark; die einschläfernde monotone Klangqualität vieler Universitätsprofessoren wurde beispielsweise Gegenstand zahlreicher Witze; viele Urlauber genießen in südlichen Ländern die für einen Nordeuropäer ungewöhnlich lebendige Intonation der Bevölkerung usw.

- Lautstärke
- Geschwindigkeit
- Rhythmus
- Intonation
- Druck

Übung I:

1. **A sagt einen kurzen Satz.**

2. **B pacet die Stimmqualität von A:**
   B wiederholt diesen Satz so lange, bis A den Eindruck hat, dass es so klingt, als ob er den Satz selbst gesagt hätte.
   - A weißt dabei auf Abweichungen hin.
   - B nutzt diese Informationen und wiederholt so oft, bis A völlig zufrieden ist.

Übung II:

1. **A beginnt eine Unterhaltung mit B.**
   B passt sich Schritt für Schritt an A´s Stimmqualität an.
   - zuerst Lautstärke
   - dann Sprechgeschwindigkeit
   - danach den Druck

Vorsicht beim Pacen eines Dialektes. Pace einen Dialekt nur, wenn du ihn beherrschst!

2. **Stretch I:**
   Wenn B die ersten drei Komponenten gut pacen kann, gleicht er seinen eigenen Sprechrhythmus an den von A an.

3. **Stretch II:**
   Wenn auch diese Aufgabe erfolgreich bewältigt wurde, beginnt B, typische Intonationsmuster von A zu übernehmen. Danach Wechsel.

Modul

Pacen der Lieblings- und Schlüsselworte

Hierbei geht es um Begriffe, die ein Gesprächspartner bevorzugt benutzt. Dies können typische Ausdrücke wie „toll", „Kohle", "Kumpel" u. Ä. sein oder Schlüsselworte (Insiderbegriffe) wie „Firmenkultur", „Sozialpolitik" u.Ä. ..... Mit dem Pacing dieser Lieblings- und Schlüsselworte wird ein wichtiger Teil des sprachlichen Modells der Welt eines Gesprächspartners gepacet. Mit dem Übernehmen seiner Lieblingsworte lässt du einen Gesprächspartner wissen, dass du dich während eurer Interaktion mit dem, was für ihn wichtig ist, in Übereinstimmung befindest. Daher wirken korrekt benutzte Lieblings- oder Schlüsselworte stark Rapport vertiefend. Sie sollten jedoch mit Bedacht angewandt werden, denn die positive Wirkung verkehrt sich leicht ins Gegenteil, wenn ein solcher Begriff unpassend benutzt wird. Das gilt insbesondere für Schlüsselworte.

1. **A erzählt von einem Thema, das ihn interessiert.**

2. **B steigt in eine Unterhaltung mit A ein:**
   Dabei übernimmt er die typischen Liebling- und Schlüsselworte von A. Achte dabei auf:
   - Bezeichnungen für Personen wie Kumpel, Alter, die Jungs usw.
   - Bezeichnungen für Geld wie Kohle, Flocken, Scheine usw.
   - Bezeichnungen für wichtige Objekte wie Karre, Schlitten, Bude usw.
   - Modaloperatoren: müssen, sollen, dürfen, können usw.
   - Formulierungen wie „du...", „man..."

3. **Mismatching:**
   Wenn diese Aufgabe gemeistert ist, geht B bewusst aus dem Matching heraus und benutzt andere Worte mit derselben Bedeutung. Dann wieder zurück zum Matching.

4. **Kurzer Austausch über den wahrgenommenen Unterschied.**

5. **Wechsel.**

Erfrage die spezifische Definition von Schlüsselworten mit Formulierungen wie: „Was genau verstehen Sie unter dem Begriff ...?" Mit einer solchen Frage vermeidet man den Eindruck von „Unwissenheit" und signalisiert dem anderen gleichzeitig Interesse an seiner Sicht der Welt.

Die nebenstehend beschriebene Pacingtechnik setzt voraus, dass weder die gepacete Person noch der Pacende spricht.

Im Kapitel **Hypnose** werden zwei weitere Atempacing-Techniken vorgestellt. Bei diesen Techniken passt der Pacende seinen Sprechrhythmus an den Atemrhythmus seines Gegenübers an, um einen Trancezustand zu induzieren.

Modul

Atempacing

Eine spezielle Form des Pacens ist das Atempacing. Hierbei wird der Atemrhythmus eines Gegenübers gepacet. ..... Das Atmen gehört zu den Grundrhythmen unseres Lebens. Wir können 47 Tage ohne Nahrung auskommen, 7 Tage ohne Flüssigkeit, aber nur drei Minuten ohne Sauerstoff. Mit einem anderen Menschen gemeinsam ein- und auszuatmen bedeutet daher, mit einem seiner Lebensgrundrhythmen synchron zu sein. ..... Die im Folgenden beschriebene Technik zum Pacen des Atemrhythmus kann angewandt werden, wenn nicht gesprochen wird. Dieses Pacing ist ein subtiles Werkzeug, mit dem innerhalb kurzer Zeit ein tiefer Rapport aufgebaut werden kann.

1. **Vorbereitung:**
   A schließt die Augen und widmet sich schweigend einer angenehmen inneren Vorstellung.

2. **Pacingphase:**
   B und C beobachten A´s Atemrhythmus und beginnen dann gemeinsam, mit A ein- und auszuatmen. B und C bleiben dabei mit ihrer Aufmerksamkeit ganz bei A!

3. **Mismatching Phase I:**
   Nach ca. 5 Minuten beginnt B, seinen Atemrhythmus langsam zu verändern, bis er deutlich schneller oder langsamer atmet als A.

4. **Mismatching Phase II:**
   Dann beginnt auch C, seinen Atemrhythmus zu verändern, bis er deutlich schneller bzw. langsamer atmet als A.

5. **Kurzer Austausch über die wahrgenommenen Unterschiede.**

6. **Wechsel.**

Modul
Pacen des Blinkreflexes

Der Blinkreflex gehört zu den Körperfunktionen, die außerhalb unseres Bewusstseins gesteuert werden. Er übt zwei verschiedene Funktionen aus: Zum einen sorgt er für eine ausreichende Befeuchtung des Auges, zum anderen steuert er eine wichtige Funktion in unserem subjektiven Erleben – die Geschwindigkeit, mit der unsere inneren Bilder vor dem geistigen Auge wechseln. ..... Den Blinkreflex eines Gesprächspartners zu pacen und zu leaden bedeutet daher, die Geschwindigkeit zu beeinflussen, mit der seine inneren Bilder wechseln.

1. **A erzählt B eine Begebenheit.**
   B hört zu und pacet A´s Blinkreflex für ca. 10 Minuten.
2. **Kurzer Austausch über die wahrgenommenen Unterschiede.**
3. **Wechsel.**

Modul
Über-Kreuz-Pacing

Oftmals ist es nicht sinnvoll oder möglich, eine wichtige Komponente im Ausdruck eines Gesprächspartners im gleichen System zu pacen. Den Atemrhythmus eines Asthmatikers zu pacen würde beispielsweise bald zu Atemnot beim Pacenden führen; oder als Nichtraucher würde es beim Pacen eines Rauchers sicherlich albern wirken, würde die Hand ohne Zigarette zum Mund geführt werden. Ein unregelmäßiger Atemrhythmus kann jedoch problemlos mit entsprechend rhythmischen Bewegungen des Körpers gepacet werden, beispielsweise durch Klopfen eines Fingers auf die Tischplatte; und während ein Gesprächspartner eine Zigarette zum Mund führt, kann der Pacende zur gleichen Zeit sein Glas an den Mund führen und synchron zum Inhalieren seines Gesprächspartners einen Schluck trinken. ..... Über-Kreuz-Pacing ist sehr dezent, es kann daher auch zum Einsatz kommen, wenn offenes Pacing nicht angemessen erscheint.

1. **Über-Kreuz-Pacing:**
   Suche dir außerhalb einer direkten Gesprächssituation eine Person und pace eine bestimmte Ausdruckskomponente 5 Min. über Kreuz.
2. **Mismatching:**
   Mismatche die Bewegungen nun für einige Minuten und kehre dann zum Pacing zurück. Welche Veränderungen kannst du wahrnehmen?

Wenn nach einem Rapportbruch der Rapport trotz Pacing nicht wieder aufgenommen werden kann, weil der andere ständig mismatcht, sollte die Situation offen angesprochen werden.

In der Regel fühlt sich der andere in einem solchen Fall durch etwas Gesagtes oder Getanes so unangenehm berührt, dass er den Rapport verweigert.

Hier sollte verbal geklärt werden, was genau den anderen gekränkt, verletzt, verärgert usw. hat. Eine Formulierung wie die folgende kann Klarheit schaffen: „Du wirkst verärgert (verletzt, irritiert ...) – habe ich etwas Falsches gesagt?"

Modul

Match • Mismatch • Match

Rapportbrüche zu erkennen und den Rapport bewusst wieder herstellen bzw. wieder vertiefen zu können ist eine grundlegende Fähigkeit beim Pacing & Leading. ..... Rapport gleicht, wie bereits besprochen, einem feinen seidenen Faden, der schnell gesponnen ist, aber auch schnell reißen kann. Ein „falsches" Wort oder eine für den anderen unangenehme Geste reichen bereits aus, um den Rapport brechen zu lassen. Auch Kommunikationsprofis sind vor Rapportbrüchen nicht gefeit. Kompetenz auf diesem Gebiet zeigt sich dadurch, dass ein Profi den Rapportbruch innerhalb von Sekunden bemerkt und sofort beginnt, den Rapport wieder aufzubauen. ..... Mit der folgenden Übung trainierst du die Fähigkeit, einen Rapportbruch umgehend zu erkennen und den Rapport mittels intensiven Pacings wieder aufzunehmen.

1. **Matching:**
   A erzählt eine Begebenheit, und B pacet A´s Ausdrucksverhalten, bis Rapport aufgebaut ist.

2. **Mismatch:**
   Jetzt geht B aus dem Pacing heraus und mismatcht A´s Ausdrucksverhalten zunehmend, bis der Rapportbruch für alle Beteiligten deutlich wahrnehmbar ist. Achte dabei auf folgende Faktoren:
   - Der Übergang von Match zu Mismatch soll ohne Vorankündigung stattfinden.
   - Der Übergang soll nicht übertrieben oder karikierend sein.
   - Der Mismatch soll nicht auf der Inhaltsebene sein.

3. **B kehrt zurück zum Pacing, bis Rapport wiederhergestellt ist.**

4. **Schritte 2 und 3 nochmals durchlaufen.**

5. **Anschließend kurzer Austausch, dann Wechsel.**

Techniken

TECHNIK

EMOTIONSPACING

Diese Technik ist Bestandteil des Testings

Unter Pacen des emotionalen Zustandes ist zu verstehen, dass wir unserem Gesprächspartner zu Beginn eines Gespräches mit einer emotionalen Haltung begegnen, die der seinen ähnlich ist. Mit dem Emotionspacing spiegeln wir die Befindlichkeit unseres Gesprächspartners wider und finden so tiefen Kontakt zu ihm. Emotionspacing ist die komplexeste Art des nonverbalen Pacings. Die Aufgabe besteht darin, sowohl Körpersprache, Mimik und Gestik als auch Stimmqualität und Lieblings-/Schlüsselworte zu pacen. Das Ziel ist, zu erreichen, dass sich ein Gesprächspartner in seinem Grundgefühl, in seiner Stimmung und seinem Erleben angenommen fühlt.

1. **B beginnt mit A eine Unterhaltung.**
   A soll dabei mindestens ebenso viel sprechen wie B. B pacet das gesamte Ausdrucksverhalten von A, bis ein tiefer Rapport hergestellt ist.

2. **Rapport halten:**
   Wenn Rapport aufgebaut ist, hält bzw. vertieft B den Rapport über mindesten 10 Minuten. Sollte ein Rapportbruch auftreten, beginnt B mit entsprechenden rapportbildenden Maßnahmen.

Bei einem Rapportbruch: Zuerst verstärkt pacen, wenn dies nicht ausreicht, muss der Rapportbruch auf einer Meta-Ebene verbal geklärt werden.

Soll:

- Es sollen alle wesentlichen Ausdrucksformen in natürlicher, unauffälliger Weise gepacet werden: Körperhaltung, Mimik, Gestik, Stimmqualität, Lieblings- und Schlüsselworte.
- B´s gesamte Aufmerksamkeit soll während des Pacens bei A sein.
- Rapportbrüche sollen umgehend bemerkt und durch entsprechende Maßnahmen behoben werden.

Soll nicht:

- B´s Bewegungen dürfen nicht abrupt oder unangemessen wirken.
- Sprachgesten dürfen nicht beim Zuhören gepacet werden.
- Das Pacen darf nicht nachäffend oder karikierend sein.
- B kommentiert den emotionalen Zustand von A weder verbal noch nonverbal.
- Ein eventueller Rapportbruch darf nicht länger als 30 Sekunden unbemerkt bleiben.

Technik

Pacing & Leading

Wenn Rapport zum Gesprächspartner aufgebaut ist, kann mit dem Leaden begonnen werden. Verändere hierzu dein eigenes Ausdrucksverhalten Schritt für Schritt bis hin zu dem Zustand, der dem gemeinsamen Ziel des Gespräches entspricht. Ist der Rapport tief genug, wird dir dein Gesprächspartner automatisch unbewusst folgen. Während des Leadings ist ständig zu überprüfen, ob der Gesprächspartner noch folgt, das heißt, ob er sein Ausdrucksverhalten an dein Ausdrucksverhalten angleicht. Folgt er, kannst du ihn weiter in Richtung des angestrebten Zustands führen. Folgt er nicht, kehre für einige Zeit zum Pacing zurück, um den Rapport zu vertiefen, und gehe dann wiederum probeweise ins Leading über. Behalte diese Vorgehensweise bei, bis sich der Gesprächspartner im Zielzustand befindet.

1. **Pacen eines Problemzustandes:**
   A denkt an ein Problem und beschreibt B die Situation. B pacet A auf allen Ebenen des Ausdrucksverhaltens.

2. **Leading:**
   Wenn Rapport aufgebaut ist, verändert B Schritt für Schritt Körperhaltung, Mimik, Gestik und Stimmqualität. Beachte dabei:
   - Nimm jeweils nur minimale Veränderungen vor und
   - teste kontinuierlich, ob der andere folgt.

3. **Ziel des Leadings:**
   B führt A innerhalb von 5 Minuten aus einem Problemzustand in einen lösungsorientierten Zustand. Wenn B glaubt, das Ziel erreicht zu haben, gibt er an (sensorisch definit), woran er dies erkennt.

Leading ist ein Zusammenspiel aus Pacing, angemessener Rapporttiefe, Verändern des eigenen Ausdrucksverhaltens und kontinuierlichem Testen, ob der andere folgt.

ANKERN

Entstehungsgeschichte des Ankerns

Ankern geht auf die Arbeiten von Iwan Pawlow über den bedingten Reflex zurück (Iwan Pawlow, „Die bedingten Reflexe", Kindler Studienausgabe). Pawlow erhielt 1904 für seine Forschungen auf diesem Gebiet den Nobelpreis für Medizin. Er fand heraus, dass es neben den angeborenen Reflexen, den unbedingten Reflexen, auch erlernte Reflexe gibt. Diese nannte er bedingte Reflexe, da sie abhängig von einer Lernerfahrung sind.

Bei angeborenen Reflexen geht das Reiz-Signal auf der Nervenbahn nur bis zum Rückenmark. Dort wird es ohne Beteiligung des Gehirns direkt in ein Signal umgewandelt, das einen Muskel bzw. eine Muskelgruppe innerviert. Die Reaktionszeit ist so auf ein Minimum reduziert. Beispiele hierfür sind der Kornealreflex, der das Augenlid schließt, wenn sich etwas mit hoher Geschwindigkeit auf das Auge zubewegt, und der Pupillenreflex, der bei Belichtung des Auges die Pupille verengt.

Pawlow fand in seinen Forschungen heraus, dass automatisch-unwillkürliche Reaktionen auf einen bestimmten Reiz auch erlernt werden können. Der folgende Versuchsaufbau lieferte hierfür den Beweis: Pawlow ließ jedesmal eine Glocke läuten, wenn seine Versuchshunde etwas zu fressen bekamen. Nach einigen Wiederholungen stellte sich die physiologische Reaktion, die normalerweise nur im Zusammenhang mit Futter auftritt, auch dann ein, wenn nur die Glocke geläutet wurde. Wenn dieser Klang ertönte, begann bei den Hunden der Geifer zu laufen, und die Bauchspeicheldrüse reagierte mit Absonderung von Verdauungssekreten. In der natürlichen Umwelt eines Hundes tritt das Geräusch einer Glocke weder auf, noch steht es in Verbindung mit Futter. Das Ergebnis dieses Experimentes und vieler Folgeversuche bewies:

Es ist möglich, an jeden beliebigen Reiz jede beliebige innere Reaktion zu koppeln.

Das Erzeugen eines bedingten Reflexes wird als Konditionieren bezeichnet. Der Konditionierungsprozess wurde zu einem der Eckpfeiler der klassisch-behavioristischen Psychologie und Lerntheorie (B. F. Skinner, „About Behaviorism", Vintage Books).

Das Konzept des Ankerns, wie es von Bandler und Grinder entwickelt wurde, stellt in zwei wichtigen Punkten eine Erweiterung des klassischen

Beim bedingten Reflex muss das Nervensystem den Zusammenhang zwischen Reiz und Reaktion erst lernen. Allerdings scheint es so zu sein, dass Nervensysteme auf dieses Lernen geradezu vorprogrammiert sind. Das heißt, Nervensysteme filtern aus der Umwelt Koinzidenzen (Gleichzeitigkeiten) zwischen Umweltreizen und inneren Reaktionen heraus.

Unser Gehirn reagiert dann auf der Basis der so gemachten Verknüpfung (bedingter Reflex-Anker) automatisch.

Konditionierungsmodells dar:

1. **Zum Installieren eines Ankers ist es nicht notwendig, dass eine mehrfache Wiederholung des Reiz-Reaktions-Zusammenhanges (Verstärkung) stattfindet. Unter den richtigen Bedingungen reicht ein einmaliges Auftreten des Reiz-Reaktions-Zusammenhanges aus, um einen Anker zu installieren (siehe hierzu auch die 5 Komponenten für gute Anker auf Seite 51). Dieser Prozess ist auch als One-Trial-Learning bekannt.**
2. **Nicht nur äußere Reize können als Anker dienen, sondern auch Aspekte des subjektiven Erlebens.**

Durch diese beiden Erweiterungen wurden zwei wichtige Limitierungen des Behaviorismus rückgängig gemacht.

Während beim klassischen Konditionieren davon ausgegangen wird, dass eine Reiz-Reaktions-Kopplung nur durch Verstärkung entsteht, gingen Bandler und Grinder vom Lernen-in-einem-Versuch aus. Ein solches One-Trial-Learning kennen wir alle. Beispielsweise muss sich ein Kind nur ein einziges Mal die Hand an der heißen Herdplatte verbrannt haben, um ein Leben lang in ähnlichen Situationen mit einer automatischen Reflexbewegung zu reagieren. Daraus folgt: Wenn der Reiz eine sehr heftige innere Reaktion auslöst, kann ein einziger Versuch eine lebenslängliche Verknüpfung zwischen Reiz und Reakion herstellen.

Im wissenschaftlich orientierten Behaviorismus wird nur objektiv Wahrnehmbares als Gegenstand von Untersuchungen akzeptiert. Daher gilt dort das subjektive Erleben prinzipiell als etwas, das außerhalb der Reichweite wissenschaftlicher Untersuchungsmethoden liegt. Im Gegensatz dazu gelten innere Prozesse im NLP als gleichberechtigt neben den äußerlich sichtbaren Prozessen. Daraus folgt, dass auch das innere Erleben als Reiz für einen Anker dienen kann. So können auch Erinnerungen, Vorstellungen oder innere Zustände Anker für spezifische Gefühlsreaktionen sein.

Anker können in allen fünf Repräsentations-Systemen auftreten.

- **Visuell**
- **Auditiv**
- **Kinästhetisch**
- **Olfaktorisch**
- **Gustatorisch**

Anker versus Assoziation

Anker und Assoziation werden häufig verwechselt, da sie im Erleben relativ ähnlich funktionieren. Trotzdem gibt es zwischen Anker und Assoziation wesentliche Unterschiede. Diese bestehten darin, dass es zwischen dem Anker und der Reaktion, die er auslöst, keinen inhaltlichen Zusammenhang geben muss. An dem Beispiel des Hundes, der geifert, wenn er eine Klingel hört, ist dies leicht erkennbar. Hingegen ist der Zusammenhang zwischen Geifern und dem Geruch von Fleisch ein angeborenes Verhalten des Hundes. Der Anker schafft also eine inhaltliche Verbindung zwischen einem Klingelgeräuch und dem Geifern, die vorher nicht vorhanden war. Aus diesem Grund nennen wir einen **Anker 3-polig**, das heißt, es gibt die zwei Pole Stimulus und Response sowie einen dritten Pol, nämlich den Anker als einen neuen Reiz, der die selbe Reaktion auslöst wie der ursprüngliche Stimulus. Bei einer Assoziation, z.B. des Bildes von einer Südseelandschaft mit Urlaub, gibt es eine inhaltliche Beziehung. Wir nennen eine **Assoziation 2-polig**, da es nur den assoziationsauslösenden Reiz und die Assoziation selbst gibt.

Darüber hinaus gibt es noch einen weiteren wesentlichen Unterschied zwischen einer Assoziation und einem Anker: Beide laufen zwar automatisch ab, aber bei einer Assoziation ist sich die Person des inhaltlichen Zusammenhangs bewusst und hat darüber hinaus einen gewissen Einfluss darauf, die Assoziation zu unterbrechen. Bei Ankern ist es häufig so, dass die betroffene Person keine Idee hat, weshalb sie auf das entsprechende Signal diese heftige Reaktion hat, und darüber hinaus nicht imstande ist, die Reaktion willentlich zu unterbrechen. Insofern macht es Sinn, Anker und Assoziation begrifflich scharf voneinander zu trennen, obwohl es durchaus Fälle gibt, in denen Assoziation und Anker in ihrer Wirkungsweise so ähnlich wirken, dass sie schwer zu unterscheiden sind. Beispiel: die rote Ampel im Straßenverkehr. Wir haben gelernt, dass „rot" bedeutet: „stehen bleiben", bzw.: „bremsen". Bei vielen Autofahrern finden wir eine Reaktion, die auf den ersten Blick wie geankert aussieht. Die Ampel springt auf rot, und der Fuß geht unbewusst auf die Bremse. Dass es sich hier trotzdem im strengen Sinne nicht um einen Anker handelt, kann man daran sehen, dass man, wenn man es eilig hat, trotzdem weiterfährt. Bei einem bedingten Reflex würde der Fuß automatisch auf die Bremse gehen, unabhängig davon, ob man sich entschieden hat, ausnahmsweise dieses Verkehrssignal zu ignorieren. Aus diesem Grund erleben wir bei geankerten Reaktionen häufig die Situation, dass eine Person sagt: „Ich finde meine Reaktion selbst völlig unsinnig und kann sie trotzdem beim besten Willen nicht absichtlich unterdrücken und auch nicht ändern." In dem Moment jedoch, in dem der Anker mit der Technik „Anker verschmelzen" aufgelöst wurde, verliert er sofort seine Wirkung, und es erscheint Minuten später kaum noch verständlich, warum man auf diesen Reiz so viele Jahre so heftig reagiert hat.

Verhalten auf Autopilot

Anker bewirken, dass beim Auftreten des entsprechenden Reizes automatisch unwillkürlich eine bestimmte Reaktion erfolgt. Unser Verhalten läuft quasi auf **Autopilot**.

Im Positiven ermöglicht uns dieser Autopilot, ohne Zeitverzögerung auf potenziell gefährliche Situationen zu reagieren. Müssten wir beispielsweise beim Ertönen einer nahen Autohupe erst überlegen, was dieses Geräusch bedeuten könnte, wäre es für ein rechtzeitiges Reagieren eventuell schon zu spät. So aber bewirkt der erlernte Reflex, dass der Reiz in Bruchteilen von Sekunden eine physische und psychische Alarmbereitschaft auslöst. Die Fähigkeit, Reiz-Reaktions-Kopplungen zu erlernen, gehört damit zu unseren wichtigsten Überlebensfunktionen.

Des Weiteren können Anker unseren Alltag erheblich erleichtern. Sie ermöglichen uns, in wiederkehrenden Situationen automatisch zu agieren

Eine der grundlegenden Vorannahmen des NLP ist, dass es besser ist, mehrere Wahlmöglichkeiten zu haben als keine – daher ist ein wichtiges Anliegen des NLP, solche Konditionierungen aufzulösen.

und uns auf „Knopfdruck" in ressourcevolle Zustände zu begeben. So kann beispielsweise an eine bisher wenig geliebte, aber notwendige Tätigkeit ein angenehmes Gefühl geankert werden. Bisher nur widerwillig ausgeführte und daher anstrengende Alltagsarbeiten wie Geschirrspülen, Bügeln oder das Erledigen der Steuererklärung können durch Ankern auf eine sehr viel angenehmere Weise erledigt werden. Auch bei größeren Herausforderungen wie Prüfungen, schwierigen Gesprächen im beruflichen oder privaten Kontext u. Ä. können Anker gezielt eingesetzt werden. Beispielsweise durch Installieren eines starken Ressource-Ankers, der nach Belieben ausgelöst werden kann, um den gewünschten ressourcevollen Zustand zu entfalten.

Limitierende Reiz-Reaktions-Kopplungen können dagegen unser Leben extrem einschränken. Prüfungsängste sind hierfür ein gutes Beispiel. Oftmals sind Prüfungssituationen mit unbeabsichtigt installierten negativen Ankern belastet. Solche limitierenden Anker lösen einen ressourcearmen Zustand aus, der bewirkt, dass wir unsere Fähigkeiten nicht adäquat einsetzen können. Selbst die Vernunft, die uns normalerweise zur Beurteilung einer Situation zur Verfügung steht, ist dann oftmals nicht mehr zugänglich. In solchen Situationen reagieren wir wie ein Automat oder ein dressiertes Tier.

In Paarbeziehungen sind geankerte Reiz-Reaktions-Ketten, bei denen beide Beteiligten auf einen Stimulus des anderen jeweils nur eine Reaktionsmöglichkeit haben, häufig der Grund für sich ständig wiederholende und unfruchtbare Streitigkeiten. Eine solche Schleife nennt man im NLP einen *calibrated loop*. R. Dilts gibt hierfür ein schönes Beispiel in seinem Buch „Applications of Neuro-Linguistic Programming":
Ein Mann und seine Ehefrau sind mitten in einer Unterhaltung, plötzlich schüttelt er den Kopf und seufzt (äußerer Reiz). Seine Frau fühlt sich dadurch irritiert (innere Reaktion), bekommt daraufhin einen harschen Unterton in ihrer Stimme und spricht etwas lauter (äußerer Reiz). Dies führt dazu, dass sich der Mann zu ärgern beginnt (innere Reaktion), was seine Haut etwas röter werden lässt, und er schüttelt wieder den Kopf und seufzt erneut. Dadurch fühlt sich die Frau noch mehr irritiert… . Diese Schleife geht weiter, bis sich beide richtig streiten.

Wenn wir nur eine mögliche Reaktion auf einen Stimulus zur Verfügung haben, sind wir wie ein AUTOMAT.

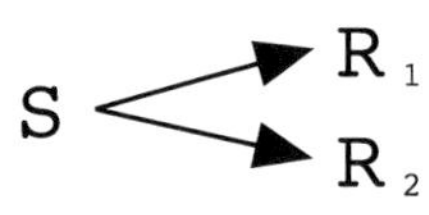

Bei zwei möglichen Reaktionen auf den gleichen Stimulus sind wir in einem DILEMMA.

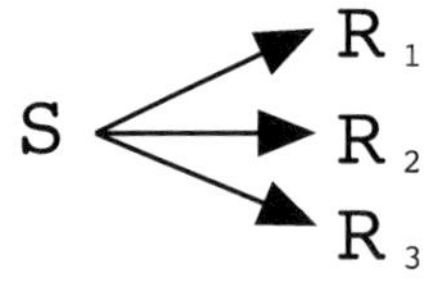

Erst bei drei möglichen Antworten auf ein und denselben Stimulus haben wir die Minimalbedingung der FREIHEIT erreicht. Daher wird bei vielen NLP-Interventionen soviel Wert auf das Vorhandensein von mindestens drei Alternativen gelegt.

Dilts beschreibt (a.a.O., Seite 45 ff.), wie der NLP-Coach diesen Loop gleich am Anfang unterbrechen kann, indem er den geankerten Zusammenhang zwischen Kopfschütteln und Seufzen auf der einen und Sich-irritiert-Fühlen auf der anderen Seite auflöst.

Kinästhetische Anker

Besonders wirkungsvoll sind kinästhetische Anker, da diese sehr präzise gesetzt werden können (siehe hierzu auch „Fünf Komponenten für gute Anker", Seite 51).

Innerhalb eines Gespräches kann ein kinästhetischer Anker etabliert werden, indem der Gesprächspartner genau in dem Moment berührt wird, in dem er alle Anzeichen eines bestimmten Zustandes besonders deutlich zeigt. Du kannst zum Beispiel in einem Moment, in dem ein Gesprächspartner herzlich lacht, deine Hand auf seinen Unterarm legen und irgend etwas Passendes zu dieser Situation sagen. Wenn du dies einige Male wiederholst, wird diese spezifische Berührung zum Anker für den entsprechenden Zustand. Diese Art des Ankerns setzt jedoch voraus, dass die Beziehungsstruktur körperliche Berührungen erlaubt.
In einem Coachingkontext ist kinästhetisches Ankern in der Regel unproblematisch, da hier für die Berührung eine explizite Erlaubnis eingeholt werden kann.

Auditive Anker

Man kann jeden beliebigen inneren Zustand, in dem ein Gegenüber sich gerade befindet, natürlich genauso gut auditiv ankern. Wenn das Gegenüber besonders deutliche Zeichen von Freude, Aufmerksamkeit, Zustimmung u. Ä. zeigt, kann dieser Zustand mit einem bestimmten Klang oder Geräusch geankert werden; beispielsweise indem du das Intonationsmuster deiner Stimme veränderst, mit deinem Finger auf den Tisch klopfst oder ein bestimmtes Geräusch machst wie „mhm" u. Ä. (siehe hierzu auch: „Visuelle oder auditive Anker ausdehnen", Seite 66).
Für die Arbeit mit Gruppen, aber auch mit Einzelklienten ist es wichtig und nützlich, dass du für verschiedene Mitteilungsformen wie Informationen, Kritik, Trance usw. verschiedene Intonationsmuster konsistent benutzt. Dadurch wird das betreffende Intonationsmuster zum auditiven Anker für einen entsprechenden Rezeptionszustand bei den Zuhörern.

Visuelle Anker

Auch das visuelle Repräsentations-System eignet sich für Anker, besonders in Situationen, in denen nicht ohne Weiteres kinästhetisch geankert werden kann, zum Beispiel geschäftliche Besprechungen, Kritikgespräche, Verkaufsgespräche, Schulungen u. Ä. Die NLP-Formate „Visuelle Anker verschmelzen", Seite 65, und „Visuelle oder auditive Anker ausdehnen", Seite 66, sind für solche Situationen bestens geeignet.

Wann ist Ankern schwierig?

Um eine erinnerte Empfindung ankern zu können, ist es wichtig, dass der Klient hinsichtlich der Situation assoziiert ist. Dies geht aber nur, wenn er in der Originalsituation assoziiert war und sich auch assoziiert daran erinnern kann.

Es kommt vor, dass ein Klient die eigentliche Situation assoziiert erlebte, sich jetzt jedoch dissoziiert daran erinnert. In einem solchen Fall muss der Klient zuerst in die Erinnerung assoziiert werden, da sonst der zu ankernde Gefühlszustand zu schwach vorhanden ist. Hierfür geeignete Vorgehensweisen sind im Modul „Gefühlszustände intensivieren", Seite 58 f., beschrieben. **War der Klient in der eigentlichen Situation jedoch dissoziiert, kann diese Erinnerung zum Ankern eines intensiven Zustandes nicht genutzt werden.**

Schwierig wird Ankern auch, wenn eine Person sich nicht so sehr an konkrete Ereignisse erinnert als vielmehr an eine prototypische Zusammenfassung von Erlebnissen, an eine **Gestalt.** Wenn man sich beispielsweise an das Gesicht der Mutter erinnern will, hat man die Möglichkeit, eine ganz konkrete Situation zu erinnern oder die Tausende von Eindrücken zu einer Gestalterinnerung zusammenzufassen. In einer Gestalt sind allerdings die verschiedenen Gefühle miteinander verschmolzen, was das Erinnern eines bestimmten Gefühls erschwert. Bei dieser Art der Speicherung kann durch **Chunking down** die konkrete Einzelempfindung herausgeschält werden (siehe hierzu auch Seite 59).

Module & Techniken

Module

- Anker bei sich und anderen identifizieren
- Anker als Langzeitsymbol
- Gefühlszustände intensivieren I
- Gefühlszustände intensivieren II
- Anker setzen und testen
- Visuelles Kalibrieren
- Auditives Kalibrieren
- Kinästhetisches Kalibrieren
- Sensorisch definit versus Halluzinieren
- Ökologie-Check
- Future-Pacing

Techniken

- Visuelle Anker verschmelzen
- Visuelle oder auditive Anker ausdehnen
- Moment of Excellence
- Der magische Kreis
- Uptime-Anker
- Mega-Ekstase
- Change History
- Anker verschmelzen
- Anker verketten

Fünf Komponenten für gute Anker

Ein guter Anker ist Präzisionsarbeit. Im Folgenden werden die fünf Komponenten erläutert, die diese Präzision ermöglichen.

Timing des Ankerns: Das Setzen eines Ankers beginnt (Auslösen des Reizes), wenn sich der innere Zustand deutlich entfaltet – und endet, kurz bevor die Intensität des Zustandes abzunehmen beginnt, wie in der untenstehenden Grafik abgebildet. Wird ein Anker auf diese Weise gesetzt, ist sichergestellt, dass die Abschwungphase des inneren Zustandes nicht mitgeankert wird.

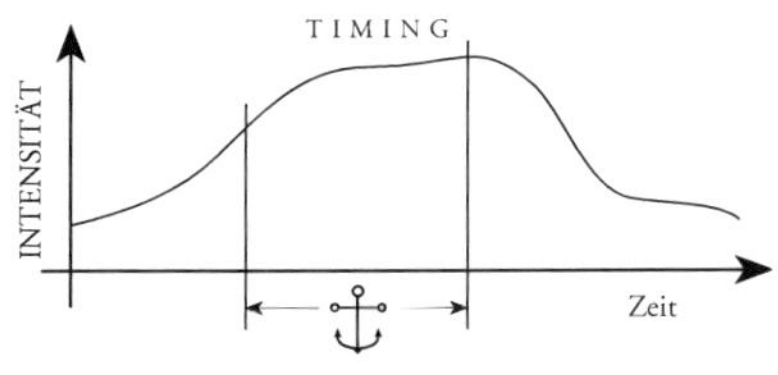

Intensität des Zustandes: Um einen wirklich starken Anker zu erhalten, muß der zu ankernde Zustand intensiv vorhanden sein. Mit einem Anker wird kein innerer Zustand erzeugt, sondern ein hervorgerufener Zustand festgehalten. Daraus ergibt sich, dass nur geankert werden kann, was vorhanden ist!

Genauigkeit der Wiederholung: Der Reiz muss exakt in der gleichen Weise wieder auftreten, ansonsten erkennt das Nervensystem den Reiz-Reaktions-Zusammenhang nicht. Beim kinästhetischen Ankern bedeutet dies, dass der Ort des Ankers genau wieder getroffen werden muss. Sonst funktioniert der Anker gar nicht oder nicht mit der optimalen Intensität.

Einzigartigkeit des Reizes: Wird derselbe Reiz für verschiedene Zustände benutzt, werden sich die Zustände vermischen. Besonders für alle Ressource-Anker gilt daher: Wähle einen Reiz, der im Alltag nicht ständig überlagert wird.

Reinheit des Zustandes: Diese Komponente ist für jede Art von Ressource-Anker von besonderer Wichtigkeit. Es sollte darauf geachtet werden, dass nur reine Zustände geankert werden. Wenn in dem positiven Zustand ein unangenehmes Gefühl mitschwingt, werden beide Gefühle geankert. So kann in einer schönen Urlaubserinnerung zum Beispiel Wehmut mitschwingen, weil die Zeit so schnell zu Ende ging.

T iming des Ankers
I ntensität des Zustandes
G enauigkeit der Wiederholung
E inzigartigkeit des Reizes
R einheit des Zustandes

Exkurs

Die Worte unserer Sprache können wir übrigens als auditive bzw. wenn geschrieben auch als visuelle Anker auffassen. Wenn wir ein Wort hören oder sehen, triggert dieser Stimulus innere Bilder, Gefühle usw.; allerdings nicht bei jedem Menschen die gleichen, sodass wir bei der Kommunikation nie genau wissen können, welche Vorstellungen beim anderen an die verschiedenen Worte, die wir benutzen, gekoppelt (geankert) sind.

Exkurs

Stimulus-Response versus Ankern: Joseph Yeager, Ph.D., hat in seinem Buch „Thinking about Thinking with NLP" einige interessante Überlegungen zum Verhältnis von Verhaltenstherapie und NLP angestellt, die ich hier kurz referieren möchte.

In der VT ist das Stimulus-Response-Modell sozusagen die Basis der gesamten Arbeit, und auch im NLP findet sich dieses Modell, allerdings verfeinert, im Modell des Ankerns wieder. Insofern stellt sich hier die Frage nach Ähnlichkeiten und Unterschieden! Da das S-R-Modell auf der Basis der behavioristischen Vorannahmen entstand, geht man davon aus, dass das, was im Inneren des Klienten zwischen Stimulus und Response geschieht, als „black box" zu behandeln ist; d.h., dass man darüber nichts sagen kann.

Im NLP wurde nun entdeckt, wie der Mensch zwischen Stimulus und Response seine Rep.-Systeme benutzt, um die Response überhaupt hervorbringen zu können. Dies ist zwar auch das Ziel aller Ansätze in der kognitiven Psychologie, aber dort ist man längst noch nicht so weit, das innere, subjektive Erleben mit Hilfe eines speziellen Notationssystems darstellen zu können (siehe Strategien, Dilts u.a.: „Strukturen subjektiver Erfahrung"). Yeager weist noch auf einen anderen wesentlichen Unterschied hin:

„A very important difference between NLP and other approaches is the distinction between thinking and feeling. In NLP feeling (i.e., K for kinesthetic in the notation system) is defined as a cognitive event. That is, feelings are thoughts, too. As expressed colloquially, the experience of intuition is a kinesthetic mode of thinking."

In der gegenwärtigen Debatte wird zu Recht immer wieder darauf hingewiesen, dass die Gründe für unser Verhalten uns selbst meist unbewusst sind. Dies wird auch im NLP nicht anders gesehen, allerdings hat das NLP Fragetechniken entwickelt, mit denen es sehr schnell möglich ist, diese unbewussten Prozesse bewusstzumachen, um sie dann zu verändern. Um die richtigen Fragen stellen zu können, nutzt der NLPler u.a. die *Augenzugangs-*

Exkurs

hinweise, die Prozessverben und die Körpersprache des Klienten. D. h., das „Konditionieren" von neuen, ressourcevollen Verhaltensweisen wird um so einfacher, je genauer wir wissen, wie der Klient sein Problemverhalten hervorbringt.

Yeager definiert Ankern als *„... an exceptionally rapid means of establishing or utilizing a conditioned response using non-verbal or verbal language as a medium. The usual stimulus-response model of experimental psychology is combined and thought of as a single unit of behavior. The result is a more efficient means of working with behavioral phenomena."*

Yeager spricht in diesem Zusammenhang im Gegensatz zum klassischen Konditionieren auch vom „intelligenten Reflex" oder „Cognitive Reflex". Ankern repräsentiert für ihn die Entdeckung, dass interne, subjektive Ereignisse in der gleichen Weise Gegenstand von Stimulus-Response-Prozessen sein können wie externe Verhaltensweisen. NLP nutzt die Informationen auf dem Micro-Level des subjektiven Erlebens, um die Interventionen genau dem Klienten anzupassen.

„NLP finds subjective, cognitive events to operate in very much the same manner that 'reinforcement' operates at the customary level of observation typical of behavior modification. Three important characteristics of anchors are that a) they can be combined (paired) in ways that change the associated behavior; b) anchors can be strung together in long chains that change the associated behavior; and c) anchors can be used to modify particular images (simple or complex images) with submodality methods. As a general rule, behavior is modified by changing the Trigger sensitivity to a stimulus, or by Adding behavioral units to a sequence, or by Combining units of behavior, or by Separating units of behavior. This is known as the TACS model."

Yeager gibt dann noch eine Liste von verschiedenen Nutzungsmöglichkeiten von Ankern.

- Anker können verschmolzen werden.
- Anker können gestreamlined werden (Beschleunigung der Resp.-Zeit).
- Anker können in allen fünf Rep.-Systemen installiert werden.
- Anker können einfach oder in komplexen Kombinationen genutzt werden.
- Anker können miteinander verkettet werden oder getrennt werden.
- Anker können in sich wiederholenden Mustern oder in völlig neuen auftreten.
- Anker in einem Rep.-System können Anker in einem anderen Rep.-System auslösen.
- Anker können so genutzt bzw. so verändert werden, dass sie neue Responses hervorrufen.
- Anker sind die Basis des one-trial learning. Klassisches Beispiel: die phobischen Reaktion.
- Anker sind konsistent, bis sie modifiziert oder durch Erfahrung weiterentwickelt worden sind.

Yeager betrachtet einen Anker als **„two-faceted S-R model being combined into a single unit"**.
Dies soll anhand eines Beispiels erläu-

MODUL

ANKER BEI SICH UND ANDEREN IDENTIFIZIEREN

Finde heraus, welche Reize dich und Personen aus deiner Umgebung automatisch reagieren lassen. Suche dabei nach Reizen in allen fünf Repräsentations-Systemen, beispielsweise:

visuell:	Gesichter, Gesichtsausdrücke, Farben, Gegenstände ...
auditiv:	Klänge, Musikstücke, Tonlagen, Worte, Geräusche ...
kinästhetisch:	Berührungen durch Personen oder Materialien ...
olfaktorisch:	Blumendüfte, Essensgerüche, Geruchsstoffe, Parfüms ...
gustatorisch:	Nahrungsmittel, Geschmacksaromen ...

Gehe nach folgendem Muster vor:

Feststellung:	Beschreibe die Reiz-Reaktions-Kopplung.
Reiz:	Finde den auslösenden Reiz.
Rep.-System:	In welchem Rep.-System tritt der Reiz auf – V.A.K.O.G?
Reaktion:	Wie genau reagierst du auf diesen Reiz?
Verbindung:	Wie und wann ist diese Reiz-Reaktions-Kopplung entstanden?

Beispiele:

Feststellung:	Wenn ich Samtstoff berühre, wird mir übel.
Reiz:	Ertasten der Textur
Rep.-System:	kinästhetisch
Reaktion:	Übelkeit
Verbindung:	Wenn meine Mutter wieder einmal Liebeskummer hatte, musste ich mich zur ihr auf das Samtsofa setzen, und sie hielt mich dann manchmal stundenlang fest, mir war das ganz unangenehm.

Feststellung:	Wenn ich Flieder rieche, wird mir ganz wohlig.
Reiz:	der Duft des Flieders
Rep.-System:	olfaktorisch
Reaktion:	ich fühle mich leicht, Freude steigt in mir auf
Verbindung:	Wir hatten einen wunderschönen Fliederbusch im Garten, wenn der zu blühen begann, war die Luft erfüllt von diesem Duft, es gehört zu meinen schönsten Kindheitserinnerungen.

Modul

Anker als Langzeitsymbol

Unser Nervensystem filtert in einem ständigen Prozess Gleichzeitigkeiten aus unserer Umwelt heraus. Das bedeutet auch, dass wir die Menschen, mit denen wir häufiger zu tun haben, fortwährend ankern. Diese Tatsache ist im beruflichen Kontext von besonderer Bedeutung. Die Anker, die dort aufgebaut werden, können für den Erfolg sehr förderlich sein oder aber ihn stark beeinträchtigen. Ein gutes Beispiel hierfür sind Telefonate mit Mitarbeitern einer Firma; wer kennt es nicht, zwei oder drei Mal unfreundlich behandelt worden zu sein und eine Aversionsreaktion gegen die ganze Firma zu entwickeln; ein freundliches und kompetentes Auftreten dagegen verbindet schnell ein angenehmes Gefühl mit dem Unternehmen.

Es ist daher lohnend, Langzeitanker sorgfältig zu planen. Die folgende Auflistung soll als Anregung dafür dienen, welche Aspekte als Langzeitanker dienen (können).

Langzeitanker

- das Briefpapier
- die Visitenkarten
- Werbegeschenke
- das Firmenlogo
- Produktverpackungen
- die Büroeinrichtung
- deine Stimmqualität am Telefon
- die Art, wie deine Mitarbeiter am Telefon sprechen
- der Text des Anrufbeantworters

...

MODUL

GEFÜHLSZUSTÄNDE INTENSIVIEREN I

Die im Folgenden beschriebenen Vorgehensweisen unterstützen darin, sich in eine Erinnerung zu assoziieren bzw. einen vorhandenen assoziierten Zustand zu vertiefen.

Lenken der Aufmerksamkeit

- **Trance-Induktion:**
  Wo im Körper kannst du den Zustand/die Empfindung am deutlichsten spüren? Gehe mit deiner Aufmerksamkeit dorthin und spüre, wie genau es sich anfühlt. Und nun kannst du diese Empfindung noch etwas stärker werden lassen, sodass du sie deutlich fühlen kannst..., mehr und mehr.

Theaterbühne

Anstatt der Theaterbühne kann natürlich auch ein 3-dimensionales Kinoerleben oder ein futuristisches „Holodeck" u. Ä. gewählt werden.

1. **Kreiere in deiner Vorstellung eine Theaterbühne:**
   Sieh die Situation wie eine Szene auf einer Theaterbühne. Sieh das Bühnenbild farbig und so detailgetreu wie möglich. Mache die Charaktere so farbig und lebensecht wie möglich, auch den Akteur, der dich selbst darstellt – lasse aber für diesen Moment alles regungslos verharren.

2. **Bewege dich auf die Bühne zu:**
   Stelle dir nun vor, du gehst auf diese Bühne zu. Du fühlst, wie du einen Schritt nach dem anderen zur Bühne machst, und siehst, wie die Bühne mit den Kulissen und den Akteuren immer näher kommt. Schließlich stehst du vor den Treppenstufen, die auf die Bühne führen, und gehst eine Stufe nach der anderen hinauf, bis du mitten im Bühnenbild mit den noch reglos verharrenden Akteuren stehst.

Zum Dissoziieren aus einer Situation kann die umgekehrte Vorgehensweise benutzt werden.

3. **Assoziiere dich:**
   Gehe nun zu dem Akteur, der dich selbst darstellt, und „schlüpfe" in ihn/sie hinein. Siehe aus seinen/ihren Augen, höre mit seinen/ihren Ohren und beginne deinen Körper dort in dieser Situation zu fühlen. Nun werden Bühnenbild und Akteure langsam lebendig. Bewegung kommt in die Situation, während du siehst, was es in dieser Situation zu sehen gibt, hörst, was es in dieser Situation zu hören gibt, und die Empfindungen und Gefühle in deinem Körper spürst, mehr und mehr.

MODUL

GEFÜHLSZUSTÄNDE INTENSIVIEREN II

Chunking down

Mit der folgenden Vorgehensweise intensiviert sich der zu erinnernde Gefühlszustand durch das zunehmende Konkretisieren und durch Verstärkung des Reizes.

1. **Was genau ruft die Gefühle stärker hervor, ist es das, was du siehst, oder das, was du hörst?**

- Das, was ich höre!

2. **Was ist es genau, die Worte oder die Intonation oder beides?**
   Z.B.: „Es ist die Intonation!"
3. **Gut, dann höre dir diese Passage jetzt nochmals ganz genau an und wiederhole sie so oft, bis du das Gefühl wirklich deutlich spüren kannst.**

- Das, was ich sehe!

2. **Was genau ist es, das die Gefühle hervorruft: das Gesicht, der gesamte Körper oder eine bestimmte Geste?**
   Z.B.: „Es ist der Gesichtsausdruck!"
3. **Was genau an diesem Gesicht ruft das Gefühl hervor?**
   Z.B.: „Die Augen."
4. **Was genau an den Augen ist es?**
   Z.B.: „Sie sind so starr."
5. **Dann nimm diese Starrheit wahr und lass dabei das Gefühl noch stärker werden.**

Zeitformen

Die Strategie, mit der wir Gefühle hervorbringen, hängt von der Form unserer Zeitverarbeitung ab. Teste die folgenden fünf Zeitformen und wähle die wirksamste aus:

1. **Erinnere dich an eine Situation, in der du ... fühltest.**
2. **Erinnere dich an eine Situation, in der du ... gefühlt hast.**
3. **Stelle dir eine Situation vor, in der du ... fühlst, jetzt.**
4. **Stelle dir eine Situation vor, in der du ... fühlen wirst.**
5. **Stelle dir eine Situation vor, in der du ... gefühlt haben wirst.**

Die nebenstehende Strategie stammt von der amerikanischen NLP-Trainierin Chris Hall. Sie gilt als die Koryphäe auf dem Gebiet der gesprochenen Sprache.

Modul

Anker setzen und testen

Der Erfolg aller Anker-Formate, die in diesem Kapitel beschrieben werden, hängt von der Präzision ab, mit der die Anker gesetzt werden. In diesem Modul übst du:

1. **Einen kinästhetischen Anker zu setzen,**
2. **deinen Klienten angemessen zu separieren und**
3. **den Anker auf seine Wirksamkeit zu testen.**

1. **Wähle die Körperstelle aus, an der du ankern willst:**
   - Stimme mit A ab, an welcher Stelle du den Anker setzt.
   - Achte dabei auf **Einzigartigkeit des Reizes!**

2. **Führe A in einen ressourcevollen Zustand:**
   - A schließt dafür die Augen und geht assoziiert in eine angenehmen Erinnerung.
   - Achte dabei auf **Intensität** und **Reinheit des Zustandes!**
   - Hilf A gegebenenfalls beim Verstärken des Zustandes.

3. **Setzen des Ankers:**
   - A gibt ein Zeichen, sobald sich der Zustand zu entfalten beginnt, und gibt wiederum ein Zeichen, sobald der Zustand schwächer wird.
   - Beginne mit dem Setzen des Ankers, sobald A das erste Zeichen gibt, und löse den Anker, sobald A das zweite Zeichen gibt.
   - Achte dabei auf **Timing des Ankers** und **Genauigkeit der Wiederholung!**

4. **Separator:**
   Unterhalte dich mit A über etwas anderes, bis der Gefühlszustand nicht mehr spürbar ist.

5. **Teste den Anker:**
   - Löse den Anker aus und beobachte, ob der Zustand sich automatisch ohne Zutun von A wieder entfaltet. Gib dem Anker Zeit, sich zu entfalten, halte ihn ausreichend lange.
   - A gibt Rückmeldung, ob sich der Zustand wieder entfaltet.
   - Achte dabei auf **Genauigkeit der Wiederholung!**

6. **Wenn sich der Zustand ohne Zutun von A wieder entfaltet:**
   Heißt das, der Anker sitzt, dann Wechsel. Wenn der Anker noch nicht sitzt, beginne noch einmal bei Schritt 1.

Modul

Visuelles Kalibrieren

Beim visuellen Kalibrieren geht es darum, einen bestimmten inneren Zustand, in dem sich ein Gesprächspartner befindet, äußerlich sichtbaren physiologischen Veränderungen zuzuordnen, um diesen inneren Zustand bei dem Betreffenden wiedererkennen zu können.

1. **Kalibrieren des Zustandes I:**
   A denkt an eine Person, die er gerne mag. B kalibriert sich auf den sichtbaren Anteil von A´s nonverbalem Ausdrucksverhalten:
   • Körperhaltung
   • Mimik
   • Augenausdruck
   • Durchblutung der Haut
   • Gestik
   • Atmung
   • Blinkreflex, u. Ä.

2. **Separieren.**

3. **Kalibrieren des Zustandes II:**
   A denkt nun an eine Person, die ihm unsympathisch ist. B kalibriert sich wiederum auf die Veränderung im nonverbalen Ausdruck A´s.

4. **Vergleichende Fragen:**
   B stellt A nun vergleichende Fragen. A beantwortet diese nur im Inneren. B kalibriert sich auf A´s Physiologie und sagt, an welche der beiden Personen A denkt. A gibt unmittelbar Rückmeldung, ob B´s Aussage stimmt oder nicht.
   • Wer ist älter?
   • Wer hat längeres Haar?
   • Wen von beiden hast du länger nicht gesehen?
   • Wer von beiden wohnt näher bei dir?
   • Wessen Auto ist das schnellere?
   • Wer ist größer?
   • Wer hat das hellere Haar?
   • Wer wohnt in der größeren Wohnung bzw. Haus?
   • Wer hat als nächster Geburtstag?
   • Wer verdient mehr Geld?

Stretch:

Als Herausforderung kann die Übung mit Zuständen wiederholt werden, die dichter beieinander liegen, oder mit solchen mit geringerem emotionalen Anteil.

Genaues Kalibrieren setzt genaues Wahrnehmen voraus. Die Veränderungen des nonverbalen Ausdrucks sollten daher „sensorisch definit" benannt werden, siehe hierzu auch das Modul „Sensorisch definit versus Halluzinieren" auf Seite 63.

Die Fähigkeit, sich auf den nonverbalen Ausdruck eines Gesprächspartners zu kalibrieren, ermöglicht ein elegantes und effizientes Ankern.

Stretch: analog zum visuellen Kalibrieren

Modul

Auditives Kalibrieren

Hierbei geht es um das Zuordnen eines bestimmten inneren Zustands eines Gesprächspartners zu hörbaren Veränderungen in dessen Stimmqualität, um diesen inneren Zustand bei der Person wiedererkennen zu können.

1. **Kalibrieren des Zustandes I:**
   A denkt an eine Person, die er gerne mag, und zählt währenddessen von 1 bis 4. B hat die Augen geschlossen und kalibriert sich auf den hörbaren Anteil von A´s nonverbalem Ausdrucksverhalten:
   - Stimmqualität: Lautstärke, Druck, Geschwindigkeit, Intonation und Rhythmus
   - Atmung

2. **Separieren.**

3. **Kalibrieren des Zustandes II:**
   A denkt nun an eine Person, die ihm unsympathisch ist, und zählt wieder von 1 bis 4. B kalibriert sich wiederum mit geschlossenen Augen auf die Veränderung im nonverbalen Ausdruck A´s.

4. **Vergleichende Fragen:**
   B stellt A wieder vergleichende Fragen. A beantwortet diese im Inneren und zählt von 1 bis 4. B kalibriert sich mit geschlossenen Augen auf A´s nonverbalen Ausdruck und sagt, an welche der beiden Personen A denkt. A gibt unmittelbar Rückmeldung, ob B´s Aussage stimmt oder nicht.

Modul

Kinästhetisches kalibrieren

1. **Vorbereitung:**
   A und C sitzen rechts und links von B, halten seine Hand und legen ihre andere auf die Schulter von B im Halsbereich.

2. **Zuordnen der Zustände:**
   B geht in 2 deutlich unterschiedliche Zustände und sagt, wann er den jeweiligen Zustand erreicht hat. Zwischen den Zuständen separieren.

3. **Kalibrieren:**
   B geht nun in die Zustände hinein, ohne A und C zu sagen, welchen Zustand er gerade erlebt. A und C kalibrieren sich und benennen den Zustand. B gibt sofort Rückmeldung, ob die Aussagen stimmen.

Modul

Sensorisch Definit versus Halluzinieren

1. **Sensorisch definite Beschreibung:**

A und B sitzen sich gegenüber. B redet nur über das, was er bei A sehen, hören und ertasten kann. Beispiele:

V: • du trägst einen blauen Pullover
- eben hast du geblinzelt
- deine Nasenflügel zittern

...

A: • deine Stimme wurde eben schneller
- du sprichst mit sehr viel Druck in deiner Stimme
- deine Intonation wird monotoner, wenn du von Person X redest

...

K: • deine Haut fühlt sich an deinem Handrücken etwas rau an
- deine Wangen sind wärmer als deine Finger
- dein Hemd hat eine glatte Textur

...

2. **Korrektur:**

C ist der Beobachter und tippt B an, wenn dieser etwas über A sagt, was sich auf einen inneren Zustand von A bezieht. Beispiele:

- du siehst müde aus
- deine Augen schauen irgendwie traurig
- deine Stimme klingt ärgerlich
- du klingst erfreut
- deine Haut fühlt sich entspannt an
- wenn ich deine Hand berühre, spüre ich, du bist nervös

...

3. **Halluzinieren:**

Nun beginnt B, ungefähr 2 Minuten lang zu halluzinieren. Er redet nur über vermutete innere Zustände von A. C bleibt Meta-Person und tippt B auf die Schulter, wenn er sensorisch definite Beschreibungen gibt.

4. **Zurück zu sensorischen Wahrnehmungen:**

Nun beschreibt B noch einmal für ca. 2 Minuten das, was er tatsächlich wahrnehmen kann.

5. **Austausch:**

Welcher Unterschied konnte wahrgenommen werden? Welche Auswirkungen hat das sensorisch definite Rückmelden auf denjenigen, der rückmeldet, bzw. auf denjenigen, der rückgemeldet bekommt? Und wie wirkt sich im Gegensatz dazu das Halluzinieren aus?

Einwände können sich auf eher banale Dinge beziehen, wie beispielsweise: „Es ist hier zu laut." Manchmal weist ein Einwand auf eine wichtige, noch unbeachtete Voraussetzung hin, z. B. auf eine Störung im Rapport zwischen Klienten und Coach oder auf eine Information, die der Coach vor Beginn der Arbeit noch benötigt. Es gibt jedoch auch Fälle, in denen ein Einwand den direkten Weg zum Kern des Problems weist. Ein typisches Beispiel hierfür ist dann gegeben, wenn die gewünschte Veränderung zu einem Solidaritäts-Konflikt mit der Familie führen würde. Beispielsweise könnte dem Ziel, eine Aversionsreaktion beim Lernen von intellektuellem Wissen aufzulösen, das Familienmotto: Wir Meyers sind Handwerker, mit Intellektuellen können wir nichts anfangen, entgegenstehen. Hier müsste zuerst mit diesem Familienmotto und dessen Bedeutung für den Klienten gearbeitet werden, bevor die Aversionsreaktion erfolgreich aufgelöst werden könnte.

Bei weitreichenden Veränderungen kannst du deinen Klienten zusätzlich zuerst einige Monate und danach ein Jahr in die Zukunft führen und ihn jeweils die Veränderungen wahrnehmen lassen.

MODUL

ÖKOLOGIE-CHECK

Jedes komplexere NLP-Format wird mit einem Ökologie-Check eingeleitet. Mit diesem Schritt wird sichergestellt, dass der angestrebten Veränderung kein unbewusster Einwand entgegensteht und die gewünschte Veränderung für den Klienten insgesamt ökologisch ist.

1. **Fokussieren auf das innere Erleben:**
   A richtet seine Aufmerksamkeit mit geschlossenen Augen nach innen und stellt sich vor, er hätte die angestrebte Veränderung bereits erreicht. Dabei richtet er an sein Unterbewusstsein die Frage, ob diese Veränderung vollzogen werden kann bzw. darf, oder ob es einen Einwand gegen die vom Bewusstsein gewünschte Veränderung gibt.

2. **Auf mögliche Einwände kalibirieren:**
   - A hört, schaut, fühlt in sein inneres Erleben und achtet auf mögliche Einwände. Häufig äußert sich ein vorhandener Einwand durch ein unangenehmes Gefühl. Einwände können sich auch in Form eines Bildes zeigen oder sich auditiv-digital durch Worte äußern.
   - B kalibriert sich auf A's nonverbales Verhalten: Gibt es in A's Physiologie Anzeichen für eine negative Gefühlsreaktion, während dieser sich vorstellt, die Veränderung bereits erreicht zu haben?

3. **Wenn ein Einwand vorhanden ist:**
   Erst wenn ev. vorhandene Einwände gelöst sind, kann das Format erfolgreich angewandt werden. Wenn für das Erreichen der ursprünglich angestrebten Veränderung eine tieferliegende Problematik bearbeitet werden muss (siehe letztes Beispiel links), ist diese zuerst zu lösen, bevor das aktuelle Thema angegangen werden kann.

MODUL

FUTUREPACE

Dieser Schritt schließt jede komplexere Technik ab. Hier werden die erreichten Veränderungen generalisiert und in der Zukunft verankert. Die Ausführlichkeit des Future-Pace richtet sich nach der Stärke der Veränderung.

Trance-Induktion:

„Stelle dir nun zukünftige ähnliche Situationen vor und erlebe, wie diese Situationen ab jetzt sein werden. ... Was wird nun anders sein? ... Gehe jetzt einige Wochen in die Zukunft. Wie wirst du dich verändert haben? ... Was wird sich in deinem Leben verändert haben? ... Was wird durch diese Veränderung ab jetzt möglich sein?... Und nun, komme in deinem eigenen Tempo ins Hier und Jetzt zurück."

TECHNIK

VISUELLE ANKER VERSCHMELZEN

Diese Technik lässt sich besonders gut in Situationen verwenden, in denen es nicht sinnvoll oder möglich ist, kinästhetische Anker zu setzen. Sie eignet sich zum Integrieren zweier polarer Zustände, Meinungen, Ansichten usw., insbesondere, um das „Für" und „Wider" auf einer höheren logischen Ebene zu integrieren. Beispiel: Jemand hat für eine Situation nur zwei extreme Verhaltensweisen zur Verfügung, z. B. völlig ausrasten oder sich schmollend zurückziehen.

1. **Anker 1 setzen:**
   Immer wenn der Klient oder der Coach über die Alternative 1 redet, macht der Coach eine Geste mit der rechten Hand.

   Achte auf ausreichende Wiederholung.

2. **Anker 2 setzen:**
   Immer wenn der Klient oder der Coach über die Alternative 2 redet, macht der Coach eine Geste mit der linken Hand.

   Achte auf ausreichende Wiederholung.

3. **Visuelles Verschmelzen der Anker:**
   Nachdem die beiden Zustände durch mehrere Wiederholungen an die Gesten geankert wurden, beginnt der Coach mit einem integrativen Hypnotalk, während er die beiden Hände aufeinander zubewegt. Integrationsziele können folgende sein:

   a. Eine Hand verdeckt schließlich die andere:
   (z. B. Kontext Therapie – die Angst des Klienten „verschwindet" hinter seiner Entschlossenheit)
   oder

   b. Die Hände werden als gleichwertig dargeboten:
   (z. B. Kontext Verkaufsgespräch – der Verkäufer bietet dem Kunden zwei gleichwertige Produkte klar zur Entscheidung)
   oder

   c. Die Hände werden zum Verschmelzen der Gefühlszustände ineinander gelegt:
   (z. B. Kontext Kritikgespräch Chef/Mitarbeiter – der Vorgesetzte lässt zwei ausschließlich polare Reaktionen wie entweder „über eifrig" oder „motivationslos" miteinander verschmelzen)

4. **Future-Pace.**

TECHNIK

VISUELLE ODER AUDITIVE ANKER AUSDEHNEN

In Gesprächen mit mehreren Personen ist das Setzen von multiplen Ankern von Vorteil. Mit dieser Vorgehensweise kannst du die einzelnen Gesprächspartner gezielt in bestimmte Zustände bringen. Diese Art des Ankerns erfordert zur exzellenten Kompetenz einige Übung. Du wirst jedoch erstaunt sein, wie schnell sich Erfolge einstellen. Das Üben ist in jedem Fall lohnenswert – gezielt Zustände bei Gesprächspartnern oder Zuhörern hervorrufen zu können, ist eine sehr nützliche Fähigkeit.

1. **Rapport aufbauen:**
   Stelle zunächst Rapport zu den Personen her, bei denen du Anker installieren und ausdehnen möchtest. Nimm dir ausreichend Zeit hierfür.

   Pace die entsprechenden Gesprächspartner abwechselnd.

2. **Setzen des 1. Ankers:**
   Setze nun einen visuellen oder auditiven Anker bei der ersten Person deiner Wahl. Wiederhole die Reiz-Reaktion mehrmals, um sicherzustellen, dass der Anker sitzt.

   Achte auf ausreichende Wiederholung.

3. **Teste den Anker.**

4. **Setze die weiteren Anker:**
   Durchlaufe die Schritte 1 - 3 bei weiteren Personen.

   Achte auf ausreichende Wiederholung.

Beispiel:

Ich sitze mit drei Freunden beim Abendessen.

Susi: Immer wenn Susi mit einer Unterhaltung beginnt, lehnt sie sich nach vorne.

Ich: Nicke dann leicht mit dem Kopf.
Dies wiederhole ich so lange, bis der Reiz „Kopfnicken" mit der Reaktion „nach vorne lehnen" bei Susi verkoppelt wurde.

Anker 1: Kopfnicken lässt Susi sich leicht nach vorne lehnen und mit Reden anfangen.

Robi: Er lächelt und zieht die Augenbrauen nach oben.
Dies wiederhole ich wieder zum ausreichend oft.

Anker 2: Wenn ich meine Augenbrauen nach oben ziehe, lächelt Robi und zieht seine Augenbrauen auch nach oben.

Tina: Sie spricht nun auch und beschreibt ein sehr starkes Gefühl.

Anker 3: Ich schiebe meine Brille nach oben und wiederhole dies ebenfalls ausreichend oft, bis schließlich Tina jedes Mal, wenn ich diesen Reiz auslöse, das starke Gefühl spürt.

TECHNIK

MOMENT OF EXCELLENCE

Diese Übung gehört zu den Ressource-Anker-Formaten. Es ist eine einfache, aber wirkungsvolle Vorgehensweise, um ressourcevolle Zustände bei sich selbst und anderen zu ankern.

1. **Auswählen des Ressource-Zustands:**
   Erinnere dich an eine Situation, in der du dich besonders gut gefühlt hast, in der du gelassen warst, souverän, ausgesprochen selbstbewusst u. Ä.

Wähle einen exzellenten Zustand.

2. **Verstärken des Zustandes:**
   - Was hast du gesehen?
   - Was hast du gehört?
   - Was hast du gedacht?
   - Was hast du gefühlt?

Nimm dir ausreichend Zeit zum Beantworten der vier Fragen.

3. **Ressource-Anker setzen:**
   Wo hast du das positive Gefühl am stärksten gespürt? Lege deine Hand genau dorthin!

4. **Test I:**
   Öffne nun die Augen. Bleibt das Gefühl? Wenn NEIN, zurück zu 2. Wenn JA, weiter zu 5.

5. **Test II:**
   Nimm die Hand jetzt weg! Bleibt das Gefühl? Wenn NEIN, zurück zu 3. Wenn JA, weiter zu 6.

6. **Future-Pace:**
   Stelle dir zukünftige Situation vor, in denen du deinen Ressourceanker nutzen willst. Was wird möglich, wenn du diesen Ressource-Zustand ab jetzt „auf Knopfdruck" hervorrufen kannst?

Technik

Der magische Kreis

Dieses Format gehört ebenfalls zu den Ressource-Anker-Formaten. Da die Vorgehensweise räumliche Anker beinhaltet, eignet es sich insbesondere für stark kinästhetische Personen.

1. **Auswahl des Ressource-Zustands:**
   Finde einen Zustand, in dem du dich sehr gut fühlst oder in dem du etwas sehr gut machst.

Wähle exzellente Zustände für diesen Ressource-Anker!

2. **Kreiere deinen magischen Kreis:**
   Lasse vor deinem geistigen Auge deinen „magischen Kreis" entstehen, stelle dir vor, er liegt direkt vor dir auf dem Boden. Welche Farbe hat der Kreis? Wie ist er beschaffen?

3. **Ankern der Ressource:**
   Ankere nun den ausgewählten Ressource-Zustand. Denke an eine Zeit, in der du in diesem Zustand warst; wenn du das Gefühl voll und ganz spüren kannst, trete in deinen Kreis.

Nutze gegebenenfalls die Module zum Verstärken von Gefühlszuständen.

4. **Separator:**
   Trete wieder aus dem Kreis heraus und beschäftige dich für ein bis zwei Minuten mit neutralen Fragen.

5. **Test:**
   Trete wieder in den Kreis. Wie stark kommt das Gefühl wieder? Der gute Zustand soll wirklich voll und ganz automatisch wiederkommen, ohne bewusste Anstrengung, ansonsten zurück zu 3.

6. **Zielkontext:**
   Denke an eine Situation, in der du diesen Zustand gut gebrauchen kannst, ihn aber bisher nicht hattest. In dem Moment, in dem du einen Kontext gefunden hast, trete in den Kreis und spüre, wie sich der Ressource-Zustand entfaltet.

7. **Testen:**
   Steige aus dem Kreis aus (Separator). Was denkst du jetzt über die Zukunft der Problemsituation? Wenn die Technik funktioniert hat, stehen dir nun neue Ressourcen zur Lösung dieser Situation zur Verfügung, ansonsten nochmal von vorne.

Du kannst in deinem magischen Kreis auch mehrere Ressource-Zustände verschmelzen lassen.

TECHNIK

UPTIME-ANKER

Sich wach im Hier und Jetzt zu befinden ist in vielen Situationen nützlich. Wenn du beispielsweise in der NLP-Ausbildung als Coach mit einem Klienten arbeitest, ist es unerlässlich, wach und fokussiert mit deiner Aufmerksamkeit im Hier und Jetzt beim Klienten zu sein. Dieses Format kannst du nutzen, um Uptime-Zustände bei dir selbst zu ankern, wenn sich diese im Alltag entfalten.

Du kannst diese Vorgehensweise auch für das spontane Ankern anderer Ressource-Zustände nutzen!

1. **Situation:**
   Du befindest dich in einer Situation, in der du besonders wach und aufmerksam – mit deinen Sinnen nach außen gerichtet – im Hier und Jetzt bist.

2. **Beginne mit dem Ankern:**
   Fasse mit deiner rechten Hand um dein Handgelenk.

3. **Verstärke den Anker durch das, was du siehst:**
   Konzentriere dich nun auf das, was du siehst. Wenn das Gefühl stärker wird, drücke dein Handgelenk stärker.

   Achte darauf, dass der Druck noch angenehm für dich ist.

4. **Verstärke den Anker durch das, was du hörst:**
   Konzentriere dich nun mit geschlossenen Augen auf das, was es zu hören gibt. Sobald das Gefühl stärker wird, drücke dein Handgelenk stärker.

5. **Verstärke den Anker durch das, was du empfindest:**
   Konzentriere dich mit geschlossenen Augen auf das, was du empfinden kannst. Wenn das Gefühl stärker wird, drücke dein Handgelenk stärker.

6. **Löse den Anker und separiere:**
   Lass dein Handgelenk nun los und genieße entweder die Zeit, bis sich ein anderer Zustand einstellt, oder gehe bewusst aus dem Uptime-Zustand heraus.

7. **Future-Pace:**
   Stelle dir assoziiert eine Situation vor, in der du den Uptime-Anker gut gebrauchen kannst. Löse deinen Anker aus. Wenn das Uptime-Gefühl wiederkommt, sitzt der Anker. Wenn es nicht oder nur abgeschwächt wiederkommt, wiederhole die Schritte 1 bis 7 in einer Situation, in der du dieses Gefühl wieder spontan im Alltag erlebst.

TECHNIK

MEGA-EKSTASE

Mit diesem Format lässt du starke Ressource-Anker zu einem Mega-Ressource-Anker miteinander verschmelzen! Wenn die Zustände entsprechend stark sind, entsteht durch den schrittweise durchgeführten Verschmelzungsprozess ein ekstatischer Zustand.

Vorbereitung: Für das Auslösen und Halten der einzelnen Anker werden entsprechend viele Helfer benötigt.

1. **Wähle die Ressourcezustände aus:**
   A überlegt sich drei bis sechs ausgesprochen starke Ressource-Zustände (beispielsweise Verliebtsein, das Körpergefühl beim Lieblingssport, große Neugier u. Ä.). Zusätzlich wählt er eine Musik und einen Duft aus, die jeweils einen starken Ressourcezustand bei ihm auslösen.

Je stärker die einzelnen Zustände sind, desto ekstatischer wird die Mega-Ekstase!

2. **Anker setzen und testen:**
   Die Helfer setzen und testen die kinästhetischen Anker nacheinander, jeweils mit einem Separator dazwischen.

Die Anker müssen sauber gesetzt sein.

3. **Integration mit Hypnotalk:**
   Sind alle Zustände gut verankert, werden die einzelnen Anker nacheinander ausgelöst und gehalten, das Auslösen soll in Abständen von 1 bis 3 Minuten erfolgen und wird von einem der Helfer mit dem untenstehenden Hypnotalk begleitet! A beginnt mit der Musik (über einen Walkman), danach wird der Duft-Anker dazugenommen (z. B. über ein mit diesem Duft getränktes Tuch), danach folgen die kinästhetischen Anker. Wenn der letzte Anker ausgelöst wurde, werden die Anker zusammen noch ca. 3 Minuten gehalten, während A den verschmolzenen Ressource-Zustand selbst ankert (visuell, auditiv oder kinästhetisch am Ort der stärksten Empfindung).

Der Hypnotalk soll mit einer Trance-geeigneten Stimme und entsprechend langsam vorgetragen werden.

4. **Abschließende Integration:**
   Die Anker werden behutsam gelöst. A nimmt sich Zeit zum Integrieren.

Hypnotalk – integrative Suggestionen:

Anker verschmelzen: „Und während du X erlebst, kann sich dieses Gefühl im ganzen Körper ausbreiten … und nun kommt das Gefühl Y hinzu, sodass sich diese beiden Gefühle zu einem neuen Gefühl vereinigen … und jetzt kommt noch das Gefühl Z hinzu und verstärkt deine Empfindungen X Y Z noch mehr.

Auditive und/oder olfaktorische Anker setzen ein: Und nun beginnst du wahrzunehmen, wie diese neuen Empfindungen deinen ganzen Körper ausfüllen, sodass jede Zelle und jede Faser deines Nervensystems spüren und lernen kann, was es für dich bedeutet, auf diese Weise glücklich zu sein, und wenn du magst, kannst du dein Unbewusstes bitten, dir ein Symbol, ein Wort, eine Farbe oder eine kleine Körperbewegung zu schenken, mit der du jederzeit in diesen Zustand zurückkehren kannst.

Anker lösen, auditive/olfaktorische Anker blenden aus: Jetzt kannst du dir erlauben, dieses angenehme Gefühl so lange zu genießen, wie du möchtest, und dann in deinem eigenen Tempo in die Gegenwart zurückkehren und die Augen öffnen."

Technik

Change History

Diese Technik kann eingesetzt werden, wenn sich ein Klient in einer bestimmten Situation ressourcearm verhält, ohne dass ersichtlich ist, weshalb er in dieser Situation nicht auf seine Ressourcen zugreifen kann.

Bei dieser Technik gehen wir von der Vorannahme aus, dass die Ursache für das ressourcearme Verhalten in der Vergangenheit liegt. Oftmals machen wir als Menschen Erfahrungen, die auf uns traumatisierend wirken, weil wir zum Zeitpunkt der Erfahrungen keine ausreichenden Ressourcen zur Verfügung haben, um das Geschehene angemessen verarbeiten zu können. Das bedeutet, nicht eine solche Situation an sich wirkt traumatisierend, sondern unsere Unfähigkeit, angemessen damit umzugehen.

Wir gehen im NLP davon aus, dass wir einen Klienten mit Hilfe eines *Such-Ankers* relevante Teile seiner Vergangenheit erinnern lassen können, um die ursprünglich traumatisierende Situation aufzufinden. Dann wird diese Situation mit Ressourcen aufgefüllt, und der Klient erlebt die damalige Situation noch einmal in einem ressourcevollen Zustand. Dies ermöglicht, die Situation neu zu erleben und auf der Basis dieses neuen Erlebens neue Generalisierungen zu bilden, die den Klienten dann wiederum befähigen, sich in der Zukunft ressourcevoll zu verhalten.

In der Wirkung ähnelt „Change History" den Techniken „Anker verschmelzen" und „Reimprint". Im folgenden differenzieren wir, wann welche der Techniken indiziert ist:

Anker verschmelzen: Diese Technik nutzt man, um Ressourcen in eine Problemsituation hineinzuankern, die dem Klienten in dieser Situation zuvor nicht zur Verfügung standen.

Siehe hierzu auch die Anleitung ab Seite 73.

Reimprint: Diese Technik nutzen wir, wenn ein frühkindliches Trauma aufgelöst werden soll.

Siehe hierzu auch das Kapitel „Reimprint" Seite 261 ff.

Change History: Diese Technik nutzen wir für Traumata, die im späteren Verlauf des Lebens aufgetreten und nicht so tiefsitzend sind wie ein frühkindliches Trauma. Ein Beispiel für eine solche spätere Traumatisierung wäre eine Schulerfahrung, bei der der Klient an der Tafel „versagte" und vor der Klasse lächerlich gemacht wurde. Dies führt dann in späterer Zeit dazu, dass sich der Klient in ähnlichen Situationen, in denen er sich vor einer Gruppe darstellen soll, mit starker Angst und Unsicherheit reagiert. Die Situation wurde also ein Anker für diese traumatischen Gefühle.

1. **Elizitiere den Problemzustand.**

2. **Suchanker installieren:**
   Der Klient ankert den Zustand, indem er seine Hand auf die Körperstelle legt, an der er das unangenehme Gefühl am deutlichsten spürt.

3. **Suchen des traumatisierenden Ereignisses:**
   Der Klient geht nun innerlich rückwärts in der Zeit in seine Vergangenheit, um die erste Situation zu finden, in der er dieses Gefühl erlebte. Wenn der Klient Situationen der jüngeren Vergangenheit beschreibt, in denen er dieses Gefühl stark spürte, es aber noch frühere Erlebnisse gibt, notiert sich der Coach diese einzelnen Zwischenstationen.
   Sobald der Klient in der ursprünglich traumatisierenden Situation angekommen ist, lässt er den Suchanker los.

4. **Beschreibung der traumatisierenden Situation:**
   Der Klient dissoziiert sich und teilt Gefühle und Glaubenssätze mit, die sich in der Situation gebildet bzw. verstärkt haben.

Der Coach kann den Klienten bei der Dissoziation helfen, indem er ihn auffordert, aufzustehen und ein Stück zu laufen.

5. **Verankern der Ressourcen:**
   Der Coach hilft dem Klienten nun, Ressourcen aus der heutigen Zeit zu finden, welche den Klienten in der damaligen Situation bei der Verarbeitung der Ereignisse unterstützt hätten. Diese Ressourcen werden geankert.

6. **Beschreibung der traumatisierenden Situation:**
   Mit diesen Ressource-Ankern geht der Klient wieder assoziiert in die damalige Situation. Nachdem der Klient die damaligen Ereignisse in dem neuen, ressourcevollen Zustand einige Zeit erlebt hat, fragt der Coach, ob der Klient noch weitere Ressourcen benötigt. Wenn ja, werden zusätzliche Ressourcen wie in Schritt 5. verankert. Welche neuen Generalisierungen über die damalige Situation haben sich nun gebildet?

7. **Klient ankert das ressourcevolle Gefühl selbst:**
   Der Klient ankert nun den ressourcevollen Zustand selbst und geht assoziiert in diesem Zustand wieder in Richtung Gegenwart. Dabei wird bei jeder Zwischenstation getestet, ob der ressourcevolle Zustand bleibt. Wenn nicht, werden analog zu Schritt 5. weitere Ressourcen verankert.

8. **Test der Ausgangssituation**

9. **Future-Pace**

Anker verschmelzen

Diese Technik gehört zu den Standardtechniken des NLP und wird dann benutzt, wenn eine Person eine erlernte Reiz-Reaktions-Kopplung auflösen möchte. Das heißt: Immer dann, wenn Menschen aufgrund eines äußeren Reizes (bestimmter Klang einer Stimme, ein inneres oder äußeres Bild, ein bestimmter Geruch, eine besondere Art der Berührung usw.) unangenehme Empfindungen entwickeln, kann mit dieser Vorgehensweise an den Reiz eine neue Reaktion geankert werden.

Die Grenze dieses Formates ist allerdings dann erreicht, wenn der Klient im Zusammenhang mit der Reiz-Reaktions-Kopplung bereits eine Generalisierung, einen Glaubenssatz erzeugt hat. In einem solchen Fall sind in der Regel zusätzliche Interventionen notwendig.

Gänzlich ungeeignet ist das Format, wenn der unangenehmen Gefühlsreaktion ein **Fremdgefühl** zugrunde liegt (siehe hierzu den Artikel von Ulf Pitthan „Gefühlskategorien" im Anhang Seite 281). Fremdgefühle können erfahrungsgemäß nicht erfolgreich mit NLP-Techniken gelöst werden, Fremdgefühle müssen zurückgegeben werden.

Voraussetzungen für ein erfolgreiches Anwenden

Ein wichtiger Aspekt zum Gelingen dieses Formates ist, dass der positive Anker stärker sein muss als der negative! Sollte ein positiver Anker nicht stark genug sein, ist es nötig, mehrere positive Anker aufeinander zu stapeln.

Eine weitere wichtige Maßnahme zum Gelingen des Formates ist der **Hypnotalk** während der Integration der beiden Erlebniszustände. Um diese Suggestionsfolge inhaltlich zu verstehen, ist es notwendig, sich die Struktur und die Absicht der Technik nochmals klar zu machen:

> Es geht darum, dass ein Mensch lernt, auf den gleichen Reiz (V, A, K, O, G) mit einer anderen Empfindung (K) zu reagieren – und zwar automatisch, unwillkürlich, so wie vorher auch. Das heißt, wir halten den visuellen, auditiven, kinästhetischen, olfaktorischen, gustatorischen Input konstant und verändern die kinästhetische Reaktion darauf.
>
> Wir arbeiten mit der Vorannahme, dass eine veränderte Empfindung eine veränderte Bewertung der Situation zur Folge hat und daher automatisch zu einem veränderten Verhalten führt.

Diese Technik ist Bestandteil des Testings.

TECHNIK

ANKER VERSCHMELZEN

1. **Ökologie-Check:**

   Bitte deinen Klienten, seine Aufmerksamkeit nach innen zu wenden und in sich nachzuhören, ob die gewünschte Veränderung stattfinden darf oder ob es einen Einwand gegen das Erreichen des Ziels gibt.
   - Gibt es einen Einwand, muss dieser zuerst gelöst werden.
   - Wenn es keine Einwände gibt, weiter zu Schritt 2.

   Kalibriere dich auf A's nonverbalen Ausdruck.

2. **Negativen Anker setzen:**

   a. Der Klient wählt eine Situation aus, in der er die unerwünschte Gefühlsreaktion stark spürte.

   Achte auf Intensität des Zustandes.

   b. Führe ihn assoziiert in die Situation, bis er die Gefühlsreaktion deutlich spüren kann – lass dir von A ein Zeichen geben, wenn der Gefühlszustand deutlich spürbar wird.

   Nutze ggf. Module zum Verstärken von Zuständen.

   c. Dann ankere diesen Zustand durch Berühren einer Körperstelle, z. B. eines Fingerknöchels – lasse dir wiederum von A ein Zeichen geben, wenn der Gefühlszustand schwächer zu werden beginnt.

   Achte auf Timing, Genauigkeit der Wiederholung und Einzigartigkeit des Reizes.

3. **Separator:**

   Führe deinen Klienten aus dem Gefühlszustand heraus, bis der Gefühlszustand nicht mehr spürbar ist. Lasse ihn beispielsweise Rechenaufgaben lösen oder Wörter buchstabieren.

4. **Test des negativen Ankers:**

   Löse den Anker aus und beobachte, ob sich der geankerte Zustand automatisch unwillkürlich entfaltet. Wenn ja, weiter zu Schritt 5., wenn der Klient etwas tun muss, um die Gefühlsreaktion aufzubauen, wieder zurück zu Schritt 2.

   Kalibriere dich auf A's Physiologie.

5. **Positiven Anker setzen:**

   a. Wähle mit dem Klienten den geeigneten Ressource-Zustand aus.

   Achte auf Intensität und Reinheit des Zustandes.

   b. Finde mit dem Klienten eine Situation, in der er diesen Ressource-Zustand stark erlebte, und führe ihn assoziiert in diese Situation, bis er den Zustand deutlich fühlt – lasse dir von A wiederum ein Zeichen geben, wenn der Gefühlszustand deutlich spürbar wird.

   Nutze ev. Module zum Verstärken von Zuständen.

   c. Dann ankere den Ressource-Zustand durch Berühren einer anderen Körperstelle, z. B. eines Fingerknöchels der anderen Hand – lass dir wiederum von A ein Zeichen geben, wenn der Gefühlszustand schwächer zu werden beginnt.

   Achte auf Timing, Genauigkeit der Wiederholung und Einzigartigkeit des Reizes.

6. **Separator.**

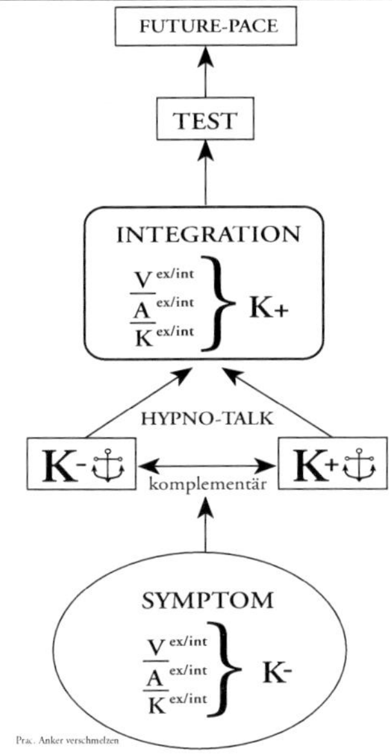

7. **Test des positiven Ankers:**

- Löse den Anker aus und beobachte, ob sich der geankerte Zustand automatisch unwillkürlich entfaltet. Wenn ja, weiter zu Schritt 8., wenn der Klient etwas tun muss, um die Gefühlsreaktion aufzubauen, wieder zurück zu Schritt 5.
- Versichere dich durch Nachfragen, ob der Anker stark genug wirkt – der positive Anker muss mindestens so stark sein wie der negative, besser ist jedoch, wenn er etwas stärker ist. Falls dies nicht der Fall ist, kehre zurück zu Schritt 5b. und verstärke den positiven Anker, indem du an der gleichen Stelle eine weitere ressourcevolle Situation ankerst.

8. **Verschmelzen der Anker mit Hypnotalk:**

Auslösen und Halten des positiven Ankers:

„Während du jetzt dieses angenehme Gefühl in deinem ganzen Körper spürst, kannst du es noch stärker werden lassen. ... Und jetzt

Auslösen und Halten des negativen Ankers:

beginnst du zu sehen und zu hören, was es in der alten Situation zu sehen und zu hören gab, während du weiterhin in dem angenehmen Gefühl bleibst! ... Und mit all den neuen und veränderten Empfindungen und Gefühlen könnte es sein, dass du die Situation ganz anders bewertest, oder aber, dass du Aspekte entdeckst, die du bisher vernachlässigt hast oder gar nicht erkannt hast ... Ist es nicht so? ... Und in dem Maße, wie sich die Bedeutung dieser Situation für dich verändert hat,

Verwende eine weiche, leiser Stimme mit einem gleichmäßigen Rhythmus.

Negativen Anker loslassen:

kannst du beginnen, neue und deinen Vorstellungen entsprechende Verhaltensweisen auszuprobieren! ... Nicht wahr?

Positiven Anker lösen!

Und du kannst in deinem Tempo ins Hier und Jetzt zurückkommen."

Achtung: Warte, bis A die Augen wieder von alleine öffnet und wieder ganz im Hier und Jetzt ist!

9. **Test:**

Bitte deinen Klienten, jetzt noch einmal an die Ursprungssituation zu denken und dabei darauf zu achten, wie er sich jetzt fühlt. Wenn seine Physiologie noch Zeichen der Problemphysiologie enthält, zurück zu Schritt 5., wenn er eine kongruente Lösungsphysiologie zeigt, hast du das Format erfolgreich angewandt!

Kalibriere dich auf A´s Physiologie.

10. **Future-Pace in leichter Trance:**

„Stelle dir nun zukünftige ähnliche Situationen vor und erlebe, wie diese Situationen ab jetzt sein werden. ... Was wird nun anders sein? ... Gehe jetzt einige Wochen in die Zukunft. Was wird sich an dir und deinem Leben verändert haben? ... Was wird jetzt möglich sein?... Komme in deinem eigenen Tempo ins Hier und Jetzt zurück."

Sprich mit weicher Stimme & gleichmäßigem Rhythmus.

Gib A ausreichend Zeit, um die Fragen zu beantworten (im Inneren oder laut).

Soll:	• Die Formatschritte sind genauestens einzuhalten. • Bei einem Rapportbruch sind unverzüglich rapportbildende Maßnahmen einzuleiten und der Rapport wieder aufzubauen, bevor im Format fortgefahren wird. • Die Anker müssen deutlich gesetzt sein, d. h., beim Auslösen des entsprechenden Ankers soll die physiologische Reaktion automatisch und ohne bewusstes Zutun des Klienten aktiviert werden. • Der Coach soll dafür sorgen, dass er in der Lage ist, die Anker präzise an der gleichen Stelle wiederzufinden. • Der Hypnotalk ist einzuhalten. • Beim Hypnotalk soll die Stimme des Coachs weich, langsam und in angenehmer Lautstärke sein.
Soll nicht:	• Ein Rapportbruch darf nicht länger als 30 Sekunden unbemerkt bleiben. • Der Coach soll die Integrationsphase am Ende des Formats nicht unterbrechen.

A: von einem ressourcelosen Zustand in einen ressourcevollen Zustand bringen.

Anker verketten

Mit dieser Technik kannst du einem Klienten helfen, aus einem wenig ressourcevollen Zustand über einige Zwischenschritte in einen ressourcevollen Zustand zu kommen. Dies entspricht dem natürlichen Ablauf eines solchen Prozesses, allerdings mit dem Vorteil, dass der Ablauf durch die verschiedenen Phasen sehr beschleunigt wird.

Wenn wir uns beispielsweise auf ein bestimmtes Ereignis, wie z. B. eine Verabredung, freuen, dieses Ereignis dann aber nicht stattfindet, wie bei einer Absage, tritt eine Enttäuschungphase ein. Aus diesem Enttäuschungszustand wird dann wieder ein neutraler und dann ein ressourcevoller Zustand. Die Länge eines solchen Prozesses kann sehr unterschiedlich sein, von wenigen Minuten bis hin zu Stunden oder sogar Tagen. Mit Anker-Verketten kann dieser Prozess auf wenige Minuten verkürzt werden.

Durch das Verketten wird ein neuer neurologischer Weg gebahnt, ein Weg, der dem Klienten hilft, sich in einer schwierigen Situation angemessener zu verhalten.

Die Vorgehensweise

Beim Verketten von Ankern beginnen wir immer damit, den *Trigger* zu ermitteln: Was muss geschehen, damit der unangemessene Zustand ausgelöst wird? Danach ist es wichtig, den Zielzustand zu ermitteln: Wie soll der gewünschte Zustand aussehen? Dann beginnt der eigentliche Ankerprozess.

Der Coach designt zusammen mit dem Klienten eine Sequenz von Zuständen, die für den Klienten natürlich ist und ihn in den Zielzustand führt.

Es stellt sich jetzt die Frage, warum man nicht gleich den Zielzustand an den Ausgangszustand ankettet. Dies ist oft nicht möglich, da der Unterschied als zu groß empfunden wird.

Eine weitere Frage stellt sich: Warum nicht einfach den K--Zustand mit einem positiven kollabieren lassen? Anker-Verschmelzen ist in manchen Fällen eine Alternative. Wenn es allerdings darum geht, jemandem zu helfen, aus einem ressourcelosen Zustand schneller wieder in einen ressourcevollen Zustand zu kommen, als dies bisher der Fall war, ist Anker-Verketten die Technik der Wahl.

Natürlich können wir in jedem Repräsentations-System Anker verketten. So ist es z. B. sehr nützlich, wenn man als Trainer eine bestimmte Abfolge von Zuständen, die für die Lernenden sinnvoll sind, durch Raumanker miteinander verkettet. Ein Beispiel dafür ist der Neugier-Erfolgs-Loop, mit dem der „erfolgsproduzierenden Prozess" erfolgreicher Personen mittels auditiver, visueller und kinästhetischer Anker installiert werden kann (Klaus Grochowiak & Katja Dyckhoff, **Der Neugier-Erfolgs-Loop, Junfermann Verlag**).

TECHNIK

ANKER VERKETTEN

1. **Ökocheck.** Darf die gewünschte Veränderung stattfinden? Gibt es einen Einwand?

2. **Elizitiere den Trigger:**
Welches Ereignis geht dem Auftreten des unangenehmen Gefühls unmittelbar voraus? Ist es visuell, auditiv oder kinästhetisch? Was genau triggert den ressourcearmen Zustand?

3. **Elizitiere den Ausgangszustand:**
Welche Gefühlsreaktion genau wird von dem Trigger ausgelöst? Lass deinen Klienten diese Gefühlsreaktion genau beschreiben.

4. **Bestimme den Zielzustand:**
Wähle mit dem Klienten den Zielzustand aus: In welchen Zustand möchte der Klient zukünftig innerhalb weniger Minuten gelangen?

Achte darauf, dass der Zielzustand ressourcevoll ist.

5. **Designe die Ankerkette:**
Wähle mit dem Klienten zusammen eine Kette von Zuständen aus, die auf natürliche Weise zum Zielzustand führt. Beispielsweise: Enttäuschung – Neutralität – Unternehmungslust.

Die Zustände dürfen nicht zu weit auseinander liegen, sonst sind sie nicht verkettbar.

6. **Setzen der Anker:**
Ankere nun jeden einzelnen Zustand, z. B. jeweils auf einen Fingerknöchel. Separiere und teste jeden einzelnen Anker.

Achte auf die 5 Komponenten für gute Anker!

7. **Verketten der Anker:**
a. Löse den 1. Anker aus und halte ihn, bis sich die Physiologie voll entwickelt hat; dann lass den Anker los und warte ca. 2 Sek.
b. Löse den nächsten Anker aus, halte ihn wiederum, bis sich die Physiologie voll entfaltet hat, lass den Anker los und warte wieder 2 Sekunden, bis du den nächsten Anker auslöst.
c. Fahre in der gleiche Weise fort bis zum Zielzustand.

8. **Separator.**

A muss völlig aus dem Zielzustand draußen sein.

9. **Installieren der Kette:**
Wiederhole Schritt 7 und 8 weitere vier Mal.

10. **Test:**
Löse Anker 1 aus und kalibriere dich, ob der verkettete Prozess von alleine abläuft. Wenn nein, zurück zu 6, ansonsten weiter zu 11.

11. **Future-Pace.**

REPRÄSENTATIONS-SYSTEME

Das *subjektive Erleben* wird im NLP analog zu den fünf Sinnen in fünf *Repräsentations-Systeme* (Wahrnehmungsweisen) unterschieden:

Sehen →	Visuell
Hören →	Auditiv
Fühlen →	Kinästhetisch
Riechen →	Olfaktorisch
Schmecken →	Gustatorisch

Bei der Aufnahme von Informationen und deren interner Verarbeitung sowie deren Speicherung spielen diese fünf Wahrnehmungsweisen eine entscheidende Rolle.

Sehen, Hören, Fühlen, Riechen und Schmecken bilden die Grundlage für unser Erleben. Dies gilt sowohl für die äußere Welt als auch für unser „inneres Universum". Eine wichtige und interessante Erkenntnis des NLP ist hierbei, dass Menschen unterschiedliche Wahrnehmungsschwerpunkte haben. Beispielsweise wird eine Person ihr Erleben vorwiegend auf das Sehen konzentrieren, während eine andere Person auf das fokussiert, was es zu hören gibt, und eine dritte ihre Wahrnehmung auf das Fühlen ausrichtet. Dem visuellen, auditiven und kinästhetischen Repräsentations-System kommt hierbei eine besondere Rolle zu. Sie stellen die *Haupt-Repräsentations-Systeme* dar, das heißt die Wahrnehmungsweisen, in denen Menschen auf der bewussten Ebene bevorzugt Informationen aufnehmen und verarbeiten. Das olfaktorische und das gustatorische Repräsentations-System treten dabei in den Hintergrund, da es in unserer Kultur nur wenige Menschen gibt, die Gerüche und Gemäcke mit der gleichen Präzision erinnern und sich vorstellen können wie einen Klang oder ein Bild. Diese Verteilung gilt, nach dem heutigen Stand der Erkenntnis, für industrielle Kulturen, die Wahrnehmungsschwerpunkte bei Naturvölkern gestalten sich unterschiedlich.

Das Auffächern der Wahrnehmung in die Repräsentations-Systeme ermöglicht uns strukturierten Zugang zu unserem subjektiven Erleben.

Wahrnehmungsschwerpunkte in den Repräsentations-Systemen sind wie eine Prioritätenliste von bewusster zu unbewusster Wahrnehmung organisiert. Jeder physiologisch gesunde Mensch ist in der Lage, seine bewusste Aufmerksamkeit auf das zu lenken, was es zu sehen gibt, die Klänge der Umgebung bewusst wahrzunehmen, bzw. bewusst zu spüren, was es in einer Situation zu fühlen gibt. Da wir hinsichtlich der bewussten Verarbeitung jedoch über eine begrenzte Kapazität verfügen, können wir nur einen Teil der Informationen aus unserer Umgebung im Bewusstsein prozessieren. Die restlichen Informatio-

Siehe zur begrenzten Kapazität der bewussten Informationsverarbeitung auch das Kapitel „Der menschliche Modellierungsprozess", Abschnitt „Tilgung", Seite 22 f.

nen werden unbewusst aufgenommen und verarbeitet. Das Verarbeiten und Erinnern der aufgenommenen Informationen gestaltet sich analog zu der Informationsaufnahme. Das heißt, die Daten, die wir über die Repräsentations-Systeme bewusst aufnehmen, bilden auch den bewussten Anteil unseres inneren Erlebens. Einige Menschen legen ihren bewussten Fokus hierbei auf ein einziges Repräsentations-System. Die meisten Menschen nutzen jedoch zwei der Repräsentations-Systeme bevorzugt, und einige wenige haben ihren bewussten Fokus auf allen drei Haupt-Repräsentations-Systemen zu gleichen Teilen. Das bevorzugte Repräsentations-System bzw. die bevorzugten Repräsentatons-Systeme einer Person werden im NLP *Primäre Repräsentations-Systeme* genannt.

Den eigenen Wahrnehmungsschwerpunkt zu kennen und zu erweitern und den Schwerpunkt des anderen matchen zu können ermöglicht ein tiefes Verstehen und Verstandenwerden.

Da wir im Laufe unseres Lebens in unseren Primären Repräsentations-Systemen eine schier unendliche Menge an Daten bewusst prozessiert haben, sind wir in der Lage, sehr feine Abstufungen innerhalb dieser Wahrnehmungsweisen vorzunehmen. Unsere inneren Landkarten sind in den Primären Repräsentations-Systemen demnach um ein Vielfaches differenzierter als in den verbleibenden Repräsentations-Systemen. Diese unterschiedlichen Wahrnehmungsschwerpunkte führen dazu, dass Menschen die Welt unterschiedlich erleben – und dieses Erleben kann so weit von dem Erleben anderer Personen abweichen, dass wir buchstäblich in völlig verschiedenen Welten (er)leben.
Ein Beispiel hierfür, das viele aus dem Alltag kennen, sind Paarbeziehungen, in der ein „Gefühlsmensch" auf einen stark visuellen oder auditiven Partner trifft. Der kinästhetische Mensch wird dem auditiven bzw. visuellen vorwerfen, nicht genug „Einfühlungsvermögen" für ihn aufzubringen, zu „kalt" zu sein bzw. zu wenig über seine „Gefühle" zu sprechen. Während ein visueller Partner fordert, der andere solle ihm anstatt dieser Gefühlsduselei doch einmal „zeigen", welche Verhaltensweisen er ändern solle, und nach den „Vorstellungen" und „Visionen" fragt, die der andere bezüglich der Partnerschaft hat. Ein stark auditiver Partner wird sich über die irrationalen Gefühlsreaktionen des anderen beschweren und anmerken, dass er hier noch kein einziges „Argument gehört" hätte, das für ihn „logisch klingt".

Die Nutzung der Repräsentations-Systeme steuert sowohl die Informationsaufnahme als auch die weitere Verarbeitung und Speicherung. Das bzw. die Primäre(n) Repräsentations-System(e) eines Gesprächspartners zu kennen und die eigenen Kommunikation darauf einzustellen ermöglicht ein tiefgreifendes Pacing seines Erlebens der Welt. Wie primäre Repräsentations-Systeme erkannt und verbal gepacet werden können, ist Thema des Abschnitts „Sprachliche Zugangshinweise", Seite 99 ff.

Jedes Repräsentations-System weist spezifische Eigenheiten auf. Diese Eigenheiten bestimmen die Stärken bzw. Schwächen der einzelnen Repräsentations-Systeme bezüglich der Informationsaufnahme und den nachfolgenden inneren Prozessen. So bietet beispielsweise das visuelle Repräsentations-System die Möglichkeit, eine Fülle von Informationen gleichzeitig abzubilden (Grafiken, Flowcharts u. Ä.), während es zum Erlernen eines körperlichen Bewegungsablaufes weniger geeignet ist. Für Letzteres bietet das kinästhetische Repräsentations-System ideale Voraussetzungen, mit seiner Hilfe lassen sich selbst komplexe Bewegungsabläufe (Tennis spielen, Fahrrad fahren u. Ä.) in verhältnismäßig kurzer Zeit erlernen und auf lange Zeit speichern. Das auditive Repräsentations-System wiederum eignet sich hervorragend zur sequenziellen Speicherung und ermöglicht somit, Informationen in einer bestimmten Reihenfolge wieder aufzurufen (Musik, Gedichte, Alphabet u. Ä.). Das Wissen um die Vorzüge und Nachteile der einzelnen Repräsentations-Systeme ist vor allem beim Thema Lernen von großer Bedeutung, denn gut funktionierende Lernstrategien setzen einen effektiven Einsatz der Repräsentations-Systeme voraus. Auf dieses Thema werden wir im Abschnitt „Repräsentations-Systeme & Lernen", Seite 111 ff., ausführlich eingehen.

Darüber hinaus werden wir uns im Abschnitt „Augenzugangshinweise", Seite 125 ff., damit beschäftigen, wie sich die Nutzung der Repräsentations-Systeme während unserer internen Verarbeitungsprozesse äußerlich zeigt. Mit diesem Wissen können die Denkprozesse eines Gesprächspartners sprachlich gepacet werden. Das heißt, inhaltliche Informationen können so strukturiert werden, dass der andere diese Informationen ohne internen Übersetzungsprozess direkt verstehen kann. Diese Art des Pacens gehört zu den tiefgreifensten Rapportmethoden.

Es folgt nun eine detaillierte Beschreibung der einzelnen Repräsentations-Systeme.

Das visuelle Rep.-System

Hinsichtlich des visuellen Rep.-Sys. unterscheiden wir zwischen visuell-extern und visuell-intern. Das visuell-interne System unterscheiden wir nochmals in visuell-erinnert und visuell-konstruiert.

Visuell-extern:

Mit visuell-extern ist nichts anderes gemeint als das Wahrnehmen der Welt um uns herum mit unseren Augen. Diese Fähigkeit hängt einerseits von unserer Sehschärfe ab, also vom Gesundheitszustand unserer Augen. Wenn wir kurz- oder weitsichtig sind oder einen Astigmatismus haben, ist diese normale Sehfähigkeit entsprechend beeinträchtigt. Selbst wenn wir normalsichtige Menschen betrachten, können wir feststellen, dass es unter ihnen noch recht beachtliche Unterschiede in der Sehschärfe gibt. Darüber hinaus gibt es noch die Möglichkeit der Farbenblindheit. Aber selbst wenn wir nicht farbenblind sind, ist die Fähigkeit, Farben zu unterscheiden, sehr unterschiedlich. Die Fähigkeit, unterschiedliche Farben und Farbnuancen wie Sättigungsgrad, Helligkeit u. Ä. zu unterscheiden, kann allerdings durch Training erheblich verbessert werden.

Überblick oder Detailsehen:

In der Wahrnehmungspsychologie gibt es eine Menge Experimente, die sich mit unserer Fähigkeit beschäftigen, sich auf Details zu fokussieren bzw. eher einen großen Bereich auf einmal wahrzunehmen. Es scheint so zu sein, als ob die Fähigkeit, sich auf Details zu fokussieren, eher eine linkshirnhälftige, und den Überblick

zu haben, eher eine rechtshemisphärische Leistung darstellt.
Bei beiden Arten zu sehen werden übrigens unterschiedliche Regionen der Retina benutzt. Wenn jemand z. B. ein Gemälde betrachtet, kann er mit seiner Aufmerksamkeit von Detail zu Detail wandern, oder er kann den Gesamteindruck auf sich wirken lassen. Es gib heutzutage Instrumente, mit denen die Augenbewegungen relativ zum betrachteten Gegenstand sehr genau aufgezeichnet werden können; mit diesen Instrumenten konnte festgestellt werden, dass einige Personen sehr systematisch von Detail zu Detail wandern und bei jedem Detail relativ lange verharren und dass andere mit ihren Augen relativ schnell und unsystematisch über das ganze Bild hinweghuschen.
Wenn wir z. B. Auto fahren, nutzen wir normalerweise eher eine überblicksartige Form des Sehens. Wir sind nicht an einzelnen Details interessiert, sondern daran, das ganze Feld auf einmal wahrzunehmen. In dem Moment allerdings, in dem etwas Ungewohntes oder Überraschendes in unser Sehfeld eintritt, verengt sich unsere Wahrnehmung auf dieses spezielle Ereignis. Auch diese beiden Arten zu schauen sind gleichwertig und haben ihren angemessenen Platz bei den verschiedenen Sehaufgaben, die wir in unserem Leben zu bewältigen haben. Beim Kalibrieren auf bestimmte physiologische Veränderungen ist es häufig so, dass Anfänger sich auf ein bestimmtes Detail, wie z. B. die Muskelspannung um den Mund herum, fokussieren und dabei den ganzen Rest an wichtigen physiologischen Veränderungen nicht mehr wahrnehmen. Von daher ist es wichtig für jeden NLPler, auf eine defokussierte Weise kalibrieren zu lernen, um einerseits den Überblick zu behalten und andererseits Wechsel im Atemrhythmus leichter wahrnehmen zu können.

Normalerweise haben Menschen eine gewisse Vorliebe für die eine oder andere Art des Sehens. Menschen, die eher am Überblick interessiert sind, nehmen eher die Gestalt wahr, und Menschen, die fokussieren, sind mehr am Detail interessiert. Dies kann im Extremfall dazu führen, dass jemand, der sehr viele Details wahrnimmt, den Überblick und den Gesamtzusammenhang aus dem Auge verliert. Er sieht sozusagen den Wald vor lauter Bäumen nicht. Menschen, die eher am Überblick interessiert sind, haben umgekehrt eher Schwierigkeiten, sich an Details zu erinnern.

Visuell-erinnert:
Menschen sind in der Lage, vergangene visuelle Eindrücke sowohl mit offenen als auch mit geschlossenen Augen zu erinnern. Dabei schaut der normal orientierte Rechtshänder entweder nach links oben oder aber eher defokussiert. Beim visuellen Erinnern gibt es riesige Unterschiede zwischen den Menschen, was die Deutlichkeit und den Detailreichtum der erinnerten Bilder angeht. Auch beim visuellen Erinnern ist der Unterschied zwischen detailorientierten und überblicksorientierten Menschen sehr deutlich. Ob wir Bilder im Überblick oder im Detail erinnern, hängt davon ab, wie wir die Dinge betrachtet haben, als wir sie ursprünglich gesehen haben. Wenn also jemand sich etwas primär überblicksartig anschaut, braucht er sich nicht zu wundern, wenn er später nicht sehr viele Dinge im Detail erinnern kann, und umgekehrt. Häufig ist es so, dass Menschen von sich behaupten, dass sie keine er-

innerten Bilder sehen können. Dies kann entweder bedeuten, dass ihre erinnerten Bilder unbewusst sind oder dass sie nur sehr wenige Details erinnern können. Wenn jemand wenig Details erinnern kann, kann dies für ihn ein Hinweis sein, dass er in Zukunft, wenn er die Welt betrachtet, etwas mehr auf Details achten sollte.

Es gibt eine spezielle Gruppe von Menschen, die ein so genanntes fotografisches Gedächtnis haben. Diese Menschen sind in der Lage, sehr viele Details sehr genau zu erinnern. Sie können z. B. eine gedruckte oder geschriebene Seite anschauen und danach Wort für Wort wiederholen, was auf der Seite steht. Oder sie schauen sich ein Bild an und können es danach bis ins kleinste Detail beschreiben.

Es gibt allerdings Hinweise darauf, dass selbst Menschen, die sich meist nicht besonders gut erinnern, in Hypnose erstaunlich viele Details erinnern können. Dies hat dazu geführt, dass einige Forscher die Meinung vertreten, dass alle Informationen, die wir aufnehmen, gespeichert werden und dass es eher eine Frage ist, wie wir sie abrufen können, die den Normalbürger von einem eidetischen Phänomen unterscheidet. Ein wichtiger Faktor beim Erinnern von Informationen ist der Zustand, in dem wir sind, wenn wir Informationen aufnehmen.

Sind wir uptime, während wir Informationen aufnehmen, ist es leichter, sie zu erinnern, als wenn wir downtime sind. Es ist wirklich erstaunlich, wie viel Zeit viele Menschen downtime verbringen, selbst wenn sie offiziell wach zu sein scheinen. Sie sind mit ihren Gedanken entweder in der Vergangenheit oder in der Zukunft, in einem Tagtraum oder Ähnlichem, aber nicht im Hier und Jetzt. Nur wenn unsere Aufmerksamkeit ganz in der Gegenwart ist, können wir die Dinge erinnern, die in dieser Gegenwart geschehen sind. Insofern ist es für einen Lehrer oder Trainer von äußerster Wichtigkeit, darauf zu achten, dass seine Schüler, während er unterrichtet, ganz im Hier und Jetzt sind.

Eine andere wesentliche Unterscheidung ist die zwischen assoziierter und dissoziierter Erinnerung. Wenn ich mich an etwas assoziiert erinnern möchte, so geht das nur dann, wenn ich auch assoziiert war, während ich das Ereignis erlebt habe. So gibt es z. B. eine Reihe von Menschen, die einen großen Teil ihrer Erlebnisse dissoziiert erleben. Diesen Menschen fällt es dann gewöhnlich schwer, sich assoziiert zu erinnern. Mit ihnen ist es fast unmöglich, die Technik „Anker kollabieren (verschmelzen)" zu machen, da diese Personen nicht assoziiert in den Zustand gehen können und sich dementsprechend keine zufriedenstellende Kinästhetik entwickelt. Menschen, die sich dissoziiert erinnern, sagen in entsprechenden Situationen häufig: „Ich weiß, dass ich mich gefreut habe, aber ich kann die Freude jetzt nicht empfinden."

Visuell-konstruiert:

Auch beim visuellen Konstruieren gibt es die Möglichkeit, einen Überblick zu konstruieren oder eher Details. Die Art und Weise, wie wir Bilder konstruieren, hängt nun wiederum davon ab, wie wir Bilder sehen und erinnern. Wenn jemand Schwierigkeiten dabei hat, seine konstruierten Bilder mit vielen Details zu konstruieren, dann ist das ein Hinweis darauf, dass die Person höchstwahrscheinlich beim Sehen von externen Bildern auch nicht auf Details achtet, und umgekehrt. Die Fähigkeit zur visuellen Konstruktion

assoziiert
dissoziiert
uptime: Hier + Jetzt Gegenwart
downtime: gedanklich Vergangenheit Zukunft
downtime
uptime

ist einer der Schlüssel zu einer guten und angemessenen Repräsentation von Wissen. Wie schon weiter oben erwähnt, lässt sich abstraktes, theoretisches oder technisches Wissen am besten repräsentieren als visuelle Konstruktion, als Grafik, als Begriffsbaum usw. Viele Wissenschaftler sind für ihre visuell-konstruktiven Fähigkeiten geradezu berühmt geworden. Einstein z. B. entwickelte eine Technik, die er Gedankenexperiment nannte. Ein Gedankenexperiment ist ein Experiment, das man so – zumindestens zur Zeit – als reales Experiment noch gar nicht ausführen könnte. So stellte er sich beispielsweise vor, auf einem Lichtstrahl mit Lichtgeschwindigkeit durch das Universum zu fliegen, und er stellte sich dabei vor, wie wohl das Universum um ihn herum aussehen würde. In diesem Sinne ist also die Relativitätstheorie nichts anderes als die mathematische Formulierung der Erlebnisse im virtuellen Raum seiner Vorstellungen. Nicola Tesla z. B. konnte in seiner Vorstellung eine Maschine konstruieren, die er dann auf der unbewussten Ebene mehrere Monate probelaufen ließ, um dann nachzuschauen, welche Teile wegen Verschleiß ersetzt werden mussten.
Das Lesen oder das Anhören von Geschichten ist eine Aktivität, die das Erstellen von visuell-konstruierten Bildern und Filmen trainiert. Hingegen führt das Fernsehen dazu, dass wir die Fähigkeit, Bilder zu konstruieren, eher vernachlässigen, da die Bilder bereits vorgegeben sind. Wenn Kinder zu viel fernsehen und zu wenig lesen oder Geschichten erzählt bekommen, verkümmert diese Fähigkeit. Dies führt beim Lesen dazu, dass die Aufmerksamkeit eher bei der Artikulation und dem Aussprechen und Formulieren der Worte bleibt als bei der Übersetzung in ein inneres Bedeutungserlebnis. Lesen bedeutet aber, den Text zu übersetzen und neu zu codieren. Einige Menschen können Romane wesentlich besser erinnern als wissenschaftlich-technische Texte. Dies liegt meist daran, dass sie zwar gelernt haben, einen Ereignisablauf zu visualisieren, aber nicht gelernt haben, logische Zusammenhänge in Grafiken und Schemata zu übersetzen.
Im visuell-konstruierten Bereich gibt es wie in jedem anderen Rep.-Sys. Unterscheidungsmöglichkeiten, an die der durchschnittliche Nutzer überhaupt nicht denkt. So können einige Menschen z. B. zwei oder mehrere Filme gleichzeitig sehen oder den gleichen Ablauf auf einem Film vorwärts und auf dem anderen Bildschirm rückwärts laufen lassen, oder sie lassen einen Film auf mehreren „inneren Bildschirmen" in unterschiedlichen Geschwindigkeiten ablaufen. Dies ermöglicht ihnen, Unterscheidungen zu treffen und Zusammenhänge zu erkennen, die für andere Menschen nicht wahrnehmbar sind.

Wenn wir also im NLP Spitzenleistungen modellieren, ist es wichtig, dass wir namentlich die Submodalitäten des Bereichs visuell-konstruiert sehr genau elizitieren, um uns dann zu überlegen, mit welchen Übungen wir den Menschen, denen wir diese Fähigkeit beibringen wollen, helfen können, ähnliche Unterscheidungen in ihrem Inneren zu produzieren.

Das auditive Rep.-System

Im auditiven Rep.-Sys. unterscheiden wir auditiv-tonal und auditiv-digital. Häufig wird auditiv-digital mit dem inneren Dialog gleichgesetzt. Dies ist nur zum Teil richtig, da der innere Dialog natürlich ebenso einen digitalen und einen tonalen Aspekt hat. Es gibt aber eine einfache Möglichkeit, zwischen auditiv-tonal und auditiv-digital zu unterscheiden. Auditiv-tonal können wir übersetzen mit „das klingt richtig" oder „das klingt überzeugend", und auditiv-digital können wir übersetzen mit „das gibt Sinn". Auditiv-tonal hat damit zu tun, wie etwas klingt, und auditiv-digital hat etwas damit zu tun, was etwas bedeutet. (Es gibt auch einen visuell-digitalen Aspekt, dies ist die Schrift oder jegliche Art der symbolischen Notation. In der Braille-Blindenschrift haben wir es mit etwas Kinästhetisch-Digitalem zu tun.)

Beim normal organisierten Rechtshänder können wir auditiv-tonal daran erkennen, dass die Augen entweder zum linken Ohr (auditiv-erinnert) oder zum rechten Ohr (auditiv-konstruiert) gehen. Sieht der Betreffende nach unten links, hat er Zugang zum auditiv-digitalen Repräsentations-System. Nichtsdestotrotz sei hier nochmals daran erinnert, dass, wenn jemand sich an etwas Erzähltes erinnert und zu seinem linken Ohr schaut, es zu dem tonalen Aspekt immer auch einen digitalen Aspekt gibt, und desgleichen gehört zu jedem digitalen Aspekt ein tonaler. Wenn wir allerdings ausschließlich Klänge oder Geräusche erinnern oder konstruieren, gibt es keinen digitalen Aspekt.

Auditiv-tonal:

Ähnlich wie beim Sehen gibt es auch beim Hören von Tönen und Geräuschen eine eher aufs Detail fokussierte und eher eine aufs Ganze ausgerichtete Art des Hörens. Die Fähigkeit, im tonalen Aspekt Unterschiede wahrzunehmen, wie z. B. Tonhöhe, Lautstärke usw., hängt einerseits davon ab, wie unser Ohr konstruiert ist (normalerweise hören Menschen in einer Bandbreite von 20 bis 20.000 Hz), und davon, wie gut unser Unterscheidungsvermögen trainiert worden ist.

Auditiv-tonal extern:

Die Fähigkeit, äußere Töne, Rhythmen, Harmonien, Timbres usw. auseinanderhalten zu können, variiert ebenfalls recht beträchtlich.

So muss ein Dirigent beispielsweise in der Lage sein, sowohl den Gesamtklang des Orchesters hören zu können als auch sich auf jedes einzelne Instrument zu fokussieren, um hören zu können, ob dieses Instrument genau so spielt, wie sein auditives Konstrukt es erfordert.

Die meisten Menschen sind z. B. in der Lage, am Telefon den Anrufer schon nach wenigen Worten allein am Klang der Stimme zu erkennen. Dies liegt daran, dass jede menschliche Stimme ihr eigenes Timbre hat.

Wenn wir uns vom visuellen Rep.-Sys. zum auditiven bewegen, wechseln wir gleichzeitig von der Raumwahrnehmung zur Zeitwahrnehmung. Alle primären visuellen Unterscheidungen haben etwas mit dem Raum zu tun. Alle Unterscheidungen zwischen Dingen im Raum, wie z.B. ihre relative Position zueinander, können wir am besten visuell unterscheiden. Auditive Unterscheidungen haben etwas mit in der Zeit aufeinander folgenden Ereignissen zu tun. Namentlich beim Wahrnehmen von Rhythmen z. B. ist es wichtig, winzigste Zeitunterschiede wahrnehmen zu können. Gute Musiker sind in der Lage, zeitliche Unterschiede von einer tausendstel Sekunde wahrnehmen zu können.

Detailliertes & kontextualisiertes Hören:
Menschen, die dazu tendieren, beim Hören auf Details zu achten, könnte man als „Batch Processors" bezeichnen. Sie lieben es, eine gegebene Sequenz vom Anfang bis zum Ende zu hören. Sie haben normalerweise eine ausgezeichnete innere Uhr. Sie entwickeln ein gewisses Sicherheitsgefühl, wenn sie ihre Aufmerksamkeit sehr genau auf bestimmte Details richten können. Sie lieben es, in einer systematischen, sequenziellen und rationalen Weise vorzugehen. Sie sind nur an dem interessiert, worauf sie sich gerade fokussieren.
Menschen, die eher kontextualisiert hören, könnten wir als „Time Sharer" bezeichnen. Sie machen gleichzeitig die verschiedensten Dinge und springen mit ihrer Aufmerksamkeit von einem zum anderen. Sie entwickeln eine gewisse Sicherheit, wenn sie das Gefühl haben, den Überblick zu haben und den gesamten Kontext gleichzeitig wahrzunehmen. Jedes einzelne Signal hat für sie Bedeutung. Aber es ist das Gesamte, was sich aus dem Zusammenklang aller Signale ergibt, das ihnen wichtig ist. Sie wollen alles wissen, alles wahrnehmen, was gleichzeitig in ihrer Umgebung abläuft.
Die aufs Detail fokussierten Hörer lieben es, sich auf einen Klang, auf eine auditive Quelle zu konzentrieren, und hassen es, wenn sie dabei unterbrochen werden. Sie können sich nur mit einer Person gleichzeitig unterhalten. Sie können nicht Radio hören und sich währenddessen unterhalten. Diese Menschen sind besonders gut beim Erkennen von Konsonanten und der Tonhöhe. Sie können außerdem sehr gut einen bestimmten Klang aus vielen anderen heraushören. Sie denken erst, bevor sie anfangen zu sprechen. Sie sind beim Gespräch vorwiegend auf den Inhalt fokussiert, der Kontext ist ihnen nicht so wichtig. In einem Gespräch sind sie daran interessiert, dass es themenzentriert abläuft.
Die eher kontexturalen Hörer lieben es, sehr viele verschiedene auditive Inputs gleichzeitig wahrzunehmen. Sie schauen Fernsehen, während die Stereoanlage läuft, und telefonieren dabei. Sie sind nicht an den Details interessiert, sondern am großen Ganzen, am Kontext. Sie lassen ihre Bürotür gerne offenstehen, lieben Telefongespräche und lieben Gespräche, an denen sich verschiedenste Menschen gleichzeitig beteiligen.
Sie sind besonders gut darin, Vokale und Stimmungen aus dem Klang der Stimme herauszufiltern. Sie können sehr leicht die Gestalt eines Klangmusters erkennen. Sie sprechen, bevor sie denken. Sie wissen nicht, was sie denken, bevor sie sich selbst sprechen hören. Für sie geht es beim Gespräch nicht primär darum, „was" gesagt wird, sondern „wie" es gesagt wird. Für sie ist es nicht wichtig, dass ein Gespräch ein klar fokussiertes Thema hat.

Die detailorientierte Person fühlt sich vom größeren Kontext eher verwirrt, wie sich umgekehrt die auf den Kontext orientierte Person durch zu viele Details verwirrt fühlt. Es scheint so zu sein, als ob der Unterschied zwischen diesen beiden Arten zu hören eher eine erworbene als eine vererbte Fähigkeit ist; es ist daher möglich, durch Übung die jeweils unterentwickelte Art des Hörens zu trainieren. Beim Modellieren von bestimmten Fähigkeiten ist es wichtig für den Modellierer, darauf zu achten, welche Art zu hören der Experte, der jeweils modelliert wird, nutzt, um bei der Installierung der entsprechenden Strategie diese Fähigkeiten mit zu installieren.

Auditiv-tonal erinnert:
Um etwas zu erinnern, muss man es zuallererst wahrgenommen haben, und um etwas wahrzunehmen, was in meiner Gegenwart geschieht, ist es notwendig, „uptime" zu sein. So wundern sich Menschen z. B. häufig darüber, dass es ihnen schwer fällt, Namen zu erinnern. Der naheliegendste Grund für diese Schwierigkeit besteht darin, dass sie den Namen gar nicht erst bewusst zur Kenntnis genommen haben. Dies geschieht häufig darum, weil wir denken, dass diese Person im weiteren Verlauf für uns nicht wichtig sein wird, oder weil wir einen unbewussten Glaubenssatz haben, dass Namen nicht wichtig sind, o. Ä.
Auditiv-tonal bedeutet, wie oben schon erwähnt, sich an die Klanggestalt eines Wortes, von Geräuschen, Musik o. Ä. zu erinnern. Z. B. muss ein Musiker, wenn er sein Instrument stimmt und das allein nach seinem Gehör tut, in der Lage sein, den tatsächlichen Klang seines Instruments mit einem erinnerten Klang zu vergleichen, um dann sein Instrument so lange zu stimmen, bis der erinnerte Klang und der gehörte Klang gleich sind. Oder wenn man Noten liest, kann man, wenn man es kann, zu jeder Note den entsprechenden Klang erinnern und so die Partitur im Inneren erklingen lassen. Die Genauigkeit, mit der das möglich ist, ist für Menschen, die diese Fähigkeit nicht entwickelt haben, kaum vorstellbar. Bei Menschen, die verschiedene Sprachen sprechen, ist es gewöhnlich so, dass sie für jede Sprache ein eigenes Klangbild und ein spezielles Tempo, eine spezielle Lautstärke usw. entwickelt haben. Diese Klanggestalt macht es leichter, wenn man eine Sprache spricht, nicht aus Versehen in eine andere hinüberzuwechseln. Zu jeder Sprache gehört außerdem eine entsprechende Physiologie. Eine Sprache ist sozusagen ein Anker für einen bestimmten körperlichen und geistigen Zustand.

Menschen, die sich eher detailliert erinnern, sind in der Lage, eine Unterhaltung fast wortwörtlich wiederzugeben. Menschen, die sich eher kontexturell erinnern, sind eher in der Lage, einen Überblick über die Themen und den Verlauf zu geben. Diese Menschen sind auch eher in der Lage, sich an das Klangbild und die Stimmung ihres Gesprächspartners zu erinnern.

Auditiv-tonal konstruiert:
Dieses Rep.-Sys. ist nach unserer Erfahrung dasjenige, das in unserer Gesellschaft und Kultur am wenigsten entwickelt ist. Außer bei Musikern und bei Menschen, die viele verschiedene Sprachen sprechen, ist dieses System kaum entwickelt. Komponisten sind z. B. in der Lage, ganze Symphonien in ihrer Vorstellung erklingen zu lassen, da sie in der Lage sind, sich das Klangbild intern zu konstruieren. Oder ein Musiker ist gewöhnlich in der Lage, sich vorzustellen, wie etwas, was er auf dem Klavier hört, klingen würde, wenn man es mit einem Saxophon spielen würde. Oder jemand überlegt sich, wie seine Stimme klingen müsste, um einen bestimmten Effekt zu erreichen – auch er nutzt dazu seine auditiv-konstruktiven Fähigkeiten.

Auch in diesem System gibt es natürlich den schon erwähnten Unterschied zwischen Detailorientierung und Kontextorientierung.

Das auditiv-digitale Repräsentations-System:
Wie oben schon erwähnt, ist es wichtig, das auditiv-digitale Rep.-Sys. nicht mit dem inneren Dialog zu verwechseln.
Wenn Menschen etwas tun, tun sie es aus einem von vier Gründen. Sie tun es, weil es:

- gut aussieht,
- überzeugend klingt,
- Sinn macht,
- sich richtig anfühlt.

Menschen, die ihr auditiv-digitales Rep.-Sys. nutzen, um sich von etwas zu überzeugen, benutzen gewöhnlich Formulierungen, die äquivalent sind zu: „Das ergibt Sinn." Auditiv-digital kann z. B. einfach eine Unterhaltung sein, wenn man die Aufmerksamkeit primär auf die Information und die Bedeutung richtet. Wenn man hingegen mehr auf den Klang der Stimme achtet, fokussiert man sich auf den auditiv-tonalen Aspekt. Wenn Menschen im Inneren mit sich sprechen, Argumente abwägen oder sich um das Verständnis eines Zusammenhangs bemühen, dann bezeichnen wir ihre Aktivität als auditiv-digital. Wenn sie hingegen primär deshalb mit sich selbst sprechen, um den Klang ihrer eigenen Stimme zu hören, dann nutzen sie vorwiegend ihr auditiv-tonales Rep.-Sys. Auditiv-digital ist eine Form von kinästhetisch-erinnert, und es ist die wichtigste Form von kinästhetisch-erinnert, die man überhaupt haben kann, denn dies unterscheidet den Menschen von allen anderen Tieren. Es handelt sich hier um das Gefühl, das damit verbunden ist, Bedeutung und Sinn wahrzunehmen. Die Wahrnehmung von Bedeutung oder Sinn ist ein Gefühl. Wenn eine Person zu sich selbst spricht und sich bemüht, etwas zu verstehen, dann ist sie buchstäblich damit beschäftigt, Sinn herzustellen. Sie ist bemüht, durch den inneren Dialog das spezielle Gefühl zu erzeugen, das ihr anzeigt, dass Sinn entsteht, dass die Worte zusammenpassen und Bedeutung entsteht.
Es gibt natürlich auch noch andere digitale Formen außer dem Auditiven. Visuell-digital ist z. B. jede Form von Lesen. Jede Form von Schrift ist eine visuelle Repräsentation von etwas, das Sinn macht. Jedes Diagramm, jede Notenschrift, jedes Symbol oder Piktogramm ist eine Form des Visuell-Digitalen. Kinästhetisch-digital ist z. B. auch die oben schon erwähnte Blindenschrift. Schriftliche Symbole sind willkürliche Markierungen, mit deren Hilfe wir in der Lage sind, Bedeutung zu codieren. Es handelt sich dabei um Konventionen, auf die wir uns geeinigt haben.
Der innere Dialog ist für viele Menschen so wichtig, dass sie sich mit ihm identifizieren, und es erscheint ihnen fast unmöglich, diesen konstanten Strom von Worten zu stoppen. In vielen mystischen Schulen wird dem Schüler mit Hilfe von verschiedensten Übungen beigebracht, den inneren Dialog zu stoppen. Dies dauert häufig Jahre oder Jahrzehnte. Eine andere Möglichkeit, den inneren Dialog „zu stoppen", besteht darin, ihn mit Nonsens-Lauten zu überlagern. Z. B. kann man im Inneren eine bestimmte Silbe oder Silben (Mantras) oder andere beliebige Lautkombinationen wiederholen, die keinen Sinn ergeben. Eine andere Möglichkeit besteht darin, den inneren Dialog quasi auf eine Endlosschleife zu programmieren, indem man z. B. immer und immer wieder den Rosenkranz betet oder einen „heiligen Satz" wiederholt. Die vierte Möglichkeit besteht darin, eine

innere Wahrnehmungsposition einzunehmen, in der man in der Lage ist, den inneren Dialog zu beobachten. Don Juan lehrte Castaneda z. B., dass das Anhalten des inneren Dialogs gleichbedeutend ist mit dem Anhalten der Welt im inneren Erleben.

Ein wichtiger Aspekt beim inneren Dialog ist, ob man mit ihm assoziiert ist oder nicht. Wenn jemand mit seinem inneren Dialog assoziiert ist, hat er im Regelfall keine Wahrnehmung davon, dass er überhaupt einen inneren Dialog hat. Wenn jemandem nicht bewusst ist, dass er einen inneren Dialog hat, ist er downtime und auf Gedeih und Verderb den Inhalten dieses Dialogs ausgeliefert. In dem Moment allerdings, wo wir uns von unserem inneren Dialog dissoziieren, sind wir in der Lage, ihm eine andere Richtung und einen anderen Inhalt zu geben. Jeder von uns kennt wahrscheinlich die Erfahrung, dass er begann, im Inneren über etwas nachzudenken, und nach einer kleine Weile feststellte, dass er auf einmal über etwas nachdachte, was mit seinem ursprünglichen Thema überhaupt nichts mehr zu tun hatte. Dieses unbewusste Assoziieren verwechseln einige Menschen mit Denken. Denken ist allerdings eher die Fähigkeit, den Verstand bewusst auf ein bestimmtes Thema zu fokussieren und an diesem Thema rational-argumentativ weiterzuarbeiten.

Auditiv-digital erinnert:

Es handelt sich hierbei um die Fähigkeit, etwas Auditiv-Digitales zu wiederholen. Z. B. das Rezitieren eines Gedichts aus der Erinnerung oder das Wiederholen eines Gesprächs sind Beispiele für auditiv-digital erinnert. Einige Menschen glauben, dass Lernen im Wesentlichen die Fähigkeit darstellt, auditiv-digital zu erinnern. Dies bedeutet, aus Schülern Kassettenrecorder zu machen. Die Tatsache, dass jemand in der Lage ist, etwas auditiv-digital zu erinnern, ist kein Beweis dafür, dass er es auch verstanden hat. Etwas zu verstehen ist eine Form von auditiv-digital-konstruiert. D. h., es handelt sich um die Fähigkeit, den Inhalt in eigenen Worten wiederzugeben, ihn umzucodieren.

Auditiv-digital-konstruiert:

Auditiv-digital-konstruiert nennen wir den Prozess, in dem jemand eine Sequenz bedeutungsvoller auditiver Symbole konstruiert. Dies geschieht immer dann, wenn jemand sich überlegt, in welche Worte er das kleiden möchte, was er zu sagen beabsichtigt. Wir können den „gleichen" Inhalt mit unterschiedlichen Formulierungen ausdrücken.

Menschen unterscheiden sich sehr stark in ihrer Fähigkeit zum auditiv-digitalen Konstruieren. Zu einem sehr großen Teil basiert das Wissen und Verstehen in einer Gesellschaft auf dieser Fähigkeit. Unser Ausbildungssystem ist darauf ausgerichtet, Menschen zu trainieren, auditiv-digital zu konstruieren. Verstehen wird häufig, z. B. in Intelligenztests, so gemessen, dass beobachtet wird, wie gut jemand in der Lage ist, eine gegebene Situation mit Worten zu beschreiben.

Auditiv-digital-konstruiert hat ebenfalls die beiden Komponenten Detail und Überblick. Die Detailkomponente ist unsere Fähigkeit, zu überlegen und intellektuelle Schlussfolgerungen zu ziehen, und die kontextuelle oder Überblickskomponente ermöglicht uns, zu planen.

Das kinästhetische Rep.-System

Das kinästhetische Rep.-Sys. ist höchstwahrscheinlich das am wenigsten verstandene. Dies liegt wahrscheinlich daran, dass bei diesem Rep.-Sys. die intersubjektive Überprüfbarkeit am geringsten ist. Darüber hinaus haben wir für dieses Rep.-Sys. die am wenigsten ausgebildete Sprache. Das Kinästhetische können wir wiederum in kinästhetisch-extern und kinästhetisch-intern unterscheiden. Das Kinästhetisch-Interne können wir wiederum in kinästhetisch-erinnert und kinästhetisch-konstruiert unterteilen, und außerdem gibt es noch, wie oben schon erwähnt, kinästhetisch-digital. Die Situation wird noch komplizierter dadurch, dass es zusätzlich noch Gefühle und Empfindungen gibt.

Kinästhetisch-extern:
Kinästhetisch-extern sind Sensationen, die wir mit Hilfe von Sensoren in unserer Haut wahrnehmen. Die Haut, das größte Organ des Menschen, ist in der Lage, fünf verschiedene Klassen von Sensationen zu unterscheiden:

- **Temperatur,**
- **Druck,**
- **Textur (glatt, rau),**
- **Feuchtigkeit (Trockenheit),**
- **Schmerz (Aversionsstimuli).**

Die Fähigkeit, innerhalb dieser fünf Klassen Unterscheidungen zu treffen, variiert von Person zu Person. Für die meisten dieser Parameter haben wir auch technische Geräte, um sie zu messen.

Darüber hinaus sind wir in der Lage, diese Parameter zu kontrollieren über verschiedenste Techniken wie autogenes Training, Biofeedbackgeräte u. Ä. So gibt es z. B. ein Gerät (Galvanic-Skin-Response-Instrument oder GSR-Meter), welches indirekt die Hautfeuchtigkeit misst durch das Messen der elektrischen Leitfähigkeit der Haut. Unterschiedliche interne Zustände verändern den Feuchtigkeitsgrad unserer Haut und damit deren elektrische Leitfähigkeit. Wenn wir uns an ein solches Gerät anschließen, indem wir z. B. zwei Elektroden in die Hände nehmen und uns verschiedene Fragen stellen lassen, können wir am Zeigerausschlag feststellen, ob unsere Hautfeuchtigkeit als unbewusste körperliche Reaktion auf die Frage zunimmt oder nicht. Natürlich kann man sich mit diesem Biofeedbackgerät darauf trainieren, eine trockene Haut zu bekommen, egal, was man gefragt wird. Scientologen nennen diesen Zustand „clear". Clear sind also Menschen, die sich an einem einfachen Biofeedbackgerät trainiert haben, trockene Hände zu behalten, egal, was man sie fragt. Ob dies einen Zustand hoher geistiger Entwicklung darstellt und ob man für ein solches Training Zehntausende von Mark ausgeben möchte, sei jedem selbst überlassen.

Kinästhetisch-intern:
Bei kinästhetisch-intern ist es wichtig, zwischen Empfindungen auf der einen Seite und Gefühlen auf der anderen zu unterscheiden. Beginnen wir mit den Empfindungen. Kinästhetisch-intern hat etwas damit zu tun, dass wir in der Lage sind, Körperempfindungen aus dem Inneren unseres Körpers wahrzunehmen. Es gibt verschiedene Klassen von Empfindungen, die besonders wichtig sind:
Wahrnehmung

- **des Muskel-Skelett-Systems,**

- des kardiovaskulären Systems,
- des Atmungssystems,
- des lymphatischen Systems,
- des Verdauungssystems,
- des Ausscheidungssystems,
- des Sexualsystems,
- des Nervensystems,
- des endokrinen Systems.

Das Nervensystem können wir noch mal unterscheiden in das sympathische und das parasympathische. Unser Muskularskelettsystem nehmen wir normalerweise nicht wahr. Außer, wenn wir nicht in Balance sind oder einen Muskelkater haben. Ähnlich ist es mit unserem Kardiovaskularsystem. Normalerweise nehmen wir unseren Herzschlag, unseren Blutdruck und unseren Puls nicht wahr. Allerdings nehmen wir bei starker Anstrengung oder Stress diese Parameter sehr deutlich wahr.

Auch unser Atmungssystem ist normalerweise außerhalb unserer bewussten Wahrnehmung. Verschiedene Schulen, z. B. das Hatha-Yoga, nutzen die bewusste Atemkontrolle, um Einfluss auf das autonome Nervensystem zu bekommen.

Unser Verdauungs- und Ausscheidungssystem nehmen wir gewöhnlich zu bestimmten Zeiten mehr oder weniger deutlich wahr. Namentlich bestimmte Empfindungen im Magen-Darm-Trakt sind mit unterschiedlichen Gefühlen verbunden, worauf wir später noch Bezug nehmen werden. Unser lymphatisches System nehmen wir nur wahr, wenn es angeschwollen ist.

Unser Sexualsystem versorgt uns mit einigen der stärksten und angenehmsten Empfindungen, die wir als Menschen überhaupt kennen.

Die Aktivitäten unseres endokrinen Systems sind am weitesten von unserer Wahrnehmung entfernt. Ob eine Drüse gerade aktiv ist oder nicht, liegt völlig außerhalb unserer normalen Wahrnehmung.

In einem gewissen Sinne ist es merkwürdig, von der Wahrnehmung des Nervensystems zu sprechen, da wir alle Wahrnehmungen nur durch das Nervensystem erhalten. Die Wahrnehmung des Nervensystems selbst entsteht z. B. dann, wenn bestimmte Nerven beschädigt sind.

Des Weiteren können wir die Stimulation des sympathischen Nervensystems indirekt wahrnehmen, z. B. durch einen erhöhten Herzschlag. Unser parasympathisches Nervensystem können wir an einer Abnahme der allgemeinen Erregung und einem Abnehmen der Herzfrequenz beobachten.

Ein anderer Teil des Nervensystems ist das Vestibularsystem. Dieses System ist für die Aufrechterhaltung des Körpergleichgewichts zuständig und liegt normalerweise völlig außerhalb unserer bewussten Wahrnehmung. Ein kleiner Test zeigt die Ungenauigkeit unserer subjektiven Wahrnehmung in diesem System. Stellen Sie sich mit jedem Fuß auf eine Waage und versuchen Sie, ohne auf die Waage zu schauen, Ihr Gewicht auf beide Füße gleichmäßig zu verteilen. Normalerweise werden Sie feststellen, dass das, was Sie für eine Gleichverteilung des Gewichts halten, einen Unterschied von 20-40% aufweist. Mit etwas Training kann allerdings diese Wahrnehmung erheblich verbessert werden.

Kinästhetisch-erinnert:

Wir sind in der Lage, sowohl interne als auch externe kinästhetische Sensationen zu erinnern. Dabei ist es für viele Menschen leichter, sich an externe Sensationen zu erinnern als an interne. Die meisten Menschen sind auch in der Lage, relativ präzise ein Gewicht zu schätzen. Diese Fähigkeit erfordert ein kinästhetisches Gedächtnis für Druck bzw. Zug.

Die Fähigkeit, interne kinästhetische Sensationen zu erinnern, ist einer der wichtigsten Schlüssel für gute sportliche Leistungen. Z. B. ist es, wenn man einen Strafwurf beim Basketball ausführt, wichtig und nützlich, sich an den korrekten Bewegungsablauf zu erinnern, um so mit großer Sicherheit den Strafwurf wieder und wieder zu verwandeln.

Menschen können sich an die unterschiedlichsten kinästhetischen Sensationen erinnern, und wir nutzen diese Fähigkeit, wenn wir uns in eine vergangene Situation hineinassoziieren.

Ein anderes interessantes Beispiel für die Nutzung der kinästhetischen Erinnerung ist die Technik für Drogenabhängige, die Ed Reese entwickelt hat. Er bittet den Drogenabhängigen, ihm haarklein den Ablauf der Drogeneinnahme mit allen damit verbundenen kinästhetischen Sensationen zu erzählen. Dadurch beginnt der Klient, sich an die kinästhetischen Sensationen zu erinnern, und eine solche Sensation führt zur nächsten (chaining anchors), so dass der Klient allmählich tiefer und tiefer in einen Zustand hineingeht, der dem drogeninduzierten sehr ähnlich ist, ohne dass tatsächlich die Droge genommen werden musste. Der nächste Schritt besteht dann darin, dem Klienten beizubringen, diese kinästhetische Sequenz jederzeit absichtlich und selbständig hervorrufen zu können.

Kinästhetisch-konstruiert:

Eine kinästhetische Sensation zu konstruieren ist für die meisten Menschen sehr schwierig. Wenn man Menschen bittet, eine Körperempfindung zu konstruieren, haben sie eher die Tendenz, sich an Situationen zu erinnern, in denen sie eine ähnliche Empfindung hatten, anstatt unabhängig von Erinnerungen eine Situation zu konstruieren.

Ed Reese weist in seinem Papier über Strategien auf die interessanten Experimente von Elmer und Alyce Green hin. Diese haben an der Menninger-Foundation in Topeka, Kansas, Studien mit Swami Rama, einem indischen Mystiker, durchgeführt, um festzustellen, wie groß tatsächlich die Fähigkeit von Yogis ist, ihr autonomes Nervensystem willentlich zu kontrollieren. Swami Rama war in der Lage, sein Herz anzuhalten, indem er ein 16,2 Sekunden lang dauerndes Herzkammerflimmern willentlich induzierte. Des Weiteren konnte er an zwei Punkten auf seinem Handrücken, die nur 1 Inch voneinander entfernt waren, zwei verschiedene Temperaturen erzeugen, deren Unterschied 11 Grad Fahrenheit betrug. Darüber hinaus konnte er seine Gehirnwellen kontrollieren. Er konnte willentlich Beta-, Alpha- und Thetawellen produzieren. Eines der interessantesten Experimente bestand darin, dass er 15 Minuten lang Deltawellen in seinem Gehirn produzierte (wie man auf dem EEG sehen konnte), dabei ging er in einen tiefen Schlaf und begann zu schnarchen.

Während dieser Zeit lasen ihm die Greens zwei kurze Gedichte vor. Nach 15 Minuten wachte er spontan von alleine wieder auf und konnte beide Gedichte Wort für Wort wiederholen.

Darüber hinaus war er in der Lage, eine Unterhaltung zu wiederholen, die in einem benachbarten Raum stattgefunden hatte Diese Konversation

war den Greens, die die Gedichte vorgelesen hatten, nicht bewusst.
Die moderne Biofeedbackforschung konnte zeigen, dass ähnliche Effekte von jedem beliebigen Menschen erlernbar sind, wenn man ihm mit Hilfe einer Maschine ein entsprechendes Feedback gibt. So können Menschen z. B. lernen, ihre Hauttemperatur, ihre Muskelspannung, ihren Hautwiderstand und ihre Gehirnwellen zu kontrollieren, wenn sie ein auditives oder visuelles Feedback über die Veränderung erhalten. Wenn man entsprechende Elektroden in den Körper implantiert, sind Menschen sogar in der Lage, ihre Drüsenfunktionen u. Ä. zu kontrollieren.

Gefühle:
Sehr häufig werden Gefühle und Empfindungen miteinander verwechselt. Ein Gefühl ist eine Interpretation einer Empfindung oder einer Matrix von Empfindungen. Gefühle sind ebenso wie Worte zwei Schritte von der Realität entfernt. Das ursprüngliche ist die Sensation, die Empfindung. Das Gefühl ist die Interpretation der Empfindung. Normalerweise klassifizieren Menschen ihre Empfindungen in angenehme und unangenehme.
Ein Gefühl wie Ärger z. B. setzt eine komplexe Physiologie voraus. Diese Physiologie wird intern als Matrix verschiedenster Empfindungen wahrgenommen. Wenn man Menschen nach dieser Empfindungsmatrix fragt, die sie haben, wenn sie sagen, jetzt bin ich ärgerlich oder verliebt, dann kann man feststellen, dass die Empfindungsmatrix von Mensch zu Mensch mehr oder weniger unterschiedlich ist.
So ist z. B. das Gefühl Liebe eine Matrix aus Empfindungen, die sich vorwiegend in den Eingeweiden des Körpers abspielen. Zusätzlich gibt es zu jedem Gefühl noch kognitive Aspekte, die zu bestimmten Kommunikations- und Verhaltensweisen führen. Im NLP haben sich vor allen Dingen Leslie Cameron-Bandler und Michael Lebeau um eine genauere Untersuchung der internen Struktur von Gefühlen bemüht (siehe ihr buch „Die Intelligenz der Gefühle").
In unserer Kultur erleben viele Menschen ihre Gefühle als etwas, das außerhalb ihrer Kontrolle liegt. Gefühle werden durch innere oder externe Stimuli produziert, und wenn sie einmal da sind, freut man sich, wenn sie angenehm sind, und ärgert sich, wenn sie unangenehm sind, und hofft bei letzteren, dass sich die äußeren oder inneren Umstände ändern mögen, damit sich die Gefühle wieder bessern. Wenn man in unserer Kultur jemanden, der ärgerlich ist, auffordert, er solle sein Gefühl ändern, dann kann es leicht passieren, dass man für verrückt gehalten wird. Fordert man ihn hingegen auf, seine inneren Bilder zu verändern, wird das in unserer Kultur als etwas Sinnvolles und Mögliches betrachtet. In der indianischen Kultur ist es gerade umgekehrt. Für Indianer ist es relativ leicht, zumindest aber sinnvoll, Kontrolle über die unterschiedlichsten Gefühle zu haben. Bittet man sie hingegen, ihre inneren Bilder zu verändern, halten sie einen für verrückt, denn die inneren Bilder kommen vom Großen Geist und sind als Visionen heilig und nicht Gegenstand willkürlicher Veränderungen.
In unserer Kultur erleben viele Menschen ihre Gefühle als verursacht durch das Verhalten von jemand anderem. „Sein ewiges Nachfragen macht mich ganz verrückt!" Oder:

„Ich kann ihrem charmanten Lächeln einfach nicht widerstehen." Formulierungen dieser Art werden im Meta-Modell des NLP als *Ursache-Wirkungs-Beziehung* bezeichnet. Bei dieser Art der Formulierung tilgt der Sprecher seinen inneren interpretatorischen Anteil an den Sinnesdaten, damit sie diese Wirkung auf ihn haben können. Insofern ist es sinnvoll für jeden Menschen, zu lernen, seine kin-ästhetischen Empfindungen und Gefühle kontrollieren zu können. Dies gilt nicht nur für „negative" Gefühle, sondern genauso für positive.

Wenn ich in einer Liebesbeziehung darauf angewiesen bin, dass sich mein Partner oder meine Partnerin auf eine bestimmte Art und Weise verhält, damit ich Liebe empfinden kann, bin ich Opfer äußerer Umstände. Und auch das christliche Diktum „Liebe deinen Nächsten wie dich selbst" setzt implizit die Fähigkeit voraus, die eigenen Gefühle wählen zu können.

Einige Menschen erleben selten oder nie wirklich intensive positive Gefühle, weil sie glauben, dass sie die erst haben können, wenn bestimmte Ereignisse, die für sie in der Zukunft liegen, eingetreten sind. So sind die positiven Gefühle immer einige Meter vor ihnen auf ihrer Zeitlinie in der Zukunft, aber nie im Hier und Jetzt.
Das olfaktorische und gustatorische Rep.-Sys. wird im NLP häufig als Untergruppe des kinästhetischen Systems betrachtet, da es bei den Augenzugangshinweisen keine spezielle Blickrichtung für diese beiden Systeme gibt. Streng genommen handelt es sich natürlich um gesonderte Rep.-Sys., die chemische Eindrücke verarbeiten.

Das olfaktorische Rep.-System

Das olfaktorische Rep.-Sys. ist direkt mit dem primitivsten Teil unseres Gehirns (dem Reptiliengehirn) verbunden, während alle anderen Empfindungen durch den zerebralen Kortex gehen. Nur unser Geruchssinn ist direkt mit dem Nervensystem verbunden. Dies ist verständlich, wenn man bedenkt, welche wichtige Rolle der Geruch für Tiere hat. Sowohl Gefahrensituationen werden so erkannt als auch potenzielle Sexualpartner.

Der Geruch hat einen unmittelbaren Effekt auf unsere Stimmungen und Befindlichkeiten. Diese Tatsache macht sich die Aromatherapie zunutze, um mit Hilfe von natürlichen Aromastoffen Stimmungen und physiologische Abläufe zu beeinflussen. Häufig fühlen sich Menschen unwohl aufgrund von sogenannten „Micro-Odors", die bewusst kaum wahrzunehmen sind, aber unser Nervensystem, unsere endokrinen Drüsen empfindlich beeinflussen. Insofern sind namentlich chemische Duftstoffe häufig eine Ursache für Unbehagen.

Das gustatorische Rep.-System

Unsere Geschmackswahrnehmung wird durch Sensoren im Mund und auf der Zunge ermöglicht. Alle Geschmacksempfindungen, zu denen wir in der Lage sind, setzen sich aus vier Grundqualitäten zusammen: bitter, süß, sauer und salzig. Die Fähigkeit, sich gustatorisch zu erinnern, ist für viele Berufe wie Koch, Weinverkoster usw. entscheidend. Gustatorisch-konstruiert bedeutet, einen Geschmack ohne Erinnerung herstellen zu können.

Synästhesien

Unter Synästhesie versteht man die direkte Verbindung zwischen zwei Rep.-Sys. Geschieht etwas in dem einen Rep.-Sys., geschieht automatisch und gleichzeitig etwas in einem anderen Rep.-Sys. Eine typische Synästhesie wäre z. B. Sehen-Fühlen. Ich sehe Blut, und mir wird übel. Oder visuell-intern: Ich denke – bewusst oder unbewusst – an eine Situation, in der mein Partner mit jemand anderem zärtlich ist, und empfinde Eifersucht. Eine andere typische Synästhesie ist Hören-Fühlen. Ich höre ein bestimmtes Lied und werde sentimental. Oder auditiv-intern: Ich höre – bewusst oder unbewusst – eine Stimme in meinem Kopf, die sagt: „Das kannst du nicht!", und fühle mich hilflos.

Es ist natürlich auch möglich, ein Synästhesie-Muster in einem Rep.-Sys. zu haben, z. B. Sehen-Sehen. Das bedeutet, ein internes oder externes Bild triggert sofort ein anderes. So sind z. B. Leute, die wir als Mismatcher bezeichnen, solche, die, wenn sie etwas sehen, sofort ein Gegenbeispiel sehen oder im inneren Dialog hören.

Wenn man alle möglichen Kombinationen von Rep.-Sys. auflistet, gibt es 36 verschiedene Synästhesie-Muster. Viele kulturelle Fähigkeiten basieren darauf, dass Menschen in der Lage sind, komplexe Synästhesie-Muster zu erzeugen.

Eine Möglichkeit, um Synästhesie-Muster zu erkennen, sind Kombinationen von Prozessverben aus unterschiedlichen Rep.-Sys. Z. B.: „der warme Klang ihrer Stimme" oder: „sein kühler Blick", „sein strahlender Charakter" usw. Eine andere Möglichkeit, Synästhesie-Muster zu erkennen, ist die Abweichung von Augenzugangshinweisen und Prozeßverben. Jemand sieht nach oben links und sagt: Ich fühle mich bedroht. Dies kann ein Synästhesie-Muster sein, muss aber nicht. Es könnte auch sein, dass das Lead-System visuell ist und das Rep.-System kinästhetisch. Näheres hierzu im Abschnitt „Augenzugangshinweise", Seite 125 ff.

Inkongruenzen

Wenn Menschen sich mitteilen, verwenden sie verschiedene Ausdrucksmöglichkeiten. Sie können sich verbal mitteilen (= auditiv-digital) und kommunizieren gleichzeitig auf den verschiedenen nonverbalen Kanälen: auditiv-tonal mit dem Klang der Stimme sowie Sprechgeschwindigkeit, Lautstärke, Rhythmus, Intonation; visuell mittels Körperhaltung, Gestik, Mimik; kinästhetisch mittels Berührungen, Temperaturveränderungen der Haut; olfaktorisch mit Pheromonen, usw. Diese verschiedenen Ausdrucksmöglichkeiten nennen wir „Outputkanäle".

„Der Begriff Kongruenz wird verwendet, um eine Situation zu beschreiben, in der die kommunizierende Person alle Outputkanäle aufeinander abgestimmt hat, sodass jeder die gleiche oder eine kompatible Botschaft darstellt, weiterleitet oder vermittelt."

(Bandler, Grinder: Kommunikation und Veränderung, S.55)

Die Kommunikation über die Outputkanäle kann *kongruent*, das bedeutet übereinstimmend, erfolgen oder aber *inkongruent*, gleichbedeutend mit nicht-übereinstimmend, sein. Unstimmigkeiten im Ausdruck weisen auf noch nicht integrierte Teile des Modells der Welt des Klienten hin. In der Regel zeigen diese Inkongruenzen eine Differenz zwischen bewusstem und unbewusstem Erleben einer Person an.

„Der Begriff Inkongruenz bezeichnet eine Situation, bei der die kommunizierende Person Botschaften durch ihre Outputkanäle vermittelt, die nicht zusammenpassen oder nicht kompatibel sind."

(Bandler, Grinder: Kommunikation und Veränderung, S.55)

So kann ein Klient beispielsweise verbal seine Wut über das Verhalten einer anderen Person ausdrücken, während der nonverbale Ausdruck ängstlich wirkt. Oder aber eine Person redet davon, wie traurig und leidvoll ihre jetzige Situation ist, während sie lächelt. In beiden Fällen weicht die verbal geäußerte Botschaft von der nonverbalen Kommunikation ab. Es werden zwei unterschiedliche Botschaften gleichzeitig kommuniziert. Als Faustregel gilt hier: Die verbale Mitteilung ist gleichbedeutend mit dem bewussten Erleben, während die nonverbalen Signale das unbewusste Erleben repräsentieren. Wird in einer Interaktion nur der verbale = bewusste Anteil wahrgenommen, bedeutet dies, dass ein wesentlicher Bestandteil der kommunizierten Botschaft getilgt wird. Daher ist eine wichtige Voraussetzung für klares und präzises Kommunizieren, Stimmigkeit bzw. Unstimmigkeiten im Ausdruck einer Person erkennen zu können.
Die Fähigkeit, Inkongruenzen erkennen zu können, setzt wiederum voraus, dass die Sinneskanäle „offen" und trainiert sind. Hier kommt eine spezielle Form des Kalibrierens zum Tragen. Bisher haben wir den Begriff „Kalibrieren" für das Zuordnen eines individuellen äußeren Zustandes zu der inneren Verfassung einer Person benutzt. *Kalibrieren* von *Inkongruenzen* erweitert diese Definition. Jede Emotion drückt sich durch ein bestimmtes Set von nonverbalen Ausdruckskomponenten aus. Diese sind zum Teil äußerlich wahrnehmbar. Freut sich beispielsweise ein Mensch, werden bestimmte Mimikmuskeln der Lippen innerviert, die Folge ist ein Lächeln. Das gleiche gilt für das Gefühl des Traurigseins; hier vermindert sich z. B. der Tonus der Ringmusku-

latur der Augen, was zur sichtbaren Vergrößerung der Augen führt; und wird eine bestimmte Intensität des Gefühls überschritten, tritt vermehrt Tränenflüssigkeit auf, der Betroffene weint.

Neben der individuellen Physiologie, mit der eine Person bestimmte Gefühlszustände ausdrückt, gibt es demnach spezifische nonverbale Ausdruckskomponenten, die mit dem Erleben bestimmter Emotionen einhergehen. Beim Kalibrieren von Inkongruenzen geht es darum, diese spezifischen Ausdruckskomponenten im nonverbalen Ausdruck eines Gesprächspartners wiederzuerkennen.

Emotionen

Die Wurzel des Wortes »Emotion« ist movere, lateinisch für »bewegen«, was darauf hinweist, dass jeder Emotion eine Tendenz zum Handeln innewohnt. Dies ist deutlich zu beobachten bei Kindern und Tieren, die ihre Gefühle offen „ausleben".

Emotionen können als wahrnehmbarer Anteil eines körperlichen Prozesses betrachtet werden, der zum Handeln bzw. Verhalten bewegt. Das Gefühl »Wut« beispielsweise versetzt den Körper in den Zustand, einen Angriff abzuwehren: die Ausschüttung von Hormonen wie Adrenalin beschleunigt die Herzfrequenz und mobilisiert Energiereserven, was eine erhöhte Leistungsfähigkeit bewirkt, gleichzeitig fließt vermehrt Blut zu den Händen, was es erleichtert, zur Waffe zu greifen. Bei »Furcht« wird der Körper dagegen in einen anderen Zustand versetzt: Die großen Skelettmuskeln in den Beinen werden vermehrt durchblutet, was schnelleres Flüchten ermöglicht; gleichzeitig erstarrt der Körper für einen Moment, dies ermöglicht ein Abwägen zwischen Flucht und Angriff; die Augenbrauen heben sich, was ein erweitertes Blickfeld erzeugt, es fällt mehr Licht auf die Netzhaut, und wir erhalten mehr Informationen über die bestehende Situation.

Jede Emotion erzeugt spezifische physiologische Prozesse. Im Folgenden sind Bewegungsimpuls, physiologische Aspekte und äußerlich wahrnehmbare Ausdruckskomponenten von vier primären Emotionen aufgelistet.

WUT

- Bereitet den Körper auf Verteidigung bzw. Angriff vor:
- = Herzfrequenz wird beschleunigt
- = Ausschüttung von Adrenalin und anderen Hormonen mobilisieren Energiereserven
- = Blut fließt vermehrt zu den Händen und Armen

...

A Stimme wird druckvoller

V Kiefermuskulatur spannt sich an, Ringmuskulatur der Augen zieht sich zusammen, zur Fokussierung auf den Gegner.

...

ANGST

- bereitet den Körper auf Flucht vor:
- = Herzfrequenz wird beschleunigt
- = große Sklettmuskulatur wird vermehrt durchblutet
- = Körper erstarrt für einen Moment
- = Augenbrauen heben sich, Blickfeld wird erweitert ...

Zurzeit existiert noch keine einheitliche Meinung darüber, ob die emotionsspezifischen nonverbalen Ausdruckskomponenten angeboren oder anerzogen sind.

Für die Theorie, dass die emotionsspezifischen nonverbalen Ausdruckskomponenten angeboren sind, sprechen die Ergebnisse eines Forschungsprojekts, das die emotionalen Ausdrucksformen einer bisher vollständig isoliert lebenden Stammeskultur untersuchte. Den Mitgliedern des Stammes wurden Bilder von Gesichtern vorgelegt, die nach unserer kulturellen Auffassung Emotionen wie Wut, Freude, Ärger, Angst u. Ä. ausdrückten. Die Befragten sollten nun beschreiben, wie sich die Person auf dem Bild fühlt. Die Befragten beschrieben daraufhin Gefühlszustände, die mit unserer Definition der gezeigten Gefühle nahezu identisch sind.

ANGST

A Stimme vibriert

V Augen werden größer und starr

V Blut fließt nach unten, Gesicht wird bleicher

...

TRAUER

- Versetzt Körper und Psyche in einen Zustand, in dem ein Verlust verarbeitet und eine Anpassung an die veränderten Umstände vorgenommen werden kann:

= Puls sinkt

= Stoffwechsel wird verlangsamt

= Interesse an Aktivitäten sinkt

= Bedürfnis nach Rückzug und Ruhe steigt

...

V Tonus der Ringmuskulatur der Augen sinkt, Tränenflüssigkeit wird vermehrt ausgeschüttet

A Stimme hat weniger Druck und wird leiser

V Augen sind vergrößert und glänzen

...

FREUDE

- Aktiviert das parasympathische Nervensystem:

= löst Entspannung aus

= regt Immunsystem an; ein herzhaftes Lachen stärkt das Immunsystem für 36 Stunden

= vermehrter Abtransport von Stoffwechselschlacken

= Endorphine werden vermehrt ausgeschüttet

= Lachtränen transportieren das 50fache an Stoffwechselabfall aus dem Körper im Vergleich zu Trauertränen

...

A Stimme wird heller

V Lächeln bis herzhaftes Lachen

V Gestik + Mimik werden lebhafter

Module & Techniken

SPRACHLICHE ZUGANGSHINWEISE

Module

- Identifiziere das Repräsentations-System
- Identifizieren der Primären Rep.-Systeme
- Übersetzen in ein anderes Rep.-System
- Matching & Translating
- Match – Mismatch

Technik

- Pacen der primären Repräsentations-Systeme

REP.-SYSTEME & LERNEN

Techniken

- Posthypnotische Befehle
- Input-Output-Relationen
- Merkstrategien

AUGENZUGANGSHINWEISE

Module

- Augenbewegungsmuster erkennen
- Verbales Pacen von Augenbewegungsmustern

Techniken

- Pacing der Augenbewegungsmuster
- Eye-Movement-Integrator

Sprachliche Zugangshinweise

Primäre Repräsentations-Systeme können anhand der Sprache identifiziert werden. Insbesondere die *Prozessworte* – Verben, Adverbien, *Nominalisierungen* – zeigen an, welche Repräsentations-Systeme ein Gesprächspartner bevorzugt benutzt. Anzumerken ist hierbei, dass Primäre Repräsentations-Systeme sowohl kontextübergreifend gleich sein, als auch von Kontext zu Kontext wechseln können. Mit einiger Übung können die Primären Repräsentations-Systeme eines Gesprächspartners während eines Gespräches innerhalb weniger Minuten ermittelt werden. Der nächste Schritt besteht dann darin, die eigene Sprache an das bzw. die Repräsentations-System(e) des Gesprächspartners anzupassen.

Es folgen Listen mit Prozessworten und Redewendungen für die einzelnen Repräsentations-Systeme.

Visuelle Prozessworte & Redewendungen

sehen, schauen, blicken, beobachten, glotzen, bildlich, Blindschleiche, Blindfisch, hell, dunkel, weitsichtig, beäugen, gucken, leuchten, scheinen, Scheinargument, sichtbar, überschaubar, scheinbar, Überblick, Durchblick haben, Klarheit gewinnen, Klärung verlangen, verklärt blicken, betrachten, nachsichtig sein, vorausschauen, einsichtig sein, erleuchtet, licht, düster, grell, Weltbild, Blickpunkt, ausleuchten, unscharf, verschwommen, undeutlich, nebelig, brillant, ausmalen, grell,

- durch jemanden hindurchsehen
- Einblick gewähren
- gute Beobachtungsgabe haben
- durchsichtige Argumentation
- übersichtliche Raumaufteilung
- dunkle Gestalten
- undurchsichtige Persönlichkeit
- bunter Haufen
- ein Problem nicht sehen
- eine strahlende Schönheit sein
- bei Licht betrachtet
- einen Sachverhalt beleuchten
- ein Hans-guck-in-die-Luft sein
- aus meiner Sicht
- von meinem Blickwinkel aus gesehen,
- Tomaten auf den Augen haben
- große Augen machen
- ein Auge auf etwas werfen
- deutlich vor Augen haben
- Licht am Ende des Tunnels
- bei Licht betrachtet
- Das sieht gut aus.
- Ich kann nichts fokussieren.
- Ich kann das nicht länger mit ansehen.
- Die Welt ist nicht nur schwarz auf weiß.
- Ich tappe im Dunkeln.
- Das will ich schwarz auf weiß.
- Aus den Augen, aus dem Sinn.
- nicht über den Horizont hinausschauen können
- Sieh das einmal aus meiner Perspektive.

...

Primäre Repräsentations-Systeme sind durch die häufige Nutzung und das damit verbundene Training stärker ausdifferenziert als die anderen Repräsentations-Systeme.

Mit dem Pacen der Prozessworte eines Gesprächspartners steigst du in sein Erleben der Welt ein. Dies ermöglicht dir zum einen tiefgreifenden Rapport, zum anderen ermöglicht es wirkliches Verstehen und Verstandenwerden.

Auditive Prozessworte und Redewendungen

hören, lauschen,
sprechen, sagen, schreien,
laut, leise, schrill, klappern,
erklingen lassen, piepsig,
Radau, trampelig, poltern,
musikalisch, unüberhörbar,
winselnd, wimmernd, kreischend,
schnappend, heiser,
glockenklar, röchelnd, schnaubend,
rauschende Ballnacht,
Klangwelten, rauschen,
Lauschangriff, Ruhe, Krach,
Klatsch, Tratsch, Ohrwurm,
still sein, dumpf,
dunkle Stimme, raue Stimme,
sprichwörtlich, verbal,
harmonisch, unharmonisch,

- der gute Ton
- die innere Stille
- jemanden aushorchen
- die Ohren spitzen
- im Einklang sein
- erklingen, erschallen
- seine Ruhe haben
- in Ruhe lassen
- taube Nuss
- und ich sage noch
- verlauten lassen
- Stecknadel fallen hören
- die Engel singen hören
- das Gras wachsen hören
- stumm wie ein Fisch
- die Stille ertragen
- klingt nicht schlecht
- mir sausen die Ohren
- taub auf den Ohren sein
- Bohnen in den Ohren haben
- zu den Ohren rauskommen
- richtig verstehen
- hörig sein
- eine Aussprache herbeiführen
- laut und deutlich verstehen
- die Schallmauer durchbrechen
- Das hört sich gut an.
- Sie hört nicht mehr auf mich.
- Das hallt in mir nach.
- Wenn ich mir das so anhöre.
- Da pfeif ich drauf.
- Laber mich nicht zu.
- Es liegt mir auf der Zunge.
- Das zwitschern die Spatzen von den Dächern.
- Immer dieselbe Leier.
- Der Ton macht die Musik.
- Das hängt mir im Ohr.
- Im wahrsten Sinne des Wortes.
- Das ist ein Leisetreter.
- Ich hab mich wohl verhört.
- Auf die innere Stimme hören.
- Ich kann das nicht mehr hören.
- Viel Lärm um nichts.
- Er gehorcht aufs Wort.
- Es hat „klick“ gemacht.
- Er ist nicht auf den Mund gefallen.
- Das schreit doch geradezu nach einer neuen Lösung.

...

Kinästhetische Prozessworte und Redewendungen

fühlen, empfinden, spüren,
zusammenkrampfen, fließen,
belastet, beladen,
warm, kalt, lau,
weich, hart, rau, glatt,
flauschig, zittern,
betroffen, getroffen,
berühren, gerührt,
butterweich,
sanft, hart, scharf,
bewegt, bewegen,
anfassen, angreifen,
begreifen, erfassen,
bedrücken, entlasten,
zwicken, kneifen, stechen,
geborgen sein, kaltschnäuzig,
Herzschmerz,
schwindlig, übel werden,

- hart auftreffen
- sich beschwingt fühlen
- sich geborgen fühlen
- eine Gänsehaut bekommen
- ins Fettnäpfchen treten
- einen Kloß im Hals haben
- Kribbeln in den Händen
- ein Kribbeln im Bauch
- auf glühenden Kohlen sitzen
- sich fallen lassen
- mit beiden Füßen auf dem Boden stehen
- Eisfüße haben
- im siebenten Himmel schweben
- in ein Loch fallen
- einen Standpunkt einnehmen
- über dem Boden schweben
- starr vor Angst sein
- Die Verantwortung lastet schwer.
- Es zieht mir alles zusammen.
- Der Termindruck ist unerträglich.
- Es läuft mir kalt den Rücken hinunter.
- Mir zittern die Knie.

- Das geht mir an die Nieren.
- Das schlägt mir auf den Magen.
- Mein Herz jubelt.
- Mein Herz hüpft vor Freude.
- Das geht mir unter die Haut
- Es brennt mir unter den Nägeln.
- Rutsch mir den Buckel runter.
- Da dreht sich mir der Magen um.
- Das Blut stockt mir in den Adern.
- Mir bricht der Schweiß aus.
- Mir schlottern die Glieder.
- Mir lacht das Herz.

...

Olfaktorische Prozessworte und Redewendungen

geruchlos, müffeln,
Nasenbär, naseweise sein,
schnuppern, riechen,
verraucht, rauchig,
schnüffeln, reinziehen,
duften, stinken,
erdig, blumig,
faulig, feucht,
moosig, holzig,
muffig, penetrant,
verbrannt, rosig,
ätherisch, parfümiert,
ranzig,

- eine anrüchige Person
- sich den Wind um die Nase pfeifen lassen
- das stinkt mir
- die Nase rümpfen
- der Duft der großen weiten Welt
- verschnupft sein
- laufende Nase
- eine Nase dafür haben
- einen guten Riecher haben
- immer der Nase nach
- Ich geb' dir eins auf die Nase.
- Ich kann dich (nicht) riechen.
- Steck deine Nase nicht in meine-Angelegenheiten.

....

Gustatorische Prozessworte und Redewendungen

schmecken, kosten, lutschen,
schlecken,
salzig, würzig, scharf, süß,
saftig, tranig,
fettig, trocken, mild,
sabbern, schlabbern,
schlürfen, schmatzen,
köstlich, probieren,
nussig, ölig, vollmundig,
trinken, süffig, herb, lieblich,
sahnig, knackig, sich laben,
schlemmen, völlen,
schmarotzen, bitter, cremig,
Fastfood, heiß, kalt, lau,
süß, sauer, salzig,
lecker, geschmacklos,
geschmackvoll,

- Galle kommt hoch
- auf die Schnauze hauen
- dicke Lippe riskieren
- ein Lecker-Schmecker sein
- jemanden gefressen haben
- jemanden zum Fressen gern haben
- die Schnauze vollhaben
- einen guten Geschmack haben
- Mir läuft das Wasser im Mund zusammen.

...

Module

Modul

Identifiziere das Repräsentations-System

Markiere, in welchem Repräsentations-System die Sätze formuliert sind:

V A K O G	Klingt gut.
V A K O G	Das hat einen bitteren Beigeschmack.
V A K O G	Sieht gut aus.
V A K O G	Das sind düstere Aussichten.
V A K O G	Fühlt sich nicht gerade angenehm an.
V A K O G	Lass uns in Kontakt bleiben.
V A K O G	Da läutet eine Glocke bei mir.
V A K O G	Mir geht ein Kronleuchter auf.
V A K O G	Das schüttelt mich ganz schön durch.
V A K O G	Ich kann es nicht begreifen.
V A K O G	Das stinkt mir.
V A K O G	Das ist eine farbige Beschreibung.
V A K O G	Er versuchts auf die sanfte Tour.
V A K O G	Dafür kann ich mich nicht erwärmen.
V A K O G	Das ist mir zu schrill.
V A K O G	Ich hab die Nase vorn.
V A K O G	Wir sehen uns dann ja.
V A K O G	Das ist für mich unfassbar.

V isuell
A uditiv
K inästhetisch
O lfaktorisch
G ustatorisch

Modul

Identifizieren der Primären Rep.-Systeme

1. **A sucht sich 3 Kontexte und erzählt jeweils eine Begebenheit:** beispielsweise Beruf – eine Beschreibung des Arbeitsplatzes, Hobby – weshalb er/sie sich diese Freizeitbeschäftigung ausgesucht hat, Kleidungskauf – wie er/sie sich für ein bestimmtes Kleidungsstück entschieden hat.

2. **Die B´s notieren die Anzahl der Prozessworte:** Anhand der untenstehenden Strichlisten notieren die B´s jeweils für jeden Kontext die Anzahl der Prozessworte, die A benutzt (jeder für sich).

3. **Abgleich der B´s über die Anzahl der Prozessworte:** Die B´s gleichen nun ab, in welchem bzw. welchen Repräsentations-System(en) sie die meisten Prozessworte notiert haben.

4. **Austausch mit A:** Welche sind A´s Primäre Repräsentations-Systeme? Gibt es in den verschiedenen Kontexten verschiedene Wahrnehmungsschwerpunkte?

5. **Wechsel.**

Name: ____________

Kontext: ____________

V: ____________

A: ____________

K: ____________

O: ____________

G: ____________

neutral: ____________

Name: ____________

Kontext: ____________

V: ____________

A: ____________

K: ____________

O: ____________

G: ____________

neutral: ____________

Modul

Übersetzen in ein anderes Rep.-System

Übersetze den folgenden Absatz sinngemäß in alle Repräsentations-Systeme. Achte darauf, welche Übersetzung dir leicht fällt und welche eher schwer. Es wird dir Aufschluss darüber geben, in welchem Repräsentations-System du dich bereits fließend ausdrücken kannst und an welchen Stellen weiteres Üben sinnvoll wäre.

Bei der Unterhaltung blickte er verärgert drein. Meine Sichtweisen schienen ihm nicht einzuleuchten. Ich schaute mir meine Perspektive auf das Thema noch einmal an; von meiner Warte aus betrachtet erscheint sie völlig plausibel. Vielleicht sollte ich ihm meine Meinung noch bildhafter vor Augen führen, aber er könnte das Thema ja auch mal von meinem Blickpunkt aus betrachten.

Übersetze ins auditive Repräsentations-System:

____

Übersetze ins kinästhetische Repräsentations-System:

____

Übersetze ins olfaktorische und gustatorische Repräsentations-System:

____

Die Fähigkeit, sich flexibel in allen Hauptrepräsentations-Systemen auszudrücken, gehört zu einer guten und professionellen Kommunikation. Das Formulieren in bisher ungewohnten Repräsentations-Systemen kann auf unterschiedliche Weise trainiert werden. Hierzu einige Anregungen:

Übersetze kurze Absätze aus Artikeln und Büchern.

Übersetze Sätze aus Diskussionen aus dem Radio, Fernsehen usw.

Spreche bewusst mit Menschen, deren Primäre Repräsentations-Systeme von deinen eigenen abweichen.

Modul

Matching & Translating

Matche bei den folgenden Aussagen zuerst das jeweils benutzte Repräsentations-System, indem du den Inhalt im gleichen Repräsentations-System wiedergibst, und übersetze den gleichen Inhalt dann in ein anderes Repräsentations-System.

Ich möchte dieses Hindernis in meinem Leben wegräumen.

Matching: Du möchtest den Müll beiseite schaffen, der dich daran hindert, deinen Weg zu gehen.

Translating: Du möchtest endlich den sauren Beigeschmack in deinem Leben loswerden.

Ich kann noch kein klares Bild vor mir sehen, wie das in Zukunft weitergehen soll.

Matching: Deine Zukunft sieht für dich noch neblig aus.

Translating: Den Weg in die Zukunft empfindest du als schwankend und unsicher.

Ich bin an den Vertrag gebunden. Da komme ich nicht mehr los.

Matching: ______________________________

____

Translating: ______________________________

____

Meine Kollegen sehen mich völlig anders, als ich mich selbst sehe.

Matching: ______________________________

____

Translating: ______________________________

____

Ich denke, es ist Zeit, dass wir dem Problem ins Auge sehen.

Matching: ______________________________

____

Translating: ______________________________

____

Das klingt wie eine gute Idee.

Matching: ______________________________

____

Translating: ______________________________

____

Modul

Das klingt wie eine gute Idee.

Matching: ______________________

____

Translating: ______________________

____

Seine Faulheit stinkt zum Himmel.

Matching: ______________________

____

Translating: ______________________

____

Das schmeckt mir nicht.

Matching: ______________________

____

Translating: ______________________

____

Bringe eigene Beispiele aus deinem Alltag

____

Matching: ______________________

____

Translating: ______________________

____

____

Matching: ______________________

____

Translating: ______________________

____

____

Matching: ______________________

____

Translating: ______________________

____

____

Matching: ______________________

____

Translating: ______________________

____

Modul

Match - Mismatch

Die Übung wird in Kleingruppen durchgeführt. Einer der Teilnehmer schildert in kurzen Sätzen eine Situation, über die er sich geärgert hat. Die anderen wiederholen das Gesagte, wobei zuerst gematcht und dann gemismatcht wird.

1. **A schildert kurz und knapp ein für ihn ärgerliches Erlebnis:**
   A erklärt dabei allen B´s, weshalb es ärgerlich für ihn war. A macht nach jedem Satz eine kurze Pause, sodass jeder der B´s die Aussagen mitnotieren kann. Danach verlässt A den Raum.

2. **Identifizieren der Primären Repräsentations-Systeme:**
   Die B´s stellen nun fest, von welchem Repräsentations-System bzw. von welchen Repräsentations-Systemen die meisten Prozessworte stammen.

3. **Formulieren des Match und des Mismatch:**
   a. Legt nun fest, wer matcht und wer mismatcht, wobei nur einer der B´s matchen und die anderen B´s jeweils einen Mismatch produzieren sollen. Beginnt mit Worten wie: Ah, ich verstehe … .
   b. Nehmt Euch ca. 10 - 15 Minuten Zeit, um den Match bzw. den Mismatch schriftlich zu formulieren. Nachdem alle fertig sind, wird A zurück in den Raum geholt.

4. **Matchen - Mismatchen:**
   Zuerst wird A der Match vorgetragen, dann die Mismatches. Danach teilt A mit, wie es ihm mit dem Match bzw. den Mismatches ergangen ist. Erst danach teilen die B´s A mit, welches Repräsentations-System A beim Erzählen vorwiegend gebrauchte.

Technik

TECHNIK

PACEN DER PRIMÄREN REPRÄSENTATIONS-SYSTEME

Diese Technik ist Bestandteil des Testings

1. **A erzählt eine Begebenheit.**

2. **Identifizieren der Primären Repräsentations-Systeme:**
   B hört einige Minuten zu und identifiziert die Primären Repräsentations-Systeme von A.

3. **Pacing:**
   B beginnt nun, Zwischenfragen zu stellen und Bemerkungen zu machen, und formuliert dies in dem bzw. in den Primären Repräsentations-System(en) von A, ca. 5 Minuten.

4. **Mismatching:**
   B mismatcht in den Repräsentations-Systemen für ca. 5 Minuten.

5. **Abschließendes Matching:**
   B geht nun für kurze Zeit noch einmal ins Matching, um den Rapport wieder aufzubauen.

6. **Kurzer Austausch.**

7. **Wechsel.**

Soll:

- B muss das bzw. die Primären Repräsentations-System(e) von A ohne Hilfe von außen erkennen
- B soll das bzw. die Primären Repräsentations-System(e) von A sauber pacen bzw. mismatchen.
- Bei einem evtl. Rapportbruch in den Matchingphasen sollen umgehend rapportbildende Maßnahmen eingeleitet werden.

Soll nicht:

- In den Matching-Phasen darf ein eventueller Rapportbruch nicht länger als 30 Sekunden unbemerkt bleiben.

Sprachliches Pacing & Leading

Wenn Menschen unterschiedliche Repräsentations-Systeme benutzen, um eine Situation zu beschreiben oder zu analysieren, kommt es häufig zu Missverständnissen und dem Eindruck, aneinander vorbeizureden.

Ein typisches Beispiel dafür wären ein kinästhetischer Klient und ein visueller Therapeut:

Klient:
Ach, wissen Sie, ich fühle mich in letzter Zeit so bedrückt, als ob eine Zentnerlast mich herunterdrückt.

Therapeut:
Ich verstehe, was stellen Sie sich denn vor, was es ist, was sie so bedrückt?

Klient:
Ich stelle mir gar nichts vor, es fühlt sich einfach nur bedrückend an.

Therapeut:
Ja, das verstehe ich, aber wissen Sie, ein Gefühl ist immer ein Gefühl über etwas. Also vielleicht fürchten Sie sich vor etwas oder erinnern sich an unangenehme Ereignisse in der Vergangenheit!

Klient:
Also jetzt fühle ich mich von Ihnen aber bedrängt! Ich spüre keine Angst und erinnern tue ich mich auch an nichts. Ich fühle mich einfach bedrückt und weiß nicht weshalb!

Ohne große Schwierigkeiten ist zu erkennen, dass die beiden aneinander vorbeireden. Eine Möglichkeit, dies zu vermeiden, bestünde darin, dass der Therapeut das Repräsentations-System des Klienten pacet, um ihn dann in ein anderes Repräsentations-System zu leaden, hier in unserem Beispiel in das visuelle:

Klient:
Ach, wissen Sie, ich fühle mich in letzter Zeit so bedrückt, als ob eine Zentnerlast mich herunterdrückt.

Therapeut:
Ich verstehe, sie fühlen sich sehr bedrückt. Ich möchte, dass Sie jetzt wahrnehmen, wo Sie diesen Druck am deutlichsten spüren können.

Klient:
An den Schultern!

Therapeut:
Gut, und jetzt möchte ich, dass Sie sich im Inneren umdrehen und sehen, wer oder was Sie da an den Schultern runterdrückt.

Klient:
Das ist meine Mutter!

Durch das Pacen des Repräsentations-Systems konnte ein Kommunikationskonflikt vermieden werden, und es wurde Rapport aufgebaut.

Repräsentations-Systeme & Lernen

Besonders effektive und erfolgreiche Lerner haben bestimmte Strategien, mit denen sie sich für die Aufnahme von Neuem motivieren und für einen erfolgreichen Ablauf des Lernens sorgen. Die unten aufgeführten Elemente sind in fast allen guten Lernstrategien enthalten.

Komponenten guter Lernstrategien

1. Beginne das Lernen immer in einem positiven Zustand:

Viele Menschen beginnen ihre Lernsessions damit, sich zu erinnern, wie sie etwas nicht gelernt haben, oder stellen sich vor, dass sie diesen Lerninhalt nicht lernen werden. Positive Zustände können mit verschiedensten NLP-Techniken hergestellt werden (siehe z. B. Kapitel „Ankern"). Eine besonders einfache und effektive Strategie besteht allerdings darin, sich zu erinnern, wie man etwas besonders leicht und gut gelernt hat und wie man sich dabei fühlte.

2. Angemessene Aufteilung des Lernstoffes:

Besonders gute Lerner beherrschen die Fähigkeit, ihre Lerninhalte gut aufzuteilen, sodass die einzelnen Brocken weder zu groß sind (was leicht zu Resignation führen könnte) noch als zu klein erlebt werden (was Langeweile aufkommen lassen kann). Wie groß in jedem einzelnen Fall „angemessen" ist, hängt von persönlicher Präferenz und vom Lernstoff ab und lässt sich am leichtesten durch Übung herausbekommen. Dazu gehört auch, sich angemessene, erreichbare Lernziele für die einzelne Lernsession zu setzen: „Was will ich am Ende der Sitzung können?"

3. Angemessenes Feedback:

Um sich im Prozess des Lernens orientieren zu können, braucht derjenige, der lernt, regelmäßig entsprechendes Feedback, um zu wissen, ob er sich bereits verbessert hat. Dazu dienen z. B. regelmäßiges Abfragen oder schriftliches Wiedergeben des gelernten Stoffes.

4. Angemessene Vergleichsgrößen:

Um sich selbst Feedback zu geben, wo man gerade innerhalb des Lernprozesses steht, benötigt man eine Größe, mit der man sich vergleichen kann. Schon aus dem gewählten Vergleich entsteht eine Motivation oder eine Resignation. Vergleicht sich jemand, der gerade mit dem Klavierspielen beginnt, mit einem Weltklasse-Pianisten wie Horowitz, wird das Ergebnis nur die wenigsten Anfänger motivieren, bei der Mehrzahl allerdings Resignation erzeugen. Vergleicht ein Anfänger seine aktuellen Fähigkeiten dagegen nur mit seinen eigenen Leistungen in der allerersten Klavierstunde, kann dieser Vergleich zu früh zu einem Erfolgsgefühl führen und die Motivation ebenfalls verringern.

5. Endpunkt:

Um effektiv und mit einem guten Gefühl lernen zu können, benötigt man einen Exitpunkt in der Lernstrategie, an dem man entscheidet, ob man das Lernziel (für die einzelne Lernsitzung oder überhaupt) erreicht hat.

6. Umgang mit Nichtverstehen:
Viele Menschen neigen dazu, wenn sie einen Teil des Lernstoffes nicht verstehen, schlechte Gefühle zu bekommen und zu resignieren. Besonders effektive Lerner reagieren auf eine solche Situation eher mit einer faszinierten Tüftlerhaltung, die sie zu einer intensiveren Beschäftigung mit dem ursprünglich nicht verstandenen Inhalt anregt. Bringt das nicht sofort den gewünschten Effekt, hilft es häufig, den entsprechenden Teil zurückzustellen, um sich später mit neuen Ideen noch einmal damit zu beschäftigen.

7. Herstellen von Relevanz:
Erfolgreiche Lerner stellen zwischen dem Lerninhalt und persönlichen Zielen eine Verbindung her. Frage dich daher, warum du den Lernstoff überhaupt lernen willst und wofür du das Gelernte später verwenden möchtest.

Wenn Lernaktivitäten trotz realistischer Zielsetzung nicht zum gewünschten Ziel führen, kann zweierlei vorliegen:

- **Die bisherige Lernstrategie ist weniger oder gar nicht geeignet.**
- **Innere Blockaden wirken dem Erfolg entgegen.**

Das Erlernen einer Fähigkeit setzt voraus, dass das Wissen oder die Handlungskompetenz auf eine geeignete Weise gelernt wird. Das heißt, die Vorgehensweise sollte sowohl auf den jeweiligen Inhalt als auch auf die individuellen Stärken des Lernenden abgestimmt sein.

Im Folgenden werden wir zu beidem grundlegende Überlegungen anbieten, wobei die anschließenden NLP-Lern-Techniken Möglichkeiten zur Vertiefung und Verfeinerung der individuellen Lernstrategien bieten.

Wissenskompetenz

Eine wesentliche Unterscheidung im Bereich der Wissenskompetenz besteht darin, ob der Inhalt auswendig gelernt oder verstanden werden soll.

Jeder von uns kann beispielsweise ein Lied in einer fremden Sprache, die er nicht versteht, auswendig lernen. Auswendig können bedeutet nicht mehr und nicht weniger, als etwas Gesprochenes oder Beschriebenes wortwörtlich wiederholen zu können.

Aus der Schule kennen wir diese Vorgehensweise beispielsweise vom Gedichte-Aufsagen oder dem Auswendiglernen von Formeln. Für diese Art des Lernens steht uns sowohl das auditive als auch das visuelle Repräsentations-System zur Verfügung. Je nachdem, welches dieser beiden Systeme trainierter ist, kann der Lernende die entsprechenden Informationen durch wiederholtes Hören bzw. Vorsagen einspeichern oder sie sich visuell einprägen. Die auditive Speicherung ist vergleichbar mit einer Audiokassette, die „eingelegt wird" und das Wissen innerlich „abspult". Die visuelle Speicherung wäre hier vergleichbar mit einem Bildschirm, auf dem der entsprechende Text innerlich geladen und abgelesen werden kann.

Anwendungsbereiche für diese Strategie bieten sich überall dort, wo es auf genaue Wiedergabe einer Sequenz ankommt; wie beispielsweise das Erlernen eines Liedes, einer Melodie, einer Definition oder des Hypnotalks beim Anker-Verschmelzen. Eine solche sequenzielle Speicherung ist jedoch nicht geeignet zum Verstehen eines Wissensinhalts.

Das objektive Verstehen eines Wissensgebietes ist gleichbedeutend mit der Fähigkeit, das Verstandene in eigenen Worten wiedergeben und in unterschiedlichen Abstraktionsniveaus abbilden zu können.

Beim Verstehen von Theorien ist es wichtig zu beachten, dass der Input immer linear-sequenziell erfolgt, durch Lesen oder Hören. Das Verstehen einer Theorie setzt allerdings voraus, dass der Verstehende diesen sequenziellen Input für sich als etwas Ganzes, Zusammenhängendes, Tabulares übersetzt. Das heißt, die sequenziell gelieferten Informationsstücke müssen parallel gleichzeitig abgebildet werden, um die Zusammenhänge verstehen zu können. Das einzige System, in dem dies möglich ist, ist das visuelle Repräsentations-System.

Bei manchen Menschen ist das visuelle System so gut trainiert, dass sie die sequenziell gelieferten Informationen intern zu einem komplexen Bild zusammensetzen können. Bei anderen ist das visuelle System nicht trainiert genug, um ein komplexes Bild in der Vorstellung zu halten und detailliert zu sehen. Diese müssen das visuelle Abbild im Äußeren erschaffen, beispielsweise durch Aufmalen der Informationen beim Lesen eines Buches. In jedem Fall jedoch setzt verstehen von komplexen theoretischen Zusammenhängen eine visuelle Darstellung der Daten voraus. Im Folgenden findest du ein Beispiel, wie theoretisches Wissen visuell abgebildet werden kann – mittels einer Windows-Oberfläche.

Windows-Oberfläche

Unter einer „Windows-Oberfläche" verstehen wir eine hierarchische Systematik, die den jeweiligen Inhalt als Überblick abbildet und gleichzeitig einen strukturierten Zugang zu den Informationsdetails bietet. Mit dieser Abbildungsweise kann sich der Betrachter im Abstraktionsniveau abwärts bewegen. So garantiert ein solches System einen leichten Zugang über einen eindeutigen Weg zum jeweiligen Wissensinhalt.

Zudem wird der Besitzer einer wohlgeordneten Windows-Oberfläche Informationen, die er neu aufnimmt, leichter und besser kategorisieren können. Das neue Wissen wird besser mit den bestehenden Inhalten vernetzt, und die Behaltensleistung nimmt stark zu. Ein solches Ordnungsschema, mit neuen Wissensinhalten eingeübt, kann sich auf andere Wissensbereiche generalisieren und kann so bestehende „Kruschtelkisten des Wissens" aufräumen.

Dagegen haben einige Menschen den Einwand, derart systematisches Denken könnte ihre Kreativität gefährden. Unsere Erfahrung zeigt jedoch, dass kreative Prozesse offensichtlich auch von einem besseren Zugang zu den Daten profitieren und daher mit einem solchen Schema die kreativen Leistungen ebenfalls verbessert werden.

Ein Beispiel, wie so eine Systematik aussehen kann, liefern die hierarchischen Verzeichnisstrukturen von Computern. Jede Datei hat innerhalb dieser Struktur einen festen Platz, sodass der Weg, diese Datei zu finden, eindeutig und gleich bleibt.

Die individuelle Systematik kann dabei sehr unterschiedliche Formen annehmen, solange die zentralen Kriterien, die hierarchische Ordnung und die eindeutige Zuordnung des Inhalts zu einer Klasse erfüllt werden. So können hoch kinästhetisch veranlagte Menschen innerlich von einer Abstraktionsebene zur anderen hüpfen, o. Ä. Als wichtiges Element sollte beim „Design" des eigenen Zugriffssystems die Vernetzung des Wissens mittels Querverweisen zu verwandten Themen oder Abgrenzung von ähnlichen, aber zu unterscheidenden Inhalten beachtet werden.

Auf der Internetseite: **NLP-in-Wissen** findest du diese Idee für das NLP sehr ausführlich realisiert. Du kommst zu dieser Seite auch über unsere cnlpa-homepage: **www.cnlpa.de, Unterbereich: Redaktion, Bereich: NLP Wissen**

Wenn man die Grafik auf der nächsten Seite als Windows- oder Macintosh-Oberfläche auffasst, dann kann man jedes Kästchen und jeden Pfeil als „Windows" auffassen, die man anklicken kann, um so zu einer konkreteren (chunking down) Repräsentation zu gelangen.

Die Aufgabe jedes Lernenden besteht nun darin, für sich selbst eine Oberfläche zu designen und im Laufe der Ausbildung für jede Technik eine grafische Darstellung des Gelernten zu entwickeln. Des Weiteren können z.B. Geschichtliches zu dieser Technik, Indikation-Kontraindikation, Beispiele, Anekdoten, Schwierigkeiten und praktische Tipps in diese Oberfläche eingebaut werden.

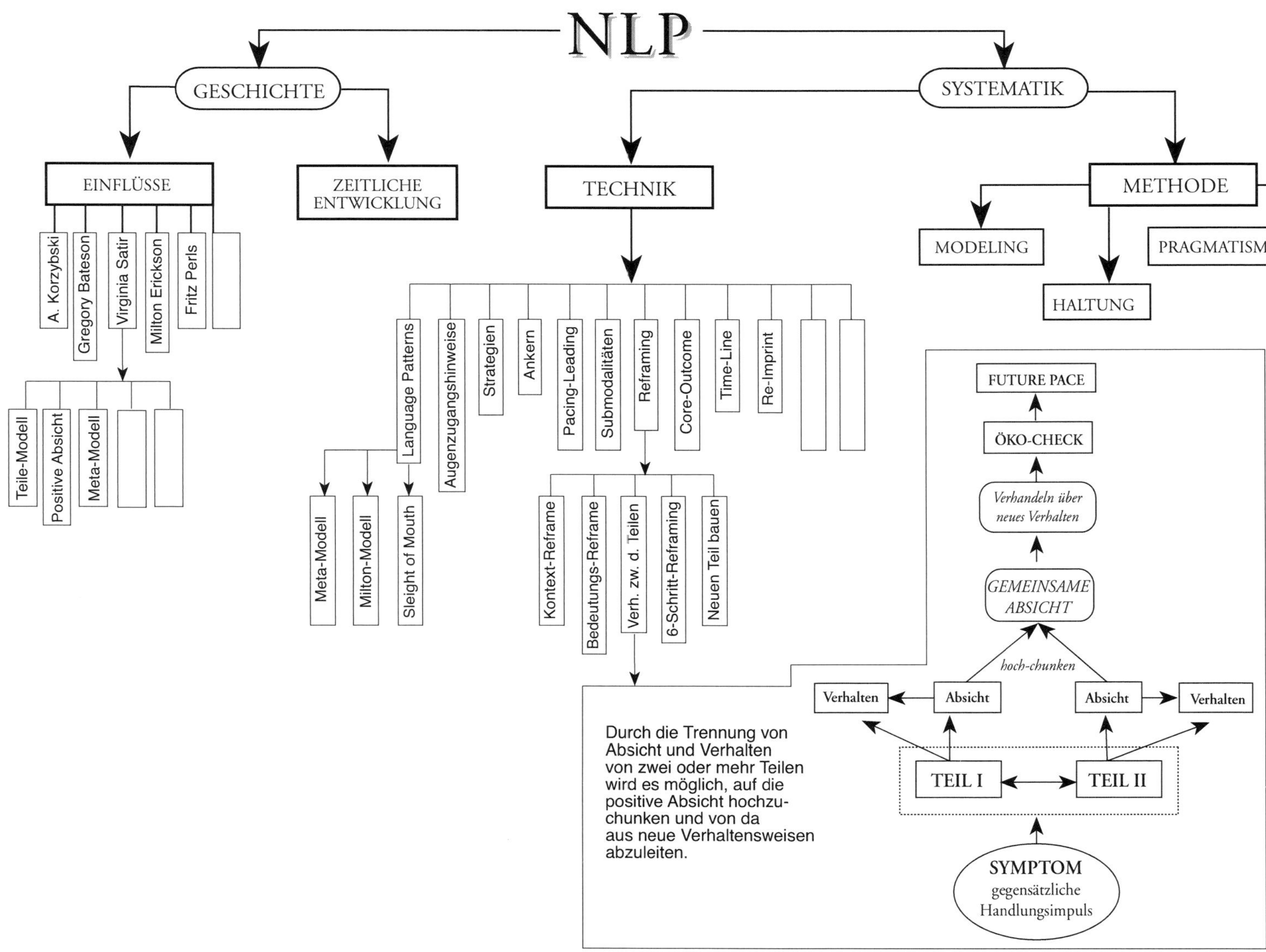

Prac. Window-Oberfläche

Lernen durch Nachahmen eines Modells wird im NLP auch als „in Position 2 gehen" bezeichnet.

Behavioral Modeling

Eine Methode des Lernens, die du schon als kleines Kind erfolgreich angewendet hast, ist Behavioral Modeling, also das Lernen von Modellen. Durch Nachahmung der Verhaltensweisen deiner Eltern und Geschwister hast du dir damals die typischen Verhaltensweisen der Familie angeeignet. Auch später hast du sicherlich in verschiedenen Bereichen dadurch gelernt, dass du andere beobachtet hast, genauso wie das Modellieren der Fähigkeiten von Spitzensportlern heute eine allgemein übliche Trainingsmethode darstellt.

Bandler und Grinder modellierten in den siebziger Jahren Spitzentherapeuten, um NLP hervorzubringen, und entwickelten dadurch ausgezeichnete therapeutische Fähigkeiten und Coaching-Skills. In diesem Kurs kannst du dadurch lernen, dass du einen Meister des NLP bei der Arbeit beobachtest, um dessen Verhalten in den Übungen nachzuahmen.

Obwohl diese Methode zu überaus guten Lernerfolgen führt, haben Erwachsene häufig Einwände dagegen, auf diese Weise zu lernen. Als häufigste Befürchtung wird die Angst genannt, zur Kopie des Vorbildes zu werden und dabei die eigene Identität zu verlieren. Dahinter steht der Gedanke, das Verhalten eines anderen bliebe sein Verhalten, auch wenn ich es benutze. Doch in dem Moment, in dem du beginnst, Verhalten zu modellieren, wirst du merken, dass es dabei vielmehr darum geht, das effektive Verhalten eines Experten in die eigene Persönlichkeit zu integrieren. Anfangs übernimmst du dabei vielleicht noch einige Marotten und den Stil deines Vorbilds, doch je mehr sich das Verhalten integriert, desto mehr wird es dein eigenes – mit deinem eigenen Stil, genauso, wie du heute auf deine eigene Art isst, obwohl dein Essverhalten vermutlich vor allem aus der Beobachtung deiner Eltern entstand.

Damit Lernen durch Modeling gut funktioniert, gibt es vor allem zwei Aspekte, die du beachten solltest:

- Wenn man nur ein Modell als Vorlage hat, können Schwierigkeiten entstehen, zwischen dem Wesentlichen (also dem, was das Verhalten effektiv macht) und dem persönlichen Stil des Modells zu unterscheiden. Diese Schwierigkeiten kannst du vermeiden, indem du dir mehrere Modelle zum Vorbild nimmst, indem du dir z.B. Videos von anderen NLP-Trainern wie Bandler, Grinder oder Dilts ansiehst.
- Das Modellieren des äußeren Verhaltens sagt uns noch nichts über die inneren Prozesse, die dieses Verhalten hervorbringen. Die Angleichung an das von außen Wahrnehmbare kann uns jedoch etwas über den Zustand aussagen, in dem jemand seine Spitzenleistung vollbringt, sodass die Beobachtung und Angleichung des Verhaltens uns dem Verständnis der Struktur dieser Spitzenleistungen einen Schritt bringt.

Handlungkompetenz:

Handlungskompetenz entsteht durch ausreichendes Wissen und durch Tun, Tun, Tun. Überall dort, wo es um Learning-by-doing geht, ist mentales Training eine wichtig Lernressource.

Mentales Training bedeutet in diesem Zusammenhang, dass die komplexen Handlungsabläufe in der Vorstellung geübt werden, um so die tatsächliche Handlung mental „vorzubahnen". Im Sport ist diese Vorgehensweise bereits fester Bestandteil des Trainings. So kann man beispielsweise einen Skiläufer vor seinem Start dabei beobachten, wie er in seiner Vorstellung die Strecke abfährt. Dabei geht er mit seinem Körper mit, so als ob er die Strecke tatsächlich abfahren würde. Ein Golfspieler trainiert nicht nur auf dem Grün, er übt auch in seiner Vorstellung wieder und wieder den perfekten Abschlag, usw.

Eine mentale Vorbereitung hat den Vorteil, dass ein Teil der komplexen Abläufe, die für die Handlung benötigt werden, bereits „vertraut" sind, wenn die Handlung dann das erste Mal vorgenommen wird. Somit wird die Überforderung beim Beginnen des Tuns reduziert, was die Ergebnisse verbessert.

Beispielsweise kannst du dich auf das Anwenden einer neuen Technik mental vorbereiten, indem du in deiner Phantasie eine Coaching-Situation entstehen lässt, in der du diese Technik mit einem „virtuellen" Klienten anwendest.

Hierzu im Folgenden einige Tipps:

- Durchlaufe diese vorgestellte Situation immer assoziiert.

Höre, was du dem Klienten sagst und wie du mit ihm sprichst; sieh ihn vor dir sitzen, beobachte seine Mimik und Körperhaltung usw.; fühle die Bewegungen, die du bei der Technik machst, beispielsweise wie deine Hand ausreicht und den Klienten berührt, um einen Anker zu setzen, usw.

- Durchlebe die vorgestellte Situation so lebendig wie möglich.

- Achte auf das richtige Chunkniveau.

Übe einen Happen nach dem anderen, beispielsweise indem du die Technikanleitung vor dir hast und einen Schritt nach dem anderen abliest und im Inneren vollziehst.

- Wiederhole die gesamte Situation so oft, bis du das Gefühl hast, mit der Vorgehensweise vertraut zu sein.

Individuelles Lernen

Neben dem Wissen um das, was generell beim Lernen beachtet werden sollte, ist es wichtig, dass du deine individuelle Struktur berücksichtigst. Finde heraus, was deine Stärken sind, und baue sie in deine Lernstrategien ein.

Hierzu einige Beispiele:
Ein **kinästhetisch** veranlagter Mensch kann seine stark ausgeprägte Affinität zum Bewegen und Fühlen nutzen, um sich visuell repräsentiertes Wissen einzuprägen. Eine Möglichkeit hierfür wäre, eine Technik in Form einer Flowchart auf dem Boden zu visualisieren und abzulaufen. Als Hilfsmittel können die ein-

zelnen Teile der Technik auf Blätter aufgemalt und auf den Boden gelegt werden; oder er könnte sich das „Wissensbild" wie eine Landschaft vorstellen, die er im Inneren abläuft und erkunden kann. Eine andere Möglichkeit ist, das Wissen auf einer riesigen Wand zu sehen und an Leitern hinauf, hinunter und zur Seite zu klettern, u. Ä.

Eine **visuell** veranlagte Person kann Handlungskompetenz schneller aufbauen, wenn sie während des (mentalen oder realen) Tuns die Technik beispielsweise als Grafik vor sich sieht; oder neben dem assoziierten mentalen Training sich auch dissoziiert beim Anwenden der Technik zusieht; oder sie stellt sich vor, sie sitzt in einer Vorlesung und sieht den Professor das Wissen auf der Tafel entwickeln und erklären bzw. sieht, wie ein Therapeut die Technik anwendet, u. Ä.

Ein **auditiver** Mensch kann sich zum Einprägen theoretischen Wissens beispielsweise erzählen, was er gerade gelesen hat oder in den visuellen Abbildungen sieht, während er diese betrachtet. Oder er stellt sich vor, er sitzt in einer Vorlesung und bekommt das Wissen von einem Lehrer, dessen Stimme er gerne hört, erzählt; beim Anwenden einer Technik könnte er sich beispielsweise vorstellen, jemand erzählt ihm die einzelnen Schritte im Inneren, während er sie macht, usw.

Der Fantasie sind hier keine Grenzen gesetzt – finde heraus, was dich beim Lernen unterstützt und nutze es!

Lernblockaden

Wenn trotz geeigneter Lernstrategie das gewünschte Lernziel nicht erreicht wird, können Lernblockaden im Spiel sein. Je nach Inhalt und Struktur der Blockade können unterschiedliche NLP-Techniken, wie Anker verschmelzen, Reimprint, Submodalitätsarbeit usw. verwandt werden, um die Blockade zu lösen. Zwei mögliche Strukturen von Lernblockaden möchten wir im Folgenden gesondert beschreiben.

Fremdstimmen

Während unseres Erziehungsprozesses erleben wir von Seiten unserer Umgebung (Eltern, Lehrer usw.) auf verschiedenste Weise Zuschreibungen: Uns wird gesagt, wer und was wir sind.

Zum Beispiel hören wir, dass wir faul sind, dass wir dies oder jenes sowieso nicht können usw. Wenn wir solche Zuschreibungen häufig genug gehört haben, entsteht ein *Introjekt.* Das heißt, selbst wenn wir im Äußeren diese Stimme nicht mehr hören, hören wir sie dennoch in unserem Inneren. Diese innere Stimme sagt auf der bewussten oder unbewussten Ebene in den entsprechenden Situationen genau das, was wir als Kinder in solchen Situationen immer wieder zu hören bekamen. Während wir diese Stimme in unserem Inneren hören, entsteht in uns das Körpergefühl, das dem des Kindes, das wir einmal waren, entspricht (Minderwertigkeitsgefühle, Hilflosigkeit, Resignation, Wut usw.). Es gibt eine einfache Technik im NLP, um mit solchen Introjekten in Form einer Fremdstimme zu arbeiten:

1. Erinnere dich an eine Lernsituation, in der dich eine Fremdstimme behindert hat.

2. Wo hörst du die Stimme? Innerhalb deines Kopfes oder außerhalb? Benutzt dieses Stimme das Personalpronomen „du" oder „ich"? (Du kannst das nicht! – Ich kann das nicht!)

3. Bewege die innere Stimme an den Ort deines Kehlkopfes. Wiederhole den Satz mit dem Personalpronomen „ich".

4. Wie wirkt die Stimme jetzt? Glaubst du den Inhalt des Satzes immer noch?

5. Denke dir einen neuen, angemessenen Satz aus, der für dich zu diesem Thema gilt!

Fremdgefühle

Eine zweite Möglichkeit bei einer Lernblockade sind *Fremdgefühle.* Fremdgefühle entstehen dadurch, dass sich das Kind aus Liebe mit einem erwachsenen Mitglied der Familie identifiziert und ein bestimmtes typisches Lebensgefühl übernimmt, zum Beispiel das Gefühl, ein Versager zu sein.

Der Begriff des Fremdgefühls stammt aus der *Systemisch-phänomenologischen Familientherapie* Bert Hellingers und wurde in diesem speziellen Zusammenhang von dem Therapeuten Ulf Pitthan geprägt. Ein Fremdgefühl identifizieren zu können ist im therapeutischen oder im Coaching-Setting eine wichtige Ressource, denn Fremdgefühle können mit herkömmlichen therapeutischen Methoden nicht gelöst werden, der „Träger" muss seine Entscheidung, das Gefühl in sich zu tragen, rückgängig machen.

Eine typische Wirkung von Fremdgefühlen in der therapeutischen Arbeit ist, dass die angewandten Techniken entweder gar nicht wirken oder die Wirkung nach kurzer Zeit wieder nachläßt. Da Fremdgefühle eine eigentümliche Wirkung auf den oder die Zuhörenden haben, können Fremdgefühle über diesen Weg vom Coach erkannt werden.

Wenn der Betroffene über dieses Gefühl und dessen Wirkung spricht, entstehen bei den Zuhörenden typische Reaktionen:

- Benebelt sein, den Ausführungen nicht mehr folgen können,
- ein Gefühl von Ratlosigkeit,
- Gefühle von Hoffnungslosigkeit,
- selbst wenn der Betroffene heftige Gefühlsreaktionen wie Weinen, Schluchzen, Schreien u. Ä. zeigt, bleiben die Zuhörer relativ unberührt,
- das, was der Betroffene erzählt, erscheint belanglos.

Das Zurückgeben von Fremdgefühlen kann als ein „Ritual" gesehen werden. Es sollte mit einer angemessenen Ernsthaftigkeit angegangen werden. Sowohl von Seiten desjenigen, der durch das Ritual führt, als auch von demjenigen, der das Fremdgefühl zurückgeben möchte.

Siehe zum Thema Lösen einer Fremdstimme auch das Kapitel „Submodalitäten", Technik „Kritische Stimmen besingen und verzerren", Seite 215 f.

Siehe zu Fremdgefühlen auch den Aufsatz „Gefühlskategorien" von Ulf Pitthan im Anhang, Seite 281 ff. und das Modul „Fremdgefühle zurückgeben" im Kapitel „Reimprint" Seite 267.

Um die Rückgabe zu erleichtern kann ein Gegenstand „symbolisch" an die betreffende Person zurückgegeben werden. Der Klient stellt sich vor, die Person, von der er das Gefühl übernahm, würde ihm gegenüberstehen. Zum Schluss gibt der Klient den Gegenstand an die imaginierte Person zurück, und der Therapeut nimmt ihn stellvertretend ab.

Wording:

Ich bin deine ... (Tochter, Sohn, Enkel usw.), und du bist meine ... (Mutter, Vater, Oma usw.). Du fühlst ... (Fremdgefühl benennen wie: Angst, Hilflosigkeit usw.). Dieses Gefühl habe ich von dir übernommen und mit dir gemeinsam getragen, aus Liebe zu dir. Aber das ist nicht mein Gefühl, es ist deins. Ich will es nicht mehr und ich brauche es nicht. Ich gebe es dir jetzt wieder zurück.

Es kann vorkommen, dass der Klient sich nicht traut, das Gefühl zurückzugeben, aus Angst, die betreffende Person könnte diese „Belastung" nicht verkraften. Die Erfahrung zeigte, dass es gerade in einem solchen Fall sehr wichtig für den Klienten ist, das übernommene Gefühl zurückzugeben. Es ist nun mal nicht das Lebensgefühl des Klienten, und es wird auch niemals das seine sein. Denn ihm fehlen die Lebenserfahrungen, die bei der anderen Person zu genau diesem Gefühl geführt haben. Außerdem steht hinter einer solchen Haltung die Vorannahme, dass der andere Erwachsene nicht stark genug sei, um sein eigenes Schicksal zu tragen. Das macht den anderen „kleiner" als den Klienten. Ein Zustand, der Klienten in der Regel nicht gut tut. Im Gegenteil, gerade in solchen Therapiesituationen berichten Klienten immer wieder, dass der andere jetzt viel stärker aussieht, nachdem die Rückgabe abgeschlossen ist. In Folge davon kann eine Heilung eintreten, die auf noch viel tieferliegende Ebenen wirkt.

Techniken

TECHNIK

POSTHYPNOTISCHE BEFEHLE

Wie merkst du dir, dass du heute Nachmittag X anrufen willst oder dieses oder jenes einkaufen willst? Wie stellst du sicher, dass du dein Auto im Parkhaus wiederfindest? Wie machst du es, dass du dir abends sagst, dass du morgens um 8.00 Uhr aufwachen willst, und dann tatsächlich auch aufwachst? Wir alle können uns auf die eine oder andere Weise einen posthypnotischen Befehl geben. D.h., wir sagen uns, was wir irgendwann machen wollen, denken dann die ganze Zeit nicht mehr daran, und zum richtigen Zeitpunkt fällt es uns dann ein. Diese Vorgehensweise nennen wir im NLP einen posthypnotischen Befehl.

Was ist für eine gute Strategie wichtig?
- Es müssen alle drei Rep.-Systeme beteiligt sein.
- Der Auslöser muss in allen 3 Rep.-Systemen repräsentiert sein.
- Die Aufgabe muss in allen 3 Rep.-Systemen repräsentiert sein.

Mögliche Fehler:
- Ist der Stimulus falsch gewählt, denkt man zu häufig an die Aufgabe, aber nicht zum richtigen Zeitpunkt.
- Sind nicht alle drei Rep.-Systeme beteiligt, kann durch Überlastung der Systeme ein Vergessen eintreten.
- Ein dritter Grund für das Versagen der Erinnerungsstrategie besteht darin, dass der Betreffende völlig irrelevante oder negative Sätze für die Programmierung nutzt. (Beispiel: „Wahrscheinlich vergesse ich das doch wieder." – „Ich sollte das diesmal aber nicht vergessen.")

1. **Situationsfindung:**
   Wähle etwas aus, das du in Zukunft machen musst.

2. **Zeitfindung:**
   Entscheide, wann die beste Zeit dafür ist, dies zu erledigen.

3. **Wahl des Auslösers:**
   Welcher spezifische Auslöser wird mit Sicherheit da sein?

4. **Programmiere dich auf Erinnern:**
   Repräsentiere den Auslöser in allen drei Hauptrep.-Systemen, verbinde diese mit einer Repräsentation dessen, was du zu tun hast (ebenfalls in allen drei Rep.-Systemen), und sage dir die Aufgabe mit einer angemessenen Stimme.

Beispiel - ich möchte mich erinnern, sofort wenn ich nach Hause komme, einen Freund anzurufen:

- *Beim Anblick meiner Haustür sehe ich das Gesicht meines Freundes vor mir,*
- *beim Berühren der Türklinke fühle ich den Telefonhörer in meiner Hand,*
- *beim Klang der zufallenden Tür höre ich das Tuten des Telefons.*

TECHNIK

INPUT-OUTPUT-RELATIONEN

Menschen nehmen Informationen auf (Input), speichern sie und machen sie sich wieder zugänglich (Output). Nun können wir im wesentlichen drei verschiedene Arten des Inputs unterscheiden:

- **visuell** • **auditiv** • **kinästhetisch.**

Das gleiche gilt natürlich auch für die Speicherung und den Output. Es gibt nun sehr verschiedene Kombinationen von Input, Speicherung und Output. Diese Kombinationen sind beim erfolgreichen Lernen von entscheidender Bedeutung. Wenn wir nur die Input-Output-Relation in Betracht ziehen, dann gibt es neun verschiedene Kombinationen:

$$V \rightarrow V,\ V \rightarrow A,\ V \rightarrow K$$
$$A \rightarrow V,\ A \rightarrow A,\ A \rightarrow K$$
$$K \rightarrow V,\ K \rightarrow A,\ K \rightarrow K$$

1. **Vorbereitung:**
   a. Suche dir einen Partner. Ihr braucht vier Ansammlungen von je 8 Gegenständen, die leicht visuell und kinästhetisch unterschieden werden können; beispielsweise Münzen, Kreditkarten und Büroklammern.
   b. Die Gegenstände werden unter dir und deinem Partner zu gleichen Teilen aufgeteilt, ihr sitzt euch gegenüber.

2. **V(in) – K(out):**
   a. Stelle nun einen Sichtschutz auf. B legt jetzt vier beliebige Gegenstände in einer Reihe auf den Tisch.
   b. Der Sichtschutz wird für ca. 3 Sekunden entfernt, danach baut A die Reihe (aus seinem eigenen Vorrat an Gegenständen) aus dem Gedächnis nach.
   c. Hat A seine Gegenstände hingelegt, wird der Sichtschutz beseitigt, damit verglichen werden kann.

3. **Stretch:**
   Wiederhole diese Vorgehensweise und erhöhe mit jedem Durchgang die Anzahl der Gegenstände (diese werden immer wieder neu angeordnet!), bis A beim Nachbauen einen Fehler macht. A notiert sich das Ergebnis auf dem Ergebnisbogen.

4. **V(in) – A(out):**
   Wie Schritt 2, aber dieses Mal zählt A die Gegenstände auf. Erhöhe auch hier mit jedem Durchgang die Anzahl der Gegenstände, bis A beim Aufzählen einen Fehler macht. Notiere wiederum das Ergebnis.

5. **A(in) – A(out):**

A schließt die Augen. Dieses Mal gibt B die Reihe mündlich vor, und A wiederholt das Gehörte. Wiederhole Schritt 3 wiederum, bis A einen Fehler macht, und notiere das Ergebnis.

6. **A(in) – K(out):**

Wie Schritt 5, jedoch legt A die Gegenstände dieses Mal mit geschlossenen Augen hin. Wiederhole wiederum Schritt 3.

7. **K(in) – A(out):**

Beim nächsten Mal ertastet A mit geschlossenen Augen die Gegenstände, ohne sie zu sehen, und beschreibt sie dann mündlich. Wiederhole wiederum Schritt 3.

8. **K(in) – K(out):**

Schließlich ertastet A die Lage der Gegenstände mit geschlossenen Augen und legt seine Gegenstände in gleicher Weise hin. Wiederhole wiederum Schritt 3.

Ziel ist es, die verschiedenen Input-Output-Kombinationen zu vergleichen, um zu erkennen, ob eine oder mehrere der Übergänge auffällig stärker oder schwächer sind als der Rest! Nutze hierzu den untenstehenden Ergebnisbogen.

Ergebnisbogen

Input-Output-Relation	Anzahl der Gegenstände	schwierig – leicht ?!
V(in) – K(out)		
V(in) – A(out)		
A(in) – A(out)		
A(in) – K(out)		
K(in) – A(out)		
K(in) – K(out)		

Technik

Merkstrategien

Ein gut funktionierendes Erinnerungsvermögen baut auf zwei Faktoren auf: Die gespeicherte Information muss

1. auf Abruf und
2. über einen langen Zeitraum wieder auffindbar sein.

Beiden Faktoren können durch folgende Vorgehensweise gewährleistet werden:

- Der auslösende Moment für das Erinnern der Information muss im „richtigen" Repräsentations-System verkoppelt werden, und
- die Information selbst sollte möglichst in allen drei Hauptrepräsentations-Systemen gleichzeitig verankert werden.

Dieses Prinzip wird im Folgenden anhand einer Merkstrategie für Telefonnummern verdeutlicht.

1. **Lege fest, an welchen Reiz die Information geankert werden soll.**
   Zu Beginn legt A fest, in welchem Repräsentations-System und an welchen Reiz genau das Erinnern der Telefonnummer verankert werden soll. Der schnellste Zugang wird hier in der Regel über den auditiv-inneren Dialog hergestellt. Beispielsweise über die Worte:
   Telefonnummer von ... (Name der betreffenden Person).

2. **Wie soll die Information selbst kinästhetisch, visuell und auditiv verankert werden?**
   Beispiel für visuell:
   Im Inneren die Wahltastatur eines Telefons sehen, ev. geometrische Figur auf dieser Tastatur sehen, welche die Ziffernfolge darstellt.
   Beispiel für auditiv:
   Hören der Ziffernreihenfolge im Inneren, mit einer angenehmen Stimme gesprochen.
   Beispiel für kinästhetisch:
   Fühlen der geometrischen Bewegung, die die Finger ausführen müssen, wenn die Telefonnummer gewählt wird.

3. **Installieren der Strategie.**
   Die folgende Vorgehensweise sollte so oft durchlaufen werden, bis die Telefonnummer leicht und ohne Anstrengung erinnert werden kann, mindesten aber 5 Mal.
   a. A hört im Inneren die Wortsequenz: Telefonnr. von ...
   b. Dann stellt er sich die Tastatur vor und sieht, welche Ziffern in welcher Reihenfolge gedrückt werden, während er fühlt, welche Bewegungen die Finger ausführen, und dabei hört, welche Zahl gerade gewählt wird.
   c. Kurzer Separator.

Das Installieren der Strategie ist erfolgreich abgeschlossen, wenn A die Telefonnummer erinnert, er die Worte „Telefonnummer von ..." im Inneren hört.

Augenzugangshinweise

Um die Grundidee der *Augenzugangshinweise* zu verstehen, ist es das Beste, sich an eine sehr alltägliche Beobachtung zu erinnern. Obwohl sie so alltäglich ist, wurde diese Beobachtung sowohl in der Wissenschaft als auch in der Therapie lange Zeit nicht ernst genug genommen – z.B. beobachten wir die Augenbewegungen anderer Menschen, können wir sehr leicht zwei verschiedene Arten von Augenbewegungen unterscheiden:

- **Solche, die etwas mit der Orientierung auf die Außenwelt zu tun haben, und**
- **solche, die sich offensichtlich nicht auf die Orientierung auf die Außenwelt beziehen.**

Hierzu ein Beispiel: Jemand hört rechts von sich ein ungewöhnliches Geräusch, und seine Augen bewegen sich nach rechts, weil er nachsehen möchte, was dort los ist. Oder wir sehen, wie sich die Augen beim Lesen von links nach rechts bewegen und Wort für Wort und Zeile für Zeile abtasten.

Ganz anders, wenn wir zum Beispiel jemanden danach fragen, welche Augenfarbe seine erste Freundin hatte. Die Person schaut nach oben links und antwortet dann: grün. Klar ist, dass seine Freundin oder besser gesagt deren Augen nicht oben links im Äußeren zu sehen sind. Offensichtlich musste sich der Befragte an die Augen der ersten Freundin erinnern, und während er das tat, gingen seine Augen nach oben links. Fragt man die Person, was im Inneren beim Erinnern genau passiert ist, bekommt man z.B. folgende Antwort: „Ich habe mich an das Gesicht meiner Freundin erinnert und sah dann, dass die Augen meiner Freundin grün sind." Ein anderes Beispiel hierfür wäre: „Wie fühlt es sich an, wenn du in der Sonne liegst, mit geschlossenen Augen, und die Hitze auf deiner Haut spürst?" Wir sehen hier eventuell folgende Augenbewegungsfolge: oben rechts (V^k), unten rechts (K), und bekommen auf die Frage, was er im Inneren gemacht hat, folgende Antwort: „Als Erstes sah ich mich von außen, wie ich am Strand von Tunesien in der Sonne lag, und dann bekam ich dazu ein Körpergefühl." Hier bestand die Erinnerung offensichtlich aus zwei Teilen, erstens aus einer konstruierten-visuellen Erinnerung und 2. aus der kinästhetischen Erinnerung. Das heißt, um die Erinnerung zu bekommen, nach der gefragt wurde, ging der Befragte zuerst in ein anderes Rep.-System als das, in dem die eigentliche Information zu finden ist.

Die naheliegendste Frage ist nun die, ob es einen systematischen Zusammenhang zwischen den verschiedenen Erinnerungsprozessen und den entsprechenden Augenbewegungen gibt. Um diese Frage zu beantworten, kann man als erstes die gleiche Person nach unterschiedlichen visuellen Erinnerungen fragen und beobachten, ob sie jedes Mal nach oben links schaut. Des Weiteren kann man unterschiedlichen Menschen diese Frage stellen, um festzustellen, ob diese auch nach oben links schauen. Und drittens kann man Personen bitten,

Zur Notation der Augenzugangshinweise werden folgende Kürzel verwendet:

V = visuell
A = auditiv
K = kinästhetisch
O = olfaktorisch
G = gustatorisch
e = erinnert
k = konstruiert
iD = intern-digital

absichtlich diese Augenbewegungen nach oben links zu vermeiden, während sie sich eine visuelle Erinnerung zugänglich machen, um festzustellen, ob dies überhaupt möglich ist.

Bandler und Grinder sind diesen Fragen nachgegangen und haben dabei das Konzept der Augenzugangshinweise entdeckt. Bei diesen Befragungen entstand folgendes Modell:

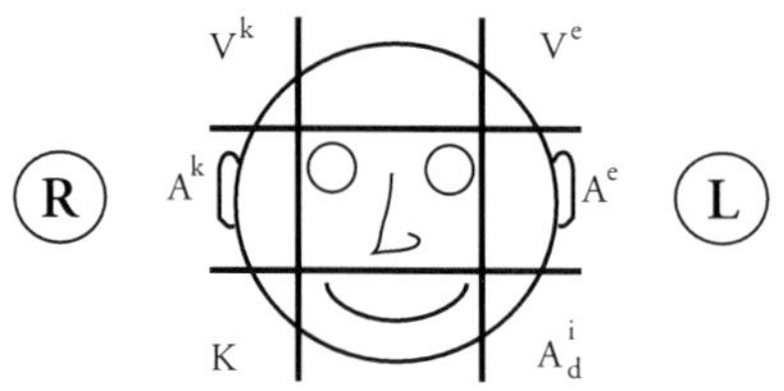

Prac. Gesicht AZH

Dieses Modell gilt in dieser Form nur für Rechtshänder, bei Linkshändern ist meist das ganze Modell seitenverkehrt, manchmal allerdings auch nur Teile davon. Dieses Modell gilt in seiner strengen Form allerdings auch unabhängig davon nur als Annäherung. Das heißt, es gilt meistens, aber nicht immer bzw. immer zu hundert Prozent.

Mittlerweile liefert auch die Neurophysiologie einige Hinweise dafür, dass es einen notwendigen Zusammenhang zwischen dem Wechsel der Aktivität in bestimmten Gehirnzentren und den Augenbewegungen gibt:

Die Augen als Teil des Gehirns reagieren auf den Wechsel von einem Rep.-System zum anderen bzw. sind notwendiger Bestandteil dieses Wechsels.

Wie du in einem kleinen Experiment leicht selbst beobachten kannst, führt das absichtliche Starrhalten der Augen dazu, dass bestimmte mentale Prozesse wie Erinnerung oder Konstruktionen verhindert werden können.

Beobachten wir also in einem Gespräch die Augenbewegungen des Gegenübers, brauchen wir als Erstes Kriterien, die uns sagen, wann eine Augenbewegung als Ausdruck einer Orientierung im Raum zu verstehen ist und wann sie Ausdruck eines mentalen Prozesses ist. Im Kontext eines Gespräches lässt sich dies im Regelfall mit ein wenig Übung leicht unterscheiden.

Wofür ist es nützlich, diese mentalen Prozesse des Wechselns von einem Repräsentations-System zum anderen zu erkennen? Um einem weitverbreiteten Missverständnis hier gleich vorzugreifen: Die Augenbewegungen zu lesen bedeutet nicht, zu wissen, was der andere denkt, sondern es ermöglicht uns zu wissen, wie der andere seine Denkprozesse bezüglich der Rep.-Systeme organisiert.

Wenn beispielsweise jemand sagt: „Die Situation mit meinem Chef belastet mich sehr" und dabei erst nach oben links und dann nach unten rechts schaut, liegt die Vermutung nahe, dass er sich als Erstes visuell an eine bestimmte Situation erinnert, um dann dazu ein belastendes Körpergefühl zu entwickeln. Schaut er aber mehr nach Mitte links oder unten links und dann nach unten rechts, scheint die Belastung eher mit dem zu tun zu haben, was sein Chef zu ihm gesagt hat oder wie ein bestimmtes Gespräch zwischen ihnen gelaufen ist. Das heißt, das Beobachten der Augenzugangshinweise gibt uns als Erstes Aufschluss darüber, welche Rep.-

Systeme jemand in welcher Sequenz benutzt, um ein bestimmtes Erlebnis zu repräsentieren bzw. zu einer bestimmten Entscheidung zu kommen. Daraus ergeben sich im Wesentlichen vier praktische Möglichkeiten für den Anwender:

1. **Er kann in seiner Antwort diese Sequenz verbal pacen.**

Beispielsweise, um die Entscheidungsstrategie eines Gesprächspartners zu pacen. Um zu wissen, wie eine gut funktionierende Entscheidungsstrategie bei jemand anderem bezüglich der Rep.-System-Sequenz organisiert ist, fragt man ihn am einfachsten, wie er sich entschieden hat, etwas Bestimmtes zu kaufen, mit dem er heute noch zufrieden ist.
Die Antwort könnte z.B. lauten: „Ich habe es gesehen und dachte sofort: Wow!, das gefällt mir, dann habe ich mich gefragt: kann ich mir das leisten und brauche ich das wirklich, und als ich beide Fragen mit ja beantwortet habe, war für mich ganz klar, das muss ich haben." Die Augenbewegungssequenz dazu könnte wie folgt aussehen: Defokussierter Blick nach vorne, unten rechts, unten links, unten rechts. Der erste Teil der Sequenz „defokussierter Blick nach vorne" ist auch ein Zugangshinsweis für visuell-erinnert, der zweite für das Wow!-Gefühl, der dritte für das Abgleichen mit Kriterien im inneren Dialog und der vierte für den Handlungsimpuls zu kaufen. Um eine solche Strategie zu pacen, könnte man etwa sagen: „Und wenn du dir jetzt als Erstes das Design des neuen Computers von Apple anschaust, die Farben, den neuen Translucent-Look, wie geht's dir dabei?" Nehmen wir an, der potenzielle Käufer antwortet: „Wow, sieht echt stark aus", könnten wir als Nächstes zu ihm sagen: „Und wenn du dich jetzt fragst, ob es nicht langsam Zeit wird, einen neuen Computer anzuschaffen, und dir außerdem klar machst, dass dieser Apple zu ersten Mal in der Preisregion eines PCs liegt dann, denke ich, gibt es nur noch eins: her damit, oder?"
Durch das Pacen der natürlichen Entscheidungsstrategie des anderen ist gewährleistet, dass man die Argumente in einer Reihenfolge vorträgt, die der gewohnten Reihenfolge des Gegenübers entspricht. Dies erleichtert es ihm, die Argumente überhaupt zu würdigen, und minimiert Störgefühle.
Um das zu testen, könnt ihr in einer kleinen Übung erst eine Strategie pacen, um sie dann nochmals rückwärts vorzutragen. Beispiel: „Dieser Apple-Computer liegt zum ersten Mal in der Preiskategorie eines PCs, und ich denke, dein alter PC ist sowieso nicht mehr auf dem neuesten Stand, und außerdem vermute ich, dass dir das neue Translucent-Design wahrscheinlich besser gefallen wird als deine jetzige graue Kiste."
Bei dieser Argumentation sind alle Argumente vorhanden, die der andere braucht, allerdings in umgekehrter Reihenfolge. Ihr werdet höchstwahrscheinlich als Rückmeldung bekommen, dass der andere dieser Argumentation durchaus folgen konnte, sie ihn aber entweder nicht besonders angesprochen hat oder aber, was noch schlimmer wäre, er sich schon beim ersten Argument innerlich ausklinkte, da für ihn die Initialzündung, es überhaupt in Erwägung zu ziehen, sich diesen Computer zu kaufen (nämlich: sich ästhetisch angesprochen zu fühlen) fehlte.

2. **Er pacet die Sequenz, um bei Bedarf zu einem Lead überzugehen, indem er ein zusätzliches Repräsentations-System einführt, sodass die Komplexität der inneren Repräsentation erhöht wird.**

Beispiel – der Klient sagt: „Die Situation mit meinem Chef belastet mich sehr", dabei schaut er nach oben links und dann nach unten rechts. Der Coach antwortet: „Ich verstehe, wenn Sie sich bestimmte Situationen mit ihrem Chef vorstellen bzw. erinnern, erleben Sie ein unangenehmes Körpergefühl. Vielleicht wäre es nützlich, sich zu fragen, was an dem, was Ihr Chef tat oder nicht tat, für Sie zur Belastung geführt hat." Der Coach verhindert durch das Einfügen des auditiv-digitalen Rep.-Systems, dass der Klient in seiner visuell-kinästhetischen Schleife hängen bleibt. Oder ein anderes Beispiel: Ein Klient sagt: „Ich frage mich seit Monaten, wie es in meiner Beziehung weitergehen soll, und werde immer deprimierter." Während dieses Satzes schaut der Klient ständig von unten links nach unten recht und wieder zurück. Dieser sogenannte Depressions-Loop – innerer Dialog, K- und zurück – könnte z.B. wie folgt unterbrochen werden. Therapeut: „Ich verstehe, Sie versuchen, sich darüber klar zu werden, was in Ihrer Beziehung passiert, indem Sie mit sich reden, sich Gedanken machen und die Situation analysieren, und dies hat Sie bis jetzt nicht wirklich weitergebracht, und deshalb möchte ich Sie jetzt bitten, sich vorzustellen, Sie wären wie eine schwebende Kamera im Raum, die Sie und Ihre Freundin im Raum beobachtet, während Sie eine Ihrer typischen problematischen Interaktionen haben." Durch das Leaden in visuell-konstruiert wird nicht nur ein neues Rep.-System und damit eine neue Perspektive eingeführt, sondern gleichzeitig entsteht eine Dissoziation, sodass die kinästhetische Komponente an Bedeutung verliert.

3. **Eine weitere nützliche Anwendung der Augenzugangshinweise besteht darin, vorbewusste Informationen zugänglich zu machen.**

Beispiel: Ein Mitarbeiter klagt über ein diffuses Unbehagen, wenn er Kunden anrufen soll, die eine Reklamation haben. Auf die Frage, was er befürchtet, gehen seine Augen ganz kurz nach Mitte rechts, dann nach Mitte links, dann nach unten rechts, und er antwortet: „Ich weiß auch nicht, es ist einfach nur ein sehr unangenehmes Gefühl." Die Augenbewegungssequenz zeigt uns A^k, A^e, K. Die Antwort bezieht sich ausschließlich auf den kinästhetischen Bereich. Daraus können wir schließen, dass dem Mitarbeiter die Erlebnisinhalte von A^k und A^e vorbewusst sind. Da wir nun aber wissen, dass ein diffuses Unbehagen offensichtlich mit einer auditiven Konstruktion und einer auditiven Erinnerung zusammenhängt, können wir ihm eine Frage stellen, die ihn auf diese beiden Systeme fokussiert, um ihn so zu unterstützen, sich den Grund seines Unbehagens ins Bewusstsein zu holen. Beispielsweise Coach: „Könnte es sein, dass Sie sich vorstellen, wie Ihr Gesprächspartner Sie anbrüllt oder etwas Unangenehmes zu Ihnen sagt, oder ist es eher so, dass Sie sich an etwas erinnern, das in einem ähnlichen Gespräch zu Ihnen gesagt wurde, bei dem Sie sich sehr unbehaglich gefühlt haben?" Dies veranlasst den Befragten, mit seiner Aufmerksamkeit in die jeweiligen auditiven Erinnerungen bzw. Konstruktionen mit mehr Aufmerksamkeit und Bewusstheit hineinzugehen. Das Gleiche gilt natürlich auch für belastende visuelle Erinnerungen. Oft ist es so, dass wir zwar die kinästhetischen Auswirkungen von Erinnerungen und Konstruktionen sehr deutlich spüren, aber deren eigentlichen Grund nicht bewusst wahrnehmen. In all diesen Fällen kann man sagen, dass der Beobachter von außen mehr über den Prozess weiß als die Person, in der der Prozess abläuft. Dieses zusätzliche Wissen kann genutzt werden, um den anderen zu unterstützen, Klarheit zu bekommen und neue Möglichkeiten für sich zu entdecken.

4. **Er führt einen Gesprächspartner systematisch durch die verschiedenen Rep.-Systeme in unterschiedlicher Reihenfolge (Eye-Movement-Integrator) und lässt ihn dabei seine neuen Einsichten, Eindrücke und Erlebnisse über den jeweiligen Sachverhalt neu formulieren.**

Diese Technik nutzt die Idee Batesons, dass Weisheit nur durch multiple Beschreibungen ein und desselben Sachverhaltes entsteht. Dadurch wird erlebbar, dass sich ein Sachverhalt aus unterschiedlichen Perspektiven immer wieder anders darstellt und auch seine Bedeutung für uns und damit unsere erlebnismäßige Reaktion auf ihn sich verändert. Diese Möglichkeit, die Bedeutung einer Situation zu verändern, wird Reframing genannt. Und wir werden uns später mit diesem Konzept noch ausführlicher beschäftigen. An dieser Stelle kann zumindest so viel gesagt werden, dass Menschen die Art von Lebewesen sind, die die Möglichkeit haben, an ihrer eigenen Bedeutungsgebung zu erkranken und zu gesunden. Ein allgemeines Ziel des NLP besteht darin, Menschen darin zu unterstützen, in Situationen, in denen sie sich als festgefahren erleben, neue Möglichkeiten zu erleben. Eine Situation in unterschiedlichen Rep.-Systemen wahrzunehmen sowie die Sequenz, durch die wir während eines Erlebnisses gehen, zu verändern ist eine konkrete Möglichkeit, die Prozessstruktur des Erlebens zu verändern, ohne sich mit dem Inhalt beschäftigen zu müssen. Oft reicht das schon aus, damit der Klient aus einer eingefahrenen Erlebnisweise herauskommt, neue Möglichkeiten für sich entdeckt und dadurch wieder handlungsfähig wird.

Als kleiner Exkurs sei hier darauf hingewiesen, dass auch außerhalb des NLPs sich in den letzten Jahren die Bedeutung der Augenbewegungen mehr und mehr durchsetzt. Besonders sei hier auf das EMDR (Eye Movement Desensitization and Reprocessing) hingewiesen, welches sich besonders gut für die Bearbeitung des sogenannten Posttraumatischen Stresssyndroms eignet.

Neben den vier hier genannten Anwendungsmöglichkeiten spielen Augenzugangshinweise auch bei komplexerer *Strategie*-Arbeit eine wichtige Rolle. Beim Modellieren von Spitzenleistungen geht es neben vielem anderen natürlich darum, festzustellen, welche Strategie der Experte für sein Vorgehen nutzt. Die Beobachtung seiner Augenzugangshinweise, während er ein Vorgehen beschreibt, ermöglicht es oft, vorbewusste Zwischenschritte wahrzunehmen und entsprechend zu erfragen. Anders gesagt, ein Experte gibt uns selten eine komplette Beschreibung dessen, was er im Inneren tatsächlich tut. Einfach deshalb, weil ihm viele Schritte selbst nicht bewusst sind. Diese vorbewussten Zwischenschritte zeigen sich allerdings bei genauer Beobachtung an den Augenbewegungen. Nehmen wir auf diese Bezug und fragen ihn z.B.: „Hattest du, bevor du das und das gefragt hast, ein Bild?", weil wir gesehen haben, dass die Augen kurz nach oben gingen. Dann ist es häufig so, dass der Befrage sagt: „Stimmt, kurz vorher habe ich mich an einen Klienten mit einem ähnlichen Symptom erinnert." Mit diesem Anwendungsbereich für Augenzugangshinweise werden wir uns im Master ausführlich beschäftigen.

Leadsystem

Das Konzept der Augenzugangshinweise stellte sich allerdings als nicht ganz so einfach heraus, wie man auf den ersten Blick denken könnte. Bei einigen Menschen konnten Bandler und Grinder beobachten, dass, egal welche Frage sie stellten, die Augen der Probanden als Erstes nach unten links gingen und dann nach oben links oder irgendwo anders hin. Bandler und Grinder fragten ihre Versuchspersonen daraufhin, was sie eigentlich im Inneren machten, während sie nach unten links schauten. Die Antwort war entweder: a) ich wiederhole die Frage für mich selbst im Inneren, oder b) ich erinnere mich an ein Gespräch, dass ich bezüglich dieser Frage mit jemandem hatte. Diese Beobachtung führte Bandler und Grinder dazu, den Begriff des *Leadsystems* einzuführen. Das Leadsystem ist das System, in das Menschen im Regelfall als Allererstes gehen, um von da aus das System anzusteuern, in dem die Erfahrung gespeichert ist bzw. erst produziert werden soll. Allerdings nutzt nicht jede Person ein Leadsystem. Ob ein Leadsystem vorhanden ist, hängt davon ab, ob ein Mensch die Repräsentations-Systeme direkt ansteuern kann oder ob er einen Umweg über ein gut entwickeltes System nehmen muß. Beispielsweise kommt es vor, dass eine Person mit den Augen nach oben links in den visuell-erinnerten Bereich geht, wenn man sagt: Ich habe da mal eine Frage! Ohne zu wissen, was der Inhalt der Frage sein wird, gehen die Augen schon mal in „Arbeitsstellung". Ein Leadsystem ist daran zu erkennen, dass ein Mensch bei jeglichem Informationsgewinnungsprozess zuerst ein bestimmtes Rep.-System mit den Augen ansteuert, gleichgültig, ob man fragt, wie der Klang der Stimme der Mutter ist oder wie sich warmer Sand unter den Füßen anfühlt.

Für unsere Belange im Practitioner ist die Unterscheidung der Augenbewegungen in Primäres Rep.-System und Leadsystem weniger wichtig. Interessant wird dieser Aspekt erst beim Elizitieren von komplexen Strategien im Master-Practitioner.

Synästhesien

Wenn eine direkte Verbindung zwischen mindestens zwei Rep.-Systemen entsteht und der innere Erlebnisprozess infolge davon in mehreren

Rep.-Systemen gleichzeitig stattfindet, spricht man von einer Synästhesie. Eine Synästhesie zeichnet sich dadurch aus, dass eine Veränderung in einem System zu Veränderungen in dem oder den anderen beteiligten Rep.-Systemen führt.

Ein anschauliches Beispiel hierfür sind die Reaktionen aus der Übung „Weg mit dem Angstgegner". Hier findet man folgende Synästhesie vor: visuell – kinästhetisch. Wenn man nun beginnt, das Visuelle zu verändern, indem das Bild kleiner gemacht wird, schwarzweiß, weiter weg, verändert sich automatisch das Gefühl mit.

Eine Synästhesie ist daran zu erkennen, dass die Augenbewegungen und die Prozessworte, die der Beobachtete während der Augenbewegungen benutzt, auf unterschiedliche Rep.-Systeme hinweisen. Beispielsweise sieht jemand nach oben links und sagt: „Das fühlt sich aber gar nicht gut an." Oder eine Person ist mit den Augen rechts unten und sagt: „Das klingt gut."

Synästhesien können oftmals auch am Sprachgebrauch der betreffenden Person wahrgenommen werden. An Formulierungen wie: warme Töne, schrille Farben, nüchtere Überlegungen, blendendes Gefühl, sanfte Stimme usw.

Referenzsystem

Das *Referenzsystem* ist das Rep.-System, mit dem ein Mensch überprüft, ob die gewonnene Information richtig ist. Wenn man eine Person beispielsweise das Wort „Kirchturm" buchstabieren lässt und dann nachfragt, woher sie weiß, dass das richtig ist, werden die Augen zu dem Rep.-System gehen, in dem eine solche Überprüfung stattfindet.

Exkurs

Gegenargumente gegen AZH

Es gab einige Studien von Psychologen, die untersuchen sollten, ob es tatsächlich AZH (Augenzugangshinweise) gibt oder nicht. Einige dieser Studien haben ergeben, dass es so etwas wie AZH gar nicht gibt. Diese Studien enthalten einige systematische Untersuchungsfehler und sind insofern für unsere Arbeit nicht weiter wichtig, da sie Dinge widerlegt haben, die so gar nicht behauptet worden sind. Im Folgenden möchten wir auf viele Details der Theorie über AZH eingehen, die wichtig sind, um mit dieser Theorie kompetent umgehen zu können; dabei werden wir auch auf die wesentlichen „Gegenargumente" der oben genannten Studien eingehen. Eine sehr wichtige Beobachtung, die man beim Befragen von Menschen machen kann, ist die, dass man jemandem eine Frage stellt, die ein bestimmtes Repräsentations-System erfordert, ohne dass der Gefragte daraufhin tatsächlich in das entsprechende Repräsentations-System geht.

Beispiel: „Erinnere dich an den Klang der Stimme deiner Mutter." Der Gefragte geht in V^k und nicht, wie zu erwarten, in A^e. Diese Beobachtungstatsache wird häufig als Gegenargument gegen die AZH angeführt. Hier wird aber etwas widerlegt, was so von der Theorie gar nicht behauptet wird. Die Theorie sagt nichts aus über den Zusammenhang zwischen Repräsentations-System in der Frage und Repräsentations-System, das der Gefragte als erstes ansteuert. Die Theorie sagt etwas darüber aus, was jemand im Inneren macht, wenn er nach oben links oder nach unten rechts usw. schaut. Die Gründe, warum Menschen das Repräsentations-System nicht direkt ansteuern, nach dem in der Frage gefragt worden ist, sind vielfältig:

1. Das Leadsystem ist ein anderes als das Repräsentations-System, nach dem gefragt worden ist. D.h., viele Menschen können sich z. B. eine auditiv-erinnerte Information nicht direkt zugänglich machen, sondern brauchen erst ein inneres Bild, bevor sie die dazugehörige Stimme erinnern können. Diese Menschen hätten dann folgende Folge von AZH: V^k -> A^e.

2. Jemand kann auch auf eine Frage nach A^e auch mit einer Synästhesie V^k/->A^e antworten, jedoch so, dass der visuelle Zugang nur von außen zu sehen ist. D.h., um zu wissen, was jemand im Inneren macht, reichen die AZH nicht immer aus, aber auch das behauptet die Theorie nicht.

3. Wenn jemand nach einer visuellen Erinnerung gefragt wird, dann geht er vielleicht in den visuell-konstruierten Bereich. Dies bedeutet nicht unbedingt, dass diese Menschen lügen, sondern es handelt sich entweder um eine dissoziierte Erinnerung oder um eine Gestalt-Erinnerung.

Dissoziierte Erinnerung: Unter einer dissoziierten Erinnerung versteht man eine Erinnerung, bei der man sich selbst von außen sieht, so als ob man einen Film sieht, der in der Situation von einem gemacht worden ist. Diese Art der Erinnerung führt dazu, dass die kinästhetischen Informationen, die mit dieser Erinnerung zusammenhängen, nicht mehr wahrgenommen werden. Insofern ist diese Art der Erinnerung vorteilhaft, um über unangenehme Erinnerungen nachzudenken. Dagegen ist für einen depressiven Zustand der

Exkurs

Loop K-> A^{id} typisch. Bei dieser Art der Erinnerung ist es nicht sinnvoll, die Übung „Anker verschmelzen" zu probieren, da dabei nicht die Gefühle und Körperempfindungen zu ankern sind, um die es uns bei dieser Übung geht. Es wäre dann notwendig, den Klienten zuerst durch Fragen in einen assoziierten Zustand zu bringen.

Gestalt-Erinnerung: Eine Gestalt-Erinnerung ist eine solche, bei der sehr viele Erinnerungen an die gleiche Sache zu einer Gestalt zusammengefasst worden sind. z. B. erinnern Menschen das Gesicht eines sehr vertrauten Menschen häufig als Gestalt. D.h., sie erinnern sich nicht an eine konkrete Situation, in der sie die Person gesehen haben, sondern sie synthetisieren aus sehr vielen Situationen ein prototypisches Bild, eine Gestalt. Typisch für Gestalt-Wahrnehmung ist auch, dass das Objekt vor einem monochromen Hintergrund gesehen wird, sozusagen außerhalb jedes konkreten Kontextes. Dies ist auch typisch für die Vorstellung von Klassennamen. Soll z. B. jemand an „Baum" denken, dann kann diese Person einen konkreten Baum als Stellvertreter für Baum wählen, aber dann gibt es auch einen konkreten Hintergrund, in dem dieser konkrete Baum tatsächlich steht. Der abstrakte Begriff „Baum" allerdings hat keinen konkreten Hintergrund.

4. Ein anderer Grund, warum es häufig nicht so einfach ist, die AZH zu erkennen, besteht darin, dass einige Menschen vorwiegend defokussieren, wenn sie visuell erinnern oder konstruieren. Dies ist aber auch ein Zugangshinweis, allerdings einer, bei dem man nur weiß, dass der andere etwas sieht – wir können nicht wissen, ob es sich um ein konstruiertes oder erinnertes Bild handelt. Der Grund, warum wir defokussieren (den Blick auf unendlich einstellen, Sehachsen parallel), wenn wir einen visuellen Zugang haben, besteht unter anderem darin, dass wir die äußeren Eindrücke dadurch undeutlich werden lassen, um die inneren Bilder besser wahrnehmen zu können; z. B. beim Tagtraum. Um die inneren Bilder und Filme besser wahrnehmen zu können, sehen viele Menschen auch auf den Fußboden bzw. auf eine glatte Wand. Vor diesem Hintergrund sind die inneren Bilder dann deutlicher wahrzunehmen. Des Weiteren haben die inneren Bilder auch einen bestimmten natürlichen Abstand. Daraus folgt, dass nur ganz bestimmte Menschen in der Lage sind, ihren Gesprächspartner bei der Unterhaltung unentwegt anzusehen. Dies sind die Menschen, die ihre Bilder ca. 20-30 cm vor sich sehen. Diese Menschen können ihre inneren Bilder sozusagen zwischen sich und ihren Gesprächspartner schieben, und sie verändern nur unmerklich den Fokus, wenn sie ihr inneres Bild oder das Gesicht ihres Gegenübers anschauen.

5. Des Weiteren wurde bei den erwähnten Untersuchungen nicht immer klar unterschieden zwischen den Augenbewegungen, die sich nach außen orientieren, und denen, die sich auf einen inneren Suchprozess beziehen.

6. Häufig sieht man auch, dass Menschen, egal, was man sie fragt, immer zuerst in ein und dasselbe Repräsentations-System gehen. z. B. beginnen viele Menschen immer mit A^{id}. Dies ist häufig nichts anderes als die Wiederholung der Frage. Oder

Exkurs

jemand beginnt immer mit V^k, da sein Leadsystem visuell-konstruiert ist.

Forschungen über Augenbewegungen
Bandler und Grinder waren nicht die einzigen, die sich mit Augenbewegungen (AB) beschäftigt haben. Gerade die Split-Brain-Forschung führte dazu, dass untersucht wurde, welche Hemisphäre was kontrolliert. Einige der Untersuchungen beschäftigten sich auch mit den AB. Eine der ersten Studien über AB war ein Artikel von M. Day (An Eye Movement Phenomenon Relating to Attention, Thoughts, and Anxiety), der 1964 in „Perceptual Motor Skills" veröffentlicht wurde. Day stellte fest, dass Menschen schon ab dem dritten Lebensjahr charakteristische AB-Muster bei unterschiedlichen Fragen zeigen. Im „Journal of Psychology" veröffentlichte J. Duke 1968 einen Artikel mit dem Titel „Lateral Eye Movement Behavior". In diesem Artikel beschrieb er, dass Menschen deutlichere AB bei der Beantwortung von reflective questions (Fragen, über die der Beantworter nachdenken muss) gaben als bei der Beantwortung von factual questions (Fragen, die sich auf einen Tatbestand bezogen und wenig Reflexion erforderten). Diesen Studien folgten zwei weitere Artikel: 1972 K. Kocels „Lateral Eye Movements and Cognitive Mode" in „Psychon Sci" und M. Kinsbournes Artikel „Eye and Head Turning Indicates Cerebral Lateralization" in „Science". Kinsbourne wiederholte Dekes Studie, indem er Testpersonen verbale, numerische und räumliche Fragen stellte. Er fand heraus, dass Rechtshänder auf verbale Fragen mit mehr nach rechts gehenden AB und auf räumliche Fragen mehr mit nach links gehenden AB antworteten.

Weitere Studien über AB und Repräsentations-Systeme wurden am Langley Porter Neuropsychiatric Institute in San Francisco von Katherine Kocel, David Galin, Robert Ornstein und Edward L. Merrin Anfang der 70er Jahre vorgenommen. Einige der Resultate wurden 1974 von Ornstein und Galin in einem Artikel in Neuropsychologia Vol. 12 unter dem Titel „Individual Differences in Cognitive Styles – Reflective Eye Movements" veröffentlicht. Diese Resultate wurden in einer ähnlichen Studie an der Yale University durch die Psychologen Bonnie B. Meskin und Jerome L. Singer bestätigt.

In diesen Studien kam man zu dem Schluss, dass die AB mit der hemisphärischen Spezialisierung verbunden sind. AB nach links aktivieren die rechtshemisphärischen kognitiven Prozesse und umgekehrt. Die Forschungen über die speziellen Arbeitsweisen der linken und rechten Hemisphäre deuten darauf hin, dass die linke Hemisphäre eher auf sequenzielle, verbal-linguistische Fähigkeiten spezialisiert ist und die rechte eher gleichzeitige kognitive Prozesse und visuell-räumliche Fähigkeiten entwickelt. Nun gibt jedes Auge ja bekanntlich seine Informationen an beide Gehirnhälften, allerdings so, dass das Sehfeld auf der Retina geteilt ist, sodass die jeweils linke Seite jedes Sehfeldes an die rechte Hemisphäre überträgt und umgekehrt.

Woodsmall weist nun auf einige Ungereimtheiten hin, die sich zwischen dem Hemisphärenmodell und dem NLP-Modell ergeben.

Exkurs

Aus dem Gesagten ergibt sich, dass jemand die rechte Hemisphäre nutzt, wenn er sich visuell erinnert, sich auditiv-erinnert bzw. einen auditiv-digitalen Prozess ablaufen lässt. Die rechte Hemisphäre soll nun aber für simultane und parallele Verarbeitung und ganzheitliche Bild- und Musterverarbeitung zuständig sein. Diese Hemisphäre ist nichtrational (emotiv), intuitiv und metaphorisch und reagiert am stärksten auf visuelle und taktile Inputs.

Wenn jemand sich hingegen visuell konstruierte Bilder macht bzw. auditiv konstruiert oder sich kinästhetische Informationen zugänglich macht, soll er die linke Hemisphäre nutzen. Diese Hemisphäre ist logisch, rational und analytisch und reagiert am stärksten auf verbal-linguistischen Input. Dies scheint nun in der Tat nicht viel Sinn zu machen, da kinästhetisch sicherlich eher eine rechtshemisphärische Leistung ist und der innere Dialog eher eine linkshemisphärische Leistung darstellt. Das gleiche gilt für konstruierte Bilder oder Klänge.

Es sollte allerdings bemerkt werden, dass das Hemisphärenmodell für visuell-extern entwickelt wurde und dass das NLP-Modell sich mit interner Visualisierung beschäftigt. Woodsmall bemerkt dazu: „Perhaps the process somehow switches internally. Perhaps by flooding the opposite hemisphere with external input it is easier to gain access internally to the same hemisphere. In any case it is difficult to reconcile the brain lateralization model and the NLP model. More research in this area is definitely in order."

Nun ist es allerdings interessant, dass unabhängig von Bandler und Grinder Steven Devore zusammen mit R. Karl Pribram ein sehr ähnliches AB-Modell entwickelt hat. Steven Devore ist ein Psychologe, der sich auf Erziehungsfragen spezialisiert hat, und er ist Gründer und Präsident von SYBER VISION, dem größten Anbieter von Video-Bändern für die Verbesserung von sportlichen Leistungen in der Welt. Pribram von der Stanford University, Entwickler des holographischen Gehirnmodells, half Devore bei der Entwicklung seines Neuro-Muscular Programming.

Devores und Pribrams AB-Modell für Rechthänder wurde erstmals präsentiert in „Syber Vision Muscle Memory Programming for Every Sport" (1981) und „The Neuropsychology of Achievement Study Guide" (1982).

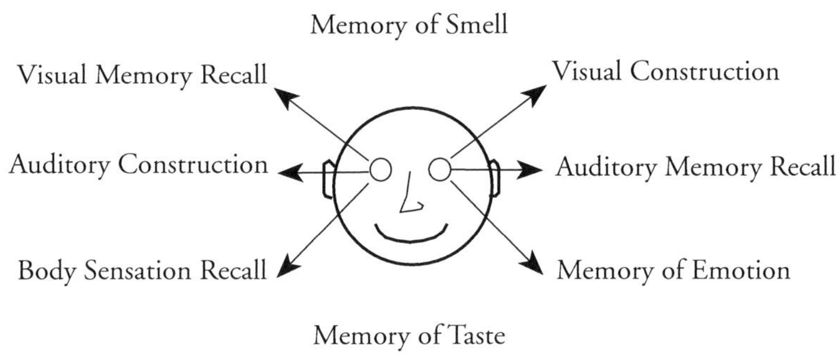

A central focus indicates a sensory synthesis

Für Linkshänder sieht das Modell wie folgt aus:

Exkurs

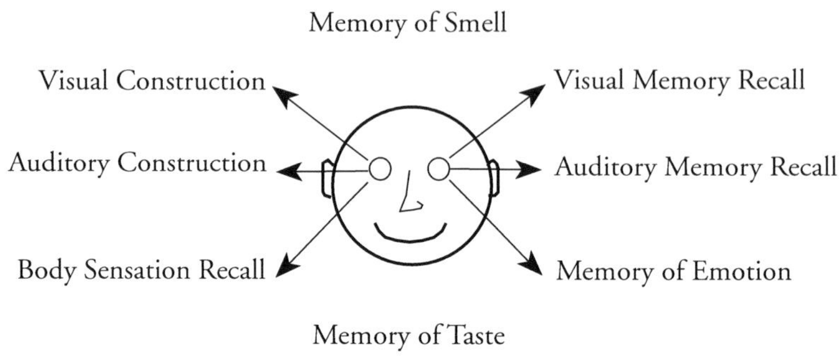

A central focus indicates a sensory synthesis

Wie man sehen kann, gibt es einige interessante Abweichungen vom NLP-Modell:

1. Devores Modell hat AZH für Geschmack und Geruch.
2. Devores Modell hat Erinnerung an Emotionen dort, wo im NLP-Modell die AZH für auditiv-digital angesiedelt sind.
3. Devores Modell hat body sensation recall anstatt Kinästhetik.
4. Devores Modell hat für den defokussierten Blick nach vorn sensory synthesis und nicht wie im NLP-Modell Visualisierung.
5. In Devores Modell für Linkshänder ist nur visuell-erinnert und visuell-konstruiert vertauscht. (Allerdings räumt Devore ein, dass einige Linkshänder auch im auditiven Bereich einen Wechsel vornehmen. Aber unabhängig davon bleibt er bei der Behauptung: „All other eye shift positions remain the same for both right- and left-handed people."
6. Devore nimmt für sich in Anspruch, die physiologische Grundlage für die „eye scanning patterns" entdeckt zu haben. Auf Seite 12-13 seiner Arbeit „The Neuropsychology of Achievement Study Guide" schreibt er:
„Besides being the organ of vision, research tells us that the eye acts as a mechanism to open up the channels into and out of the brain for the input and recall of sensory information. Certain patterns of eye movement have been found to beam electrical impulses to the brain. These impulses act as references that stimulate and unfold our holographically stored memory.
Scientists have discovered a basic and ancient mechanism in the depths of the brain that physiologically relates eye movements to sensory memory recall. Called the 'reticular formation', this dense bundle of nerves serves as a sensory filter for the brain, deciding which messages are significant enough to be sent to the conscious mind for attention.
The nerves that control eye movements, a set of three nerves (the oculomotor, the trochlear and the abducens) which we'll refer to simply as the oculomotor nerves, originate and derive from the reticular formation area. It is thought that whenever the eye is moved to a particular position, either instinctively or intentionally, the reticular formation is activated to send a beam or impulse to the brain to stimulate a particular sensory motor recall."

Exkurs

Da dieses Modell sehr interessant ist und in der Praxis Erfolge aufweisen kann, kann sicherlich mit Recht gesagt werden, dass es interessant und wichtig wäre, das Gebiet der AZH weiterhin einer genaueren empirischen Untersuchung auszusetzen.

Der kanadische Erziehungspsychologe und Certified NLP-Trainer Dr. Lloyd Flaro hat ebenfalls eine interessante Studie über AZH angefertigt. Dr. Flaro, Experte für lernbehinderte Kinder, hat einige interessante Entdeckungen gemacht, die er in seinem Buch „Mending Broken Children" darstellt. So hat er z. B. festgestellt, dass der AZH visuell-konstruiert auch gleichzeitig einen Zugang zum Kurzzeitgedächtnis darstellt. Wenn eine Person direkt in die Mitte nach oben schaut, dann ist sie oft dabei, sich visuell-motorische Prozesse vorzustellen. D.h., sie sieht die Bewegung und fühlt sie zur selben Zeit. Wenn jemand nach vorne schaut und visualisiert, dann ist mit dem Zusammenkneifen der Augen häufig der interne Dialog oder die Kinästhetik mit verbunden (Synästhesie).

Aus all dem wird sicherlich eines klar: AUGENBEWEGUNGEN SIND NICHT SO EINFACH, WIE SIE AUF DEN ERSTEN BLICK ERSCHEINEN !

Fragekatalog:

- Erinnere dich daran, wie deine Partnerin/dein Partner dich das letzte Mal auf eine wirklich unwiderstehliche Weise zu etwas überredet hat. Was hat letztendlich dazu geführt, dass du dich hast überzeugen lassen?

- Denke an eine Anschaffung, die du dir geleistet hast und über die du dich heute noch freust. Wie weißt du, dass du auch heute noch zufrieden mit diesem Kauf bist?

- Erinnere dich an den letzten Urlaub, den du sehr genossen hast. Was gab bei deiner Entscheidung, diesen Urlaub zu buchen, letztendlich den Ausschlag?

- Erinnere dich an ein wirklich gutes Essen in einem Restaurant. Wie hast du dieses Gericht aus der Speisekarte ausgewählt?

...

TECHNIK

EYE-MOVEMENT-INTEGRATOR

Die Augenbewegungs-Integrations-Übung ist eine Übung, die es uns ermöglicht, die verschiedenen Verbindungen zwischen den Rep.-Systemen zu trainieren. Um die Vielfalt an Strategien nutzen zu können, die uns Menschen zur Verfügung stehen, ist es nötig, dass wir leicht von jedem Rep.-System zu jedem anderen übergehen können. Und dass wir in der Lage sind, flüssig jede beliebige Folge von Rep.-Systemen anzusteuern. Dies ist bei den meisten Menschen nicht der Fall. Die meisten von uns haben bevorzugte Rep.-Systeme und bevorzugte Verbindungen zwischen ihnen, sodass wir verschiedene mögliche Verbindungen nur sehr selten oder gar nicht nutzen. Diese Tatsache kann man bei der folgenden Übung daran erkennen, dass die Augen beim Übergang von einem Rep.-System zum anderen entweder rucken oder einen Bogen beschreiben, statt in einer geraden Linie flüssig, leicht und schnell von einem Punkt zum anderen zu gehen.

Wenn man die sechs Hauptpunkte unserer Rep.-Systeme auf alle möglichen Arten verbindet, gibt es 15 verschiedene Wege. Die folgende Übung zielt darauf ab, jede dieser 15 Verbindungen gleich gut nutzen zu können. Die Augen werden darauf trainiert, von jedem Rep.-System zu jedem beliebigen anderen in einer geraden Linie, schnell und flüssig übergehen zu können.

1. **Vorbereitung:**
   B nimmt ein ca. 2 Meter langes farbiges Stück Schnur und hält es jeweils so, dass A mit seinen Augen die entsprechende Bewegungen von einem Punkt zum anderen machen kann. Wichtig ist hierbei, dass B die Schnur so hält, dass A jeweils den äußersten Winkel der Augen erreicht.

2. **Üben der einzelnen Bahnen:**
   A gleitet mit seinen Augen mehrere Male von einem Punkt der Verbindung zum anderen, so lange, bis er diese Bewegung leicht, flüssig und zügig durchführen kann. B achtet darauf, dass A in einer geraden Linie von einem Punkt zum anderen gleitet. Gegebenenfalls macht er A darauf aufmerksam, dass dieser einen Bogen macht, hüpft, hängen bleibt, ruckt usw.

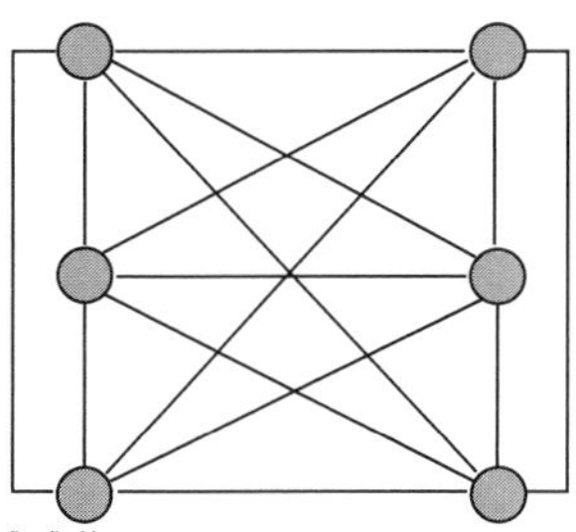

Prac. Eye-Movement

Auf diese Weise werden alle 15 Verbindungen, wie nebenstehend dargestellt, geübt. Wenn A bei einer oder mehreren Verbindungen sehr große Schwierigkeiten hat, dann sollte diese Verbindung erst einmal übersprungen werden, um dann zum Schluss nachdem alle anderen schon gemacht sind, nochmals in Angriff genommen zu werden.

MILTON-MODELL

Das Milton-Modell stellt eine Beschreibung der effektivsten hypnotischen Sprachmuster dar, wie sie von Milton Erickson benutzt wurden. Dieses Modell wurde von Bandler und Grinder in den 70er Jahren entwickelt. Gregory Bateson machte Bandler und Grinder auf Erickson aufmerksam. Nachdem Bandler und Grinder bereits Virginia Satir modelliert und auf dem Hintergrund dieser Arbeit das Meta-Modell der Sprache entwickelt hatten, meinte Gregory Bateson, dass es sicherlich lohnend wäre, die geradezu legendären hypnotischen Fähigkeiten von Milton Erickson zu modellieren.

Das Meta-Modell ist im Wesentlichen eine Frage-Technik. Sie erlaubt uns, die Rede des anderen so zu hinterfragen, dass wir die getilgten, generalisierten und verzerrten Informationen rückgewinnen. Insofern ist das Meta-Modell auf Konkretheit und Details hin orientiert. Das Milton-Modell kann insofern als das genaue Gegenteil des Meta-Modells betrachtet werden. Im Milton-Modell geht es darum, auf eine kunstvolle Weise vage und unbestimmt zu bleiben, die es uns aber trotzdem ermöglicht, den inneren Erlebens-Prozess zu steuern. Dies ist auch der Grund, warum diese hypnotischen Sprachmuster Prozessinstruktionen genannt werden.

Milton Erickson hat auf eine bis dahin ungewohnt komplexe Weise sprachliche Muster entwickelt, die es uns gestatten, mit der linken und rechten Gehirnhälfte unseres Gegenübers gleichzeitig zu kommunizieren, und zwar so, dass das Hauptaugenmerk unserer Kommunikation auf dem Kontakt mit dem Unbewussten des anderen liegt.

Eine der wesentlichen Voorannahmen von Milton Erickson, die ihn namentlich von der psychoanalytischen Tradition deutlich abhob, war die Vorannahme, dass das Unbewusste nicht etwa ein Hort von schrecklichen atavistischen und das Ich bedrohenden Energien ist, sondern ein Quell, aus dem sich der Lebensprozess jedes Menschen speist.

Und insofern war es für Milton Erickson in seiner Arbeit von entscheidender Bedeutung, ein freundschaftliches, kooperatives Verhältnis zum Unbewussten des anderen aufzubauen. Dies ist einer der Gründe, warum Giligan und andere Ericksons Ansatz kooperativ im Gegensatz zu autoritativ genannt haben. Milton war auch immer bemüht, seinen Klienten ein neues, kooperatives Verständnis zwischen ihrem Bewusstsein und ihrem Unbewussten beizubringen. Milton Erickson ging von der Vorannahme aus, dass Klienten Probleme haben aufgrund erlernter Beschränkungen. Diese Beschränkungen hindern sie daran, ihr eigenes Potenzial voll und ganz zu leben. Die therapeutische Trance stellt einen Rahmen zur Verfügung, in dem die gelernten Beschränkungen (Einstellungen, Glaubenssätze usw.) zeitweise aufgehoben sind, sodass der Klient neue Funktionsmuster ausprobieren und erlernen kann.

I'm wondering if you
fully realize yet
how soon you're going to
feel curious with an
ever increasing sense of
wanton anticipation
to discover your fine ability
to(o) learn with ease and
fun, won't you now?
Because you can, aren't
you?
Chris Hall

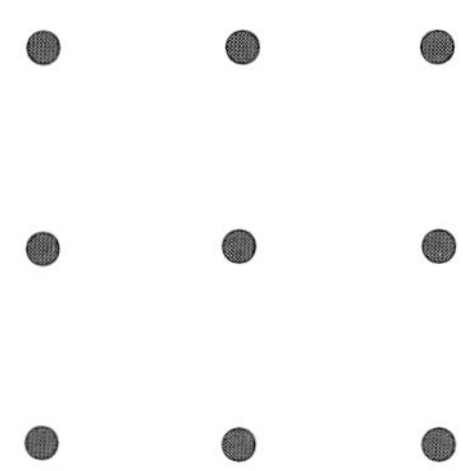

Verbinde die neun Punkte mit vier Geraden, ohne den Stift einmal abzusetzen.

710

7105

Lies die beiden Zeilen auf jede erdenkliche Art und Weise. Was kannst du außer zwei Zahlen noch herauslesen?

Kausale Modellierungsprozesse

Unter kausalen Modellierungsprozessen verstehen Bandler und Grinder Satzformen, in denen Ursache-Wirkungs-Beziehungen in schwacher oder starker Ausprägung behauptet werden. In unserem alltäglichen Weltverständnis behaupten wir ständig Ursache-Wirkungs-Beziehungen ohne dass wir sicher sein können, dass diese so überhaupt bestehen. So sagt eine Mutter z. B. zu ihrem Kind: „Du hast dich erkältet, **weil** du gestern ohne Jacke im Regen gespielt hast." Die Nachbarin könnte zu ihr sagen: „Mein Junge hat auch ohne Jacke im Regen gespielt und ist nicht erkältet und das liegt darin, dass er regelmäßig Vitamin C bekommt." Hat jetzt der Regen die Erkältung verursacht oder der Vitamin-C-Mangel? Wir könnten natürlich fast beliebig viele andere Ursachen anführen. Bandler spricht in diesem Zusammenhang auch von Jungle-Logik. In dem Moment, in dem jemand die Ursache-Wirkungs-Beziehung als gegeben akzeptiert, erfolgt daraus **zwangsläufig**, dass wenn die Ursache vorliegt, die Wirkung eintreten **muss**. Diese Wirkungsweise kausaler Modellierungsprozesse kann für die Tranceinduktion genutzt werden.

Konjunktionen

Gebrauch der Konnektive „und", „aber" (d. h. „und nicht"). Sie stellt die schwächste Form der Kopplung dar.

„Und während du meiner Stimme lauschst, kannst du dich mehr und mehr entspannen."

Einerseits impliziert der Satz in schwacher Form, dass das Zuhören die Entspannung **verursacht**, gleichzeitig schwächt das „kann" die Behauptung etwas ab – macht aus der Notwendigkeit eher eine Möglichkeit und verhindert dadurch einen möglichen Widerstand.

Implizierte Konjunktionen

Worte wie: während, sobald, bevor, nachdem …

„Während du ruhig ein- und ausatmest, kannst du tiefer und tiefer in Trance gehen."

Auch hier wird ein Ursache-Wirkungs-Zusammenhang zwischen dem Ein- und Ausatmen und dem In-Trance-Gehen behauptet. Natürlich kann man auch tief ein- und ausatmen ohne in Trance zu gehen. Andererseits führt ein bewusstes tiefes Ein- und Ausatmen tatsächlich zu einer Beruhigung, welche das In-Trance-Gehen erleichtert. Auch hier schwächst das „kannst du" die Notwendigkeit ab und eröffnet eher eine Möglichkeit. Je mehr solche Möglichkeiten angeboten werden, desto wahrscheinlicher wird es, dass eine von ihnen aufgegriffen wird.

Ursache-Wirkung

Worte wie: bewirken, machen, zwingen, voraussetzen, weil, wenn...dann ... Gebrauch von Prädikaten, die eine notwendige Verbindung zwischen verschiedenen Teilen der Erfahrung des Zuhörers behaupten.

„Das zunehmende Taubheitsgefühl in deiner Hand macht deine Tranceerfahrung tiefer."

Hier wird ein wesentlich zwingenderer Zusammenhang behauptet. Je stärker die Behauptung ist, desto vorsichtiger sollte man bei ihrer Benutzung sein. D. h. wir nutzen solche Formulierung lieber in einem späteren Stadium der Tranceinduktion und in Zusammenhängen, in denen wir vom Auftreten der Wirkung tatsächlich überzeugt sind.

Implizierte Ursache

Worte, die eine Begründung einleiten: weil ...

„Weil deine Augen so fest zu sind, dass du sie nicht mehr öffnen kannst, selbst wenn du wolltest, weißt du, dass dein Unbewusstes bereit ist, noch tiefer in Trance zu gehen."

Wenn – dann

„Wenn deine Hand sich wie von selbst höher und höher bewegt, kannst du gleichzeitig in der Zeit rückwärts reisen."

Ist diese Wenn-dann-Behauptung akzeptiert, dann wird der Klient eine Altersregression in dem Maße erfahren, wie sich seine Hand nach oben bewegt, was dem Therapeuten gleichzeitig als Hinweis darauf dienen kann, an welcher Stelle des inneren Prozesses der Klient sich gerade befindet.

Komplexe Äquivalenz

Komplexe Äquivalenz liegt vor, wenn zwei Erfahrungen synonym sind.

„Das Flattern deiner Augenlider bedeutet, dass du gleich in Trance gehen wirst."

Wenn dem Klienten diese behauptete Gleichwertigkeit einleuchtet bzw. sie für ihn glaubwürdig ist, dann **bewirkt** das zunehmende Flattern seiner Augenlider tatsächlich, dass er in Trance gehen wird.

Verlorenes Performativ

Viele Glaubenssätze, Weisheiten und Anstandsregeln werden als Verlorenes Performativ formuliert.

„Man kann genauso gut mit offenen Augen in Trance gehen."

Hier wird eine Behauptung in Form einer vermeintlich allgemeinen bekannten Tatsache behauptet. Glaubt der Klient diese Behauptung, wird es für ihn leichter, in Trance zu gehen, auch dann, wenn er aus irgendwelchen Gründen die Augen lieber nicht schließen möchte.

Modalverben

Worte wie: sollte nicht, sollte, muss, kann, will, würde, könnte ...

„Du musst meinen Worten nicht bewusst folgen, dein Unbewusstes kann das Gesagte in seiner eigenen Weise nutzen."

Hier wird die Möglichkeit eingeräumt, dass der Klient mit seiner Aufmerksamkeit abschweifen kann, gleichzeitig wird subtil suggeriert, dass er dies vielleicht sogar machen sollte.

In Zusammenhang mit „feststellen", „sich fragen", „neugierig sein" (Konversationspostulate) kann man innerhalb einer Aussage eine Frage stellen oder einen Befehl geben.

Universalquantoren

Worte wie: alle, immer, jeder, nie ... Universalquantoren sind Generalisierungen.

„Jede neue Tranceerfahrung macht es dir leichter, schnell und tief in Trance zu gehen."

Vorausgesetzt der Klient hat schon mehrere Male eine Trance erlebt, suggeriert dieser Satz, dass es diesmal schneller und tiefer gehen wird.

Transderivationale Suche

Unter transderivationaler Suche verstehen wir den Suchprozess, den jemand durchläuft, um einem Satz eine Bedeutung zu geben, die aufgrund der Oberflächenstruktur des Satzes, des bisher Gesagten und des Kontextes der Äußerung nicht ersichtlich ist. Da dieser Bedeutungsgebungsprozess subjektiv d. h. willkürlich ist, wird der Klient eine Bedeutung konstruieren, die für ihn in diesem Kontext naheliegend oder hilfreich ist. Mit Sätzen dieses Typs animieren wir den Klienten, situativ eigene Bedeutungen zu generieren.

Gedankenlesen

Unter Gedankenlesen verstehen wir die Behauptung einer Person, über den inneren Prozess eines anderen Bescheid zu wissen, ohne dass tatsächliche Informationen über diesen inneren Prozess vorliegen. Bandler behandelt dieses Sprachmuster im Rahmen der kausalen Modellierungsprozesse, obwohl sie unserer Meinung nach eher transderivationale Suchprozesse einleiten.

„Du fragst dich vielleicht, zu welcher Erinnerung aus deiner frühen Kindheit dich diese Reise führen wird."

Ob der Klient sich diese Frage in diesem Moment tatsächlich gestellt hat, wissen wir nicht. Allerdings ist es höchst wahrscheinlich, dass er sich diese Frage jetzt stellt. Und im Rahmen seines Nachdenkens darüber werden bestimmte Erinnerungen auftauchen.

Fehlender Referenzindex

Sätze mit Substantivgruppen ohne Referenzindex in der Welt des Klienten erlauben ihm, die transderivationalen Suchprozesse voll zu aktivieren.

„Das Gefühl in deiner Hand beginnt sich allmählich zu verändern."

Welche Empfindungen, wo in der Hand, wie genau – all dies wird nicht erwähnt. Dies führt dazu, dass der Klient mit seiner Aufmerksamkeit in die Hand geht, um darauf zu achten, was sich genau verändert.

Unspezifische Verben

Der Gebrauch unspezifizierter Verben erlaubt es, den Klienten zu pacen, da die Wahrscheinlichkeit maximiert ist, dass die Aussage auf sein momentanes Erleben zutrifft. Gleichzeitig wird seine Aufmerksamkeit auf einen bestimmten Teil seines Erlebens gerichtet.

„Und allmählich beginnst du zu verstehen, was genau dir dein Unbewusstes mitteilen möchte."

Wie dieses Verstehen genau ablaufen soll, wird hier nicht gesagt. Es kann sich um innere Bilder handeln, bedeutungsvolle Körpersignale oder etwas anderes. Ein Wort wie „verstehen" lässt damit viel Spielraum für das Erleben des Klienten und verhindert so, dass durch eine zu spezifische Beschreibung das innere Erleben des Klienten gemismatcht wird.

Verletzung der Selektionsbeschränkung

Hier handelt es sich gewöhnlich um metaphorische Formulierungen, die der Klient selbst in eine für ihn passende Bedeutung übersetzen kann.

„Und es eröffnet sich dir ein Meer an Möglichkeiten."

Einfaches Weglassen

„Vielleicht wundert dich das."

Formulierungen wie diese werden häufig benutzt, um nonverbale Reaktionen des Klienten aufzugreifen und zu pacen. Gleichzeitig gibt man ihm damit zu verstehen: „Für den Fall, dass du dich wunderst, ist es o. k." Falls er sich nicht wundern sollte, ist es eine unaufdringliche Anregung, dass er sich wundern könnte, ohne dass genau klar ist, worüber. Wenn er sich also wundern möchte, muss er sich in seinem inneren Prozess selbst etwas suchen, worüber er sich wundern könnte.

Tilgung

Tilgung liegt vor, wenn ein Teil der Bedeutung des Satzes (der Tiefenstruktur) nicht in der Oberflächenstruktur (der Satz, der dem Klienten gesagt wird) repräsentiert ist. Das lässt dem Klienten die Freiheit, selbst die Bedeutung zu generieren, die für sein aktuelles Erleben maximal relevant ist.

„Du musst nicht verstehen, um dich zu verändern."

Was verstehen? Der Klient erhält hiermit einerseits die Erlaubnis einen Prozess wirken zu lassen, obwohl er nicht alle Elemente versteht. Welche Elemente er genau nicht versteht, braucht der Therapeut nicht zu wissen. Es reicht, wenn der Klient es weiß. Selbst wenn der Klient subjektiv den Eindruck hat, dass er alles verstanden hat, ist dieser Satz sinnvoll, da er nicht behauptet, **dass** der Klient etwas nicht verstanden hat. Darüber hinaus führt er bei Klienten, die glauben, sie hätten alles verstanden, einen Zweifel ein, dass es vielleicht Aspekte geben könnte, die sie nicht verstanden und bisher übersehen haben.

Vergleichende Tilgung

Worte wie: gut, besser, mehr, weniger ... Wird gemeinsam mit Präsuppositionen (Vorannahmen) gebraucht oder um eine Aussage zu „pacen".

„Manchmal ist es besser, nicht zu verstehen, um sich auf einer tiefen Ebene zu transformieren."

Hier ist der Vergleichsmaßstab für „besser" getilgt. Bei einer solcher Formulierung geht es auch gar nicht darum, womit genau ein Vergleich gezogen wird. Es geht um die suggestive Wirkung, die eher heißt: „Wenn du dich wirklich auf einer tiefen Ebene verändern willst, dann kümmere dich nicht darum, ob du jeden einzelnen Schritt des Prozesses verstehst."

Satzfragmente

Fragmente sind Teile von Sätzen, die für sich selbst keinen vollständigen, wohlgeformten Satz ergeben. Solche

Fragmente - Resultate ungrammatischer Tilgung - setzen eine maximale Teilnahme vonseiten des Klienten voraus, um eine komplette Bedeutung zu ergeben.

„Genau ... und weiter so ..."

Solche Formulierungen werden im Regelfall benutzt, um einerseits nonverbale Signale des Klienten, wie z. B. ein tiefes Seufzen, zu bestätigen und ihn anzuregen, in dem Prozess, in dem er sich gerade befindet, weiter zu machen.

Nominalisierung

Nominalisierungen sind Substantivierungen von Verben. Sie ermöglichen im Rahmen von Trance, auf hochgechunkter Ebene komplexe Prozesse und Zustände, die bei jedem Menschen individuell unterschiedlich sind, anzusprechen und dadurch zu evozieren.

„Die Tiefe deiner Liebe kann dir helfen, Klarheit und Einsicht in die Größe und Tragweite eurer Auseinandersetzung zu bekommen."

Ambiguität

Unter Ambiguität versteht man Mehrdeutigkeit. Sie ist besonders gut geeignet, transderivationale Suchprozesse und leichte Verwirrungszustände zu erzeugen und hilft dadurch auf elegante Weise sowohl bei der Tranceinduktion als auch bei der Trancevertiefung.

Es gibt vier verschiedene Arten von Ambiguitäten:

Phonologische Ambiguität liegt vor, wenn das Klangbild eines Wortes verschiedene Bedeutungen repräsentiert: der/die Weise, schal, mehr, Leere, warten, säen.

„Bedenken Sie dieses Mehr/Meer an Möglichkeiten."
„Die Möglichkeiten, die Sie jetzt sehen /säen, werden um ein Vielfaches zunehmen."

Syntaktische Ambiguität liegt vor, wenn die syntaktische Funktion eines Wortes nicht aufgrund des unmittelbaren Kontextes bestimmt werden kann.

„Es gibt unendlich viele Lösungen, sie warten auf sie."

Bereichsambiguität liegt vor, wenn durch die Untersuchung des unmittelbaren linguistischen Kontextes nicht bestimmt werden kann, auf was sich ein Teil des Satzes bezieht.

„Ich spreche jetzt zu Ihnen als Mann mit viel Lebenserfahrung."
„Sie werden erkennen, dass Sie bequem sitzen und in eine tiefe Trance gehen."

Interpunktionsambiguität liegt vor, wenn eine Sequenz von Worten das Resultat einer Überlappung zweier wohlgeformter Oberflächenstrukturen ist, die ein Wort oder eine Wortgruppe gemeinsam haben.

„Unsere Zeit wird heute sicher reichen Sie mir bitte das Glas."

Untergeordnete Satzteile

Die nachfolgenden Satzkonstruktionen erlauben es, in einen Satz einen Satzteil einzubetten, der für sich genommen ein Befehl oder eine Suggestion darstellt.

Dieser eingebettete Satzteil sollte analog markiert werden. D. h. wir machen vor diesem Satzteil eine kleine Pause und verändern danach die Betonung, die Lautstärke, die Sprechrichtung o. Ä.

Eingebettete Fragen

Eingebettete Fragen dienen einerseits dem Zweck, Reaktionspotenzial in dem Klienten aufzubauen und andererseits seine Aufmerksamkeit in eine bestimmte Richtung zu lenken.

„Ich frage mich, ob dir schon jetzt klar ist, wie tief du in Trance bist."

Diese Frage ist einerseits eine Präsuppostion – du bist in Trance – andererseits fordert sie den Klienten indirekt auf, seine Aufmerksamkeit darauf zu richten, dass er in Trance ist, respektive sich zu überlegen, woran er merkt, dass er in Trance ist. Darüber hinaus lässt die Formulierung „schon jetzt" ein Hintertürchen offen für den Fall, dass der Klient nicht den Eindruck hat, dass er in Trance ist.

Eingebettete Befehle

Eingebettete Befehle dienen dem Zweck, dem Klienten indirekt Suggestionen zu geben und es ihm so zu erschweren, Widerstand zu leisten.

„Wenn sich meine Klienten auf diesen Stuhl setzen, **gehen sie in Trance.**"

Negative Befehle

„**Entspanne** dich nur soweit, wie es für dich im Moment gerade richtig ist."

Nachfragen

Fragen mit offenem Ende.

„Ist es nicht so?"

Zitate

Zitate werden nach dem Muster von „losing quotes" benutzt. D.h., obwohl man etwas in Anführungsstrichelchen sagt, wirkt es so, als wenn man es ohne Anführungsstrichelchen gesagt hätte.

„Ich würde nie zu Ihnen sagen: Schließen Sie die Augen jetzt."

Syntaktische Umgebungen für Präsuppositionen

Präsuppositionen sind Sätze, die andere Sätze als wahr voraussetzen, damit sie selbst überhaupt Sinn haben.

„Wenn die Katze noch mal auf den Tisch springt, dann werfe ich sie runter."

Dieser Satz setzt voraus, dass die Katze schon mal auf dem Tisch war, andernfalls würde dieser Satz keinen Sinn machen.

Vollständige Präsuppositionen

(a) **Zeitliche Nebensätze**
Satzteile, die durch die Worte bevor, nach, während, als, seit, bis usw. angeführt werden:
Bevor du in Trance gehst, kannst du die Augen schließen.
➜ Du wirst in Trance gehen.

(b) **Ordinalzahlen**
erster, erstes, erste, zweiter, dritter, ein weiterer
Der erste Schritt besteht darin, sich zu entspannen.
➜ Es gibt weitere Schritte.

(c) **Vergleiche**
Welche Hand fühlt sich leichter an, die rechte oder die linke?
➜ Mindestens eine Hand fühlt sich leicht an.

(d) **Vergleich mit „so"**
Du kannst in Trance mindestens so leicht lernen wie in deinen besten Lernsituationen.
➜ Es gibt Situationen, in denen er leicht lernen kann.

(e) **Wiederholende Schlüsselworte**
auch, ebenfalls, wieder, entweder-oder, zurück, noch einmal
Du kannst dich jetzt wieder auf deine ganz eigene Art entspannen.
➜ Derjenige hat sich schon mal entspannt.

(f) **Wiederholungs-Verben und Adverben**
Verben und Adverben, die mit „wieder" bzw. - wenn lateinischen Ursprungs - mit „re" beginnen.
wiederkommen, wiederholen, rekapitulieren, reaktivieren
Dein Unbewusstes kann dir helfen, genau die Ressourcen zu reaktivieren, die du zur Lösung dieses Problems brauchst.
➜ Es gibt diese Ressourcen und sie wurden schon mal aktiviert.

(g) **Qualifikatoren**
nur, sogar, außer, genau
Nur du kannst wissen, welche der Lösungen für dich im Moment die angemessene ist.
➜ Derjenige weiß, was für ihn angemessen ist.

(h) **Verben und Adverben der Zeitveränderung**
beginnen, beenden, starten, weitermachen, schon, jetzt, immer, noch
Du kannst dich weiter entspannen.
➜ Er ist bereits dabei sich zu entspannen.

(i) **Faktive Verben und Adjektive**

Eine nahezu vollständige Auflistung möglicher syntaktischer Umgebungen für Präsuppositionen bietet das Buch „Bitte verändern Sie sich ... jetzt!" von Richard Bandler

„What is the question that I can ask which by the nature of the presuppositions in the question itself will cause the client to make the greatest amount of change by having to accept the presuppositions inherent in answering the question?"
Tad James

seltsam, wissen, wahrnehmen, realisieren, bedauern
Du kannst die neuen Empfindungen in deiner Hand wahrnehmen.
➜ Es gibt neue Empfindungen in der Hand.

(j) **Fragen**
Welche Hand fühlt sich leichter an?
➜ Eine Hand fühlt sich leichter an.

(k) **Rhetorische Fragen**
Wen interessiert es schon, ob du mit Augen auf oder mit Augen zu in Trance gehst?
➜ Es ist unwichtig.

(l) **Unechtes Nein**
Ist es nicht so?
➜ Es ist so.

Agreement-Frame und Stapeln von Präsuppositionen

Bei hypnotischen Tranceinduktionen empfiehlt es sich, in einem Satz möglichst viele Präsuppositionen einzubauen, um so das Bewusstsein zu überladen. Diese Überforderung hat tranceverstärkende Wirkung.

Dabei ist jedoch zu bedenken, dass eine Präsupposition nur dann angenommen wird, wenn sie mit den Wünschen, den Intensionen und dem allgemeinen Setting der Situation für den Klienten vereinbar sind. Ist dies nicht der Fall, können Präsuppositionen als Unterstellungen zu einem schnellen Rapportbruch führen. Fragt ein Verkäufer am Telefon: „Wäre es Ihnen lieber, wenn ich am Mittwochvormittag oder am Donnerstagnachmittag komme?", dann unterstellt er zum einen, dass er überhaupt kommen soll und zum anderen, dass es ihm überhaupt lieb ist. Möchte der Angerufene allerdings überhaupt nicht besucht werden, wird er wahrscheinlich verärgert reagieren. Präsuppositionen setzen also immer einen Agreement-Frame voraus, innerhalb dessen sie sinnvoll sind.

Beispiel:
Vielleicht bemerkst du schon jetzt, wie du dich mehr und mehr entspannst, und wie leicht es ist, tiefer und tiefer in Trance zu gehen. Und bestimmte Empfindungen sich verstärken, bevor dir dein Unbewusstes einen ersten Hinweis für eine bessere Lösung deines alten Problems gibt – ist es nicht so?

Hypnotische Sprachmuster

Man könnte X, weil ...

„Weil" ist ein magisches Wort, weil es allem, was davor kommt, emotionale Glaubwürdigkeit verleiht. Man kann das Wort „weil" nach wichtigen Suggestionen gebrauchen, weil Sie es genießen, neue Dinge auszuprobieren.

Man kann das Lernen zu einem tiefen Platz im Inneren sinken lassen, weil Sie sich noch nicht ganz im Klaren darüber sind, wie wichtig es ist.

Jemand darf X, weil ...

Eine Person darf die Erlaubnis bekommen, das zu tun, was ich ihr suggeriert habe, weil ich sie ihr gebe. Wer sagt, dass mein Weil logisch sein muss? Des Weiteren ist dieses Weil eine gute Gelegenheit, eine weitere Suggestion anzuschließen.

Jemand könnte z. B. aufhören zu trinken, weil er sich jedes Mal, wenn er das Bedürfnis fühlt, einen Drink zu nehmen, sich an all die guten Gründe zum Aufhören erinnern kann.

Sie können X, weil ...

Hier eine andere Anwendung des Wortes „weil". Sie können dieses Wort einfach benutzen und entdecken, wie mächtig es ist, weil Sie danach alles sagen können, was Sie wollen.

Sie können glauben, dass es funktioniert, weil es eine angenehme Art ist, weiterzureden und die Suggestionen einfach fließen zu lassen. Sie können diese Formulierung sogar in der alltäglichen Unterhaltung benutzen, weil Menschen es mögen, Begründungen für alles zu hören.

Sie können X. Sie sind in der Lage, X zu machen.

Sie können es genießen, bei der Arbeit zu sein, denn Sie haben Sinn für Humor. Sie können Ihre Hände ganz entspannen.

Dies ist eine weitere Binsenwahrheit: Allein durch das Aussprechen dieser Binsenwahrheiten fordere ich den Zuhörer indirekt auf, das zu tun, was ich gerade bemerke.

Sie können die Materialien nochmals lesen, um sicher zu sein, Sie verstehen es.

Menschen (Leute) können, wie du weißt, ...

Ich spreche nur über das, was andere Leute machen können. Ich rede nicht von dir. Du weißt, dass diese „Du-weißt-Formel" auf eine mehrdeutige Art darauf hinzuweisen scheint, dass du es bereits vorher wusstest.
Menschen können, du weißt das, Wege finden und mühelos und einfach diese (solche) Veränderungen machen.

Ich frage mich, ob Sie X machen werden oder nicht

X soll ein eingebetteter Befehl sein. Wenn Sie diese Sprachform wählen, dann warten Sie mit dem „oder nicht", bis Sie merken, dass sich beim anderen ein leichter Widerstand bemerkbar macht. Durch das „oder nicht" fangen Sie diesen Widerstand wieder auf.

Ich könnte mir vorstellen, Sie werden jedem Ihrer Freunde die Vorteile einer NLP-Ausbildung verdeutlichen .... oder nicht?

Die Wirkung des eingebetteten Befehls bleibt durch das Einverständnis mit dem Widerstand erhalten.

Menschen müssen nicht, (Klaus), X.

Wenn wir den Namen von jemand benutzen, fühlt die Person sich persönlich angesprochen und ist eher geneigt zu tun, worum wir sie bitten.

Menschen müssen nicht, Peter, genau zuhören und alles verstehen und behalten. Niemand muss, Susanne, alles behalten und anwenden.
Man muss nicht die Augen schließen, Hans, nur weil wir gerade beginnen.
Niemand ist gezwungen, sich tiefer und tiefer zu entspannen, Peter, nur weil er gerade ausatmet.

Ein Mensch (man) könnte, (Namen), ...

Ein Mensch könnte, Susanne, morgen mit anderen Sachen zur Arbeit kommen.
Man könnte auch, Robert, mit einer anderen Frisur zur Arbeit gehen.
Man könnte genauso gut, Anne, du kannst die Dinge auch aus einer anderen Perspektive betrachten.
Jemand könnte auf die Idee kommen, Hans, einen Scheck über einen großen Betrag auf meinen Namen auszustellen. Schließlich kann jeder machen, was er (ich) will.

Einige Menschen ...

Wer sind diese Leute? Das Erste, was man macht, wenn man einen solchen Satz hört, ist, nach innen zu gehen, um sich zu fragen, ob man selbst zu diesen Menschen gehört.

Manche Menschen fühlen sich in diesem Büro sehr wohl und würden am liebsten sofort in Trance gehen.
Manche Menschen haben versteckte Stärken, die sie erst nach ihrem dreißigsten Lebensjahr entdecken.

Fakten, Fakten, Fakten, und ... (Ja-Straße)

Wenn Sie damit beginnen, über eine Reihe von Tatsachen zu reden, bei denen die Zuhörer im Inneren denken: „Ja, Ja, Ja, ... Ja", gewöhnen sie sich daran, zuzustimmen. Dann treffen Sie mit Ihrer Suggestion.

Sie haben es sich in Ihrem Stuhl bequem gemacht; ich werde eine Weile etwas erzählen; Sie können den Worten lauschen, die ich sage, und hineingleiten in einen Zustand tiefer Entspannung.

Vielleicht bemerken Sie X, während Sie ...

„Vielleicht bemerken Sie" lenkt die Aufmerksamkeit zu den internen Körperempfindungen, was die Induktion der Hypnose unterstützt, und „während Sie" setzt voraus, dass Sie etwas tun werden.
Vielleicht bemerken Sie die Empfindung

in Ihrer Brust, während Sie die Atmung immer angenehmer werden lassen.

Vielleicht werden Sie ...

Du wirst möglicherweise während des Zebu-Spiels deinen Freunden einige ungewöhnliche eingebettete Befehle geben. Vielleicht wirst du neue Wege erträumen, wie du bestimmte Dinge auf eine neue Art sagen kannst.
Und vielleicht kannst du sogar die eingebetteten Befehle in den vorangegangenen Sätzen bemerken.

Wahrscheinlich weißt du schon ...

Du kennst möglicherweise schon viele Wege, wie du dich ohne Rauchen wohl fühlen kannst. Und wie reagierst du auf diese Feststellung? Du könntest über die Dinge nachsinnen, von denen ich sage, du wüsstest sie, und natürlich bist du nahe daran, sie zu finden, solltest du lange genug nachdenken.
Wenn ich wirklich wollte, dass du nach den Antworten suchst, könnte ich sagen: Du kannst auf einer tiefen Ebene schon verstehen, wie nützlich indirekte Kommunikation sein kann.

Sie können X, oder nicht

"Nicht wahr?", „Oder nicht?", „Oder?", „Nicht?" sind hervorragende Möglichkeiten, eine Aussage zu beenden. Dadurch wird die Aussage in eine Frage verwandelt, was sie weniger bedrohlich macht, und es wird schwierig, mit einer solchen Aussage nicht übereinzustimmen.

Sie können meinen Standpunkt verstehen, nicht wahr?
Sie können sich in diesem Stuhl entspannen, oder nicht?
Du kannst dir sicherlich erlauben, Antworten, die dein Unbewusstes schon lange weiß, jetzt zu bekommen, ist es nicht so?

Manchmal ...

Hin und wieder gibt es Menschen, die das gleiche Problem haben wie du, und die nehmen nur einen tiefen Atemzug, und schon sind sie es los. Irgendwann fühlst du dich auch viel besser.

Manchmal kann es sinnvoll sein, jemanden auf indirekte Weise dazu zu bringen, sich die Ressourcen vorzustellen, die er gerne hätte.

Kannst du dir vorstellen ...?

Sie wissen vielleicht schon, dass die Leute lieber das tun, womit sie vertraut sind, und dass sich etwas vorzustellen ein großartiges Mittel ist, um Vertrautheit zu schaffen.

Können Sie sich vorstellen, was Sie in einem Flugzeug tun würden, wenn Ihnen das Fliegen wirklich Spaß machte? Können Sie sich die vielen Situationen vorstellen, in denen Sie diese Sprachmuster benutzen können, wenn Sie sie praktizieren und wirklich beherrschen würden?

Du könntest die Gefühle X wahrnehmen, während du ...

Du könntest die Gefühle wahrnehmen, welche deine Aufmerksamkeit in Richtung innere Körperempfindungen lenken, was vorteilhaft für hypnotische Induktionen ist. „Während du" liefert eine weitere Mög-

lichkeit für eine indirekte Suggestion.
Du könntest deine Aufmerksamkeit auf deine Empfindungen in deinen Füßen richten, während sie sich vollständig entspannen,
Du könntest deine Aufmerksamkeit auf die angenehmen Gefühle richten, und währenddessen entspanne deinen ganzen Körper vollständig.

Ich weiß nicht, ob ...

Ich weiß nicht, ob Sie dieses Spiel mehr lieben als alle anderen, die Sie bisher gelernt haben.
Ich weiß nicht, ob diese Erfahrung Ihr Leben verändern wird. Ich kann es wirklich nicht wissen.

Versuchen Sie zu widerstehen ...

"Zu widerstehen versuchen" impliziert, dass man es versucht, dass es aber nicht funktionieren wird. Sie können Ihre Stimmbetonung nutzen, um diese Implikation noch zu unterstreichen.

Versuchen Sie, ob es Ihnen möglich ist, Ihre Hand nicht zu entspannen.
Versuchen Sie (vergeblich), der sich vertiefenden Entspannung beim Ausatmen zu widerstehen.

Es könnte sein, dass Sie die Empfindungen in X bemerken ... während Sie ...

Sie können Hypnose dadurch induzieren, dass Sie die Aufmerksamkeit in verschiedene Teile des Körpers lenken.

Sie werden vielleicht die Empfindungen Ihrer Schuhe an Ihren Füßen wahrnehmen, die Empfindungen des Stuhles unter Ihnen, die Gefühle der Karte in Ihrer Hand. Sie werden vielleicht die Empfindungen Ihrer Hände wahrnehmen, während Sie sich entspannen. Und tun Sie so, als ob Sie die Hände nicht mehr bewegen können.

Möchtest du X oder Y oder Z oder ...

Dies ist die Form der vollständigen, alles abdeckenden Wahlmöglichkeiten. Bei dieser Form zähle ich alle Möglichkeiten auf, sodass der andere nicht anders kann, als das zu tun, was ich sage.

Und während Sie das tun, was ich sage, könnte es sein, dass ich anfange, Sie (jetzt) zu führen. Ob Ihre Hand sich automatisch unbewusst heben wird oder genau da bleibt, wo sie ist, oder ob sie bestimmte Reaktionen und Empfindungen in Ihrer Hand bemerken - Sie werden alles genießen.

Sie könnten bemerken, wie gut sich X anfühlt, wenn Sie ...

Die versteckte Vorannahme ist, dass das, was ich vorschlage, sich gut anfühlen wird. Der „wenn-Sie"-Teil beinhaltet weiter, dass Sie es tun werden.

Es könnte sein, dass Sie bemerken, wie gut es sich anfühlt, wenn Sie Ihre Augen schließen und sie geschlossen bleiben.
Es könnte sein, dass du bemerken wirst, wie gut sich deine Arme anfühlen werden, wenn du sie ganz entspannen kannst, während sie auf der Lehne ruhen.

Ich könnte Ihnen sagen, dass ...

Ich könnte dir sagen, dass ..., aber ich werde es nicht. Du brauchst also keinen Widerstand zu leisten oder dich verteidigen gegenüber einer Sache, die ich nicht gesagt habe.
Ich könnte dir sagen, dass diese Erfahrung dir mehr Selbstvertrauen und Zuversicht geben wird, aber ich bin der Meinung, dass du das besser selbst entdecken kannst.

Man könnte, wie Sie wissen

Man könnte, und dann wiederum, man könnte nicht. Wer weiß wie? Sie wissen! Man könnte, wie Sie wissen, einfach entspannen und das Lernen geschehen lassen auf einer tiefen Ebene.
Man könnte, wie Sie wissen, verstehen, wie Sie dies anwenden, genau zur rechten Zeit.

Du könntest ...

Du könntest diese Veränderung mehr wollen als alles andere.
Du könntest zu deiner Überraschung bemerken, dass du deine Augen nicht öffnen kannst.

Man weiß vielleicht nicht, ob ...

Spaßeshalber kann man das Subjekt dieses Satzes auf halbem Weg zu Ihnen verändern; es ist ein bisschen verwirrend, und es unterstreicht, dass Sie nicht wirklich über jemand Abstrakten (über „man" im abstrakten Sinne) sprechen.

Man weiß vielleicht nicht, ob Sie gerade eine bedeutungsvolle Erfahrung machen.
Man weiß vielleicht nicht, ob Ihr Arm sich automatisch langsam nach oben bewegen wird.

Vielleicht hast du noch nicht ..., bis jetzt.

Vielleicht hast du, vielleicht auch nicht, wer weiß? Ich mache da nur eine Beobachtung, aber sollte es auftauchen, erweckt es den starken Wunsch, früher oder später damit anzufangen.

Vielleicht hast du noch nicht entschieden, X für alle deine Freunde zu kaufen. Doch wer weiß ?...
Es ist immer noch Zeit dafür.

Sie möchten vielleicht wissen ..., ... jetzt

Das „jetzt" ist der trickreichste Teil. Wenn Sie es in den Satz einbauen, dann verstärkt es den Imperativ des eingebetteten Befehls. Wenn Sie erst eine Pause machen und es dann sagen, wird es ein kraftvoller Befehl aus sich selbst heraus.

Sie möchten vielleicht jetzt Ihre Augen schließen.
Sie möchten vielleicht dieses angenehme Gefühl in Ihrem Arm hochsteigen lassen ... jetzt!

Du darfst

Du darfst diese Erfahrung als sehr angenehm empfinden.
Du kannst dir erlauben, diese Erfahrung voll und ganz auszukosten.

Vielleicht magst du dich ganz und gar entspannen.
Magst du in Zukunft nicht lieber verwirrt statt ärgerlich über eine solche Erfahrung sein?

Früher oder später ...

Früher oder später wirst du dein jetzigen Problem lösen und anfangen, die einfachen Dinge im Leben wieder schätzen zu lernen.
Früher oder später wirst du die Augen schließen wollen.
Früher oder später wirst dich an all dies erinnern und darüber lachen können.

Schließlich ...

Zu guter Letzt wird alles zu einem guten Ende kommen.
Schließlich wirst du eine tiefe und angenehme Trance entwickeln.
Letztendlich wirst du ein tiefes Verständnis für die jetzt noch so verwirrenden Ereignisse in deinem Leben entwickeln.

Wirst (willst) du jetzt X machen, oder wirst du Y machen?

Wirst (willst) du deine Augen jetzt schließen und dich entspannen, oder möchtest du noch etwas länger versuchen, sie offen zu halten, während andere Teile deines Körpers beginnen, sich zu entspannen?

Mache X nicht zu schnell

Dieser Satz hat den Anspruch, dass das, was ich sage, ohnehin geschieht, und alles, woran mir liegt, ist das Wann. Und solltest du mir widerstehen, könnte deine innere Antwort sein: „Wer sagt, dass ich das nicht so schnell machen kann, dir werde ich es zeigen!"
Hör ja nicht zu schnell mit dem Rauchen auf.
Geh noch nicht sofort in Trance.

Ich würde nie sagen, dass du ..., Ich würde nicht wagen dir zu sagen, dass ...

Ich würde dir nie sagen, dass... (hiermit habe ich es aber trotzdem gesagt), und du kannst mir nicht widersprechen, da ich ja gesagt habe, dass ich so was nie zu dir sagen würde. Und ich gebrauche das Wort „weil" bzw. „da", weil ich eine andere Aussage mache, da ich dadurch mehr Glaubwürdigkeit erzeugen kann und die bewusste Aufmerksamkeit von dem eingebetteten Befehl ablenke.

Wie würde es sich anfühlen, wenn Sie ...?

Um diese Frage zu beantworten, müssen Sie sich vorstellen, was ich damit vorgebe, und das ist der ganze Sinn, warum ich diese Frage stelle.

Wie würde es sich anfühlen, wenn Sie sich in der Nähe von Hunden wohl fühlen und einfach auf einen zugehen und ihn streicheln könnten?
Wie würde es sich anfühlen, wenn Sie diese Veränderung schon gemacht hätten?

Was geschieht, wenn Sie ...?

Um diese Frage zu beantworten, müssen Sie sich vorstellen, was ich vorschlage, und das ist der Grund für mein Fragen.

Denken Sie daran: Im Bereich der Emotionen und Gefühle lernen Menschen durch lebendige Vorstellungen genauso gut wie durch tatsächliches Erleben.
Was passiert, wenn Sie sich einfach entscheiden, sich nicht mehr von ihm ärgern zu lassen?

Ich frage mich, ob du X tust, oder nicht.

Die Endung „oder nicht" ist der bestmögliche Weg, um Widerstand zu verringern. Wenn der andere lächelt oder nicht, dann brauchen Sie das „oder nicht" nicht anzuhängen.

Ich frage mich, ob du diese Sprachmuster in Zukunft jeden Tag nutzen wirst ... (Pause, Klient sieht skeptisch drein), oder nicht?

Es ist einfach, X zu machen, nicht wahr?

„Nicht wahr" ist eine weitere dieser Endungen, die eine Feststellung zu einer Frage abschwächen. Und es ist etwas verwirrend, damit nicht übereinzustimmen, nicht wahr?

Du kannst einfach in Trance gehen, nicht wahr?
Es ist einfach, etwas ganz Besonderes tief in dir zu entdecken, ist es nicht so?

Ich frage mich, ob ...

Ich frage mich, ob Sie heute Nachmittag aufhören zu rauchen.
Ich bin mir nicht sicher, ob das angenehme Gefühl in Ihrem Arm sich in ihren gesamten Körper ausbreiten wird.
Es würde mich interessieren, ob du so tun kannst, als ob du noch nie geraucht hättest.

... es wurde mir einst erzählt: ..."

Zitiere jemand anderen und verpacke deine Mitteilung in diese Aussage. Das Schöne daran ist, dass es jemand anderes gesagt hat und nicht du.

Mein Babysitter sagte mir einmal: „Schließ die Augen und schlaf ein, oder ich lasse dich jetzt allein."

... sagte: ..."

Zitiere jemanden und verpacke deine Mitteilungen in diese Aussage.

In all den Jahren sagten meine Studenten immer wieder: „Zitate sind einer der vergnüglichsten Wege, indirekte Botschaften zu vermitteln." Tatsächlich sagte einer von ihnen mal: "Wenn du Botschaften in Zitate kleiden kannst."

Wenn du ..., dann ...

Ich sage, wenn X, dann Y, und du tust X und suchst dann nach Y, um zu verstehen, was ich sage.

Wenn du mit deinem liebenden und vergebenden Teil in Kontakt bist, dann eröffnet sich eine Möglichkeit für eine tiefgreifende Veränderung. Du kannst es versuchen.

Es mag sein, dass du noch nicht bemerkt hast, dass ...

Vielleicht hast du noch nicht bemerkt, wie

oft du die Aufmerksamkeit von Menschen lenkst, während du mit ihnen sprichst. Die Aufmerksamkeit auf verschiedene Teile des Körpers zu lenken verursacht gewöhnlicherweise Entspannung und Verwirrung, beides induziert Hypnose.

Vielleicht hast du noch nicht die angenehmen Empfindungen der Seide auf deiner Haut bemerkt.

Vielleicht hast du noch nicht bemerkt, wie der Stuhl dich trägt und stützt.

POSITION 1 • 2 • 3

In menschlichen Interaktionen agiert jeder Beteiligte aus seinem Modell der Welt heraus. Dies führt in Konflikten häufig dazu, dass jeder der Konfliktpartner das Verhalten des anderen zur Ursache des Konflikts erklärt. Diese Betrachtungsweise führt in der Regel zu gegenseitigen Schuldzuweisungen, stellt aber keine zufriedenstellende Lösung zur Verfügung.

Nutzt man stattdessen aber eine zirkuläre Beschreibung des Konflikts, werden Informationen und damit Lösungsmöglichkeiten offensichtlich, die durch die Schuldzuweisungen zuvor verdeckt worden waren. Eine zirkuläre Beschreibung des Konfliktes nutzt drei unterschiedliche Perspektiven zur Informationssammlung und deren Verarbeitung.

Dies sind:

- Position 1 ➔ das eigene Selbst
- Position 2 ➔ der andere
- Position 3 ➔ eine neutrale Beobachterposition

Für Konfliktlösungen jeglicher Art ist es wichtig, eine doppelte Beschreibung – der eigenen Sicht und der Sicht des anderen – vorzunehmen. Das gilt für Therapiesituationen ebenso wie im Geschäftsleben zwischen Chef und Mitarbeiter. Um eine solche Beschreibung machen zu können, ist es notwendig, in das jeweilige Weltmodell des anderen völlig einzusteigen, um dann zu sehen, welches Muster das eigene Modell der Welt und das Weltmodell des anderen miteinander verbindet.

Gregory Bateson betonte, dass Weisheit ihren Ursprung in der Fähigkeit hat, die Welt aus unterschiedlichen Perspektiven zu beschreiben und ihren Zusammenhang zu verstehen. Jedes Modell der Welt produziert aus sich heraus eine eigene "Bedeutungsgebung" der Welt.

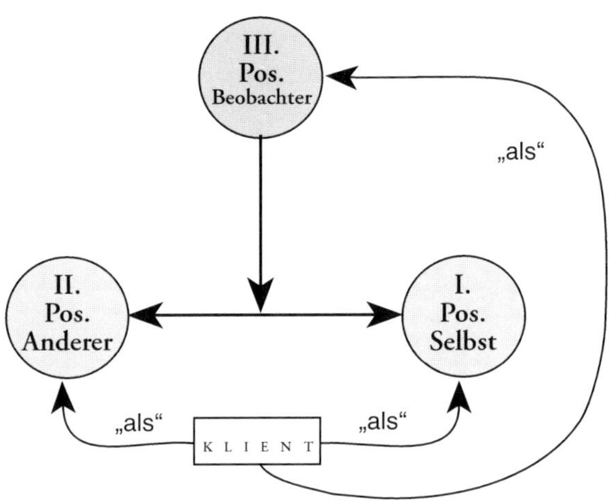

Für unsere Verhaltens- und Erlebensflexibilität ist es von großer Wichtigkeit, dass wir in der Lage sind, alle drei Wahrnehmungspositionen leicht und angemessen einnehmen zu können.

A = • schwerwiegende emotionsgeladene Konflikte selbstständig lösen

• Erlernen von Fähigkeit eine Situation aus drei Perspektiven zu sehen. Vorteile erkennen.

Dies ist keine einfache Aufgabe: Es reicht nicht , einfach die physische Perspektive des anderen einzunehmen, sondern man muss das innere Modell der Welt des anderen mit übernehmen.

Als Kinder waren wir Meister im In-Position-2-Gehen. Es geht hier also weniger darum, eine neue Fähigkeit zu erlernen, als altes Können aus Kindertagen wiederzuerinnern.

Position 1

In dieser Position ist man ganz im eigenen Körper. Hier siehst du mit deinen eigenen Augen, hörst durch deine eigenen Ohren und nimmst deine eigenen Gefühle wahr.

Position 2

In dieser Position identifizierst du dich mit dem anderen. Man könnte sagen, dass du hier die Welt mit den Sinnen und dem Modell der Welt des anderen wahrnimmst. Somit erhältst du auch eine Wahrnehmung der Filter des anderen und fühlst dessen Körpergefühle. Dies ist einer der Wege, um hinter dem Verhalten des anderen dessen (positive) Absicht zu erkennen. In dem Maße, wie du hierzu in der Lage bist, werden sich deine kommunikativen Fähigkeiten dramatisch verbessern. Es ermöglicht dir, den anderen auf tieferen Ebenen zu verstehen und anzusprechen. Diese Vorgehensweise ist auch der grundlegende Prozess beim Modeling.

Position 3

Hierbei handelt es sich um die Position eines neutralen Beobachters, der sich die Situation von außen mit Gelassenheit betrachtet, seine Sinneskanäle ganz geöffnet hat und äußerst flexibel ist, ohne Bewertungen, rein beschreibend. Die dritte Position ist definiert als ein Ressource-State, in dem uns die Sinne maximal zur Verfügung stehen und uns eine höchstmögliche Flexibilität zur Verfügung steht, um die Informationen aus der 1. und 2. Position verarbeiten zu können.

Ziel der Technik

Kann jede dieser Positionen flexibel eingenommen werden, ist dies eine große Bereicherung des eigenen Wahrnehmens und der Fähigkeit, auch schwerwiegende und/oder emotionsgeladene Konflikte selbstständig zu lösen.

Häufig neigt eine Person jedoch dazu, sich vorwiegend in einer bestimmten Position aufzuhalten und dort „steckenzubleiben“. Problematische Situationen sind damit vorprogrammiert.

Eingeschränkte Wahrnehmung

In den letzten Jahren wurden viele Probleme, die Menschen im Zusammenhang mit den Wahrnehmungspositionen haben, untersucht und diskutiert. Es wurde festgestellt, dass „Festgefahrensein“ in einer der drei Positionen auf traumatische Ereignisse in der Kindheit zurückzuführen ist. Je nachdem, wie stark die Fähigkeit, die Positionen einzunehmen, eingeschränkt ist, kann auf die Heftigkeit des Traumas rückgeschlossen werden.

Menschen, die dazu neigen, sich ausschließlich in Position 1 aufzuhalten, sind in starkem Kontakt mit ihren eigenen Gefühlen. Aber sie sind nicht in der Lage, tieferen Kontakt zu einem anderen aufzunehmen. Die zweite Position nicht einnehmen zu können ist ein völlig unnatürlicher Zustand für uns Menschen. Ein Kind lernt den überwiegenden Teil seiner Fähigkeiten durch In-Position-2-Gehen mit jemandem, der die jeweilige Fähigkeit bereits entwickelt hat. Die härteste Form dieser Einschränkung weisen Menschen auf, die wir als schizoide Soziopathen bezeichnen. Dies sind Personen, die keinerlei gemeinschaftliches Empfinden besitzen und jeglichen Mitgefühls entbehren. Diese Menschen lassen sich ausschließlich von ihren eigenen Bedürfnissen leiten, ohne Rücksicht auf andere. In der stärksten Ausprägung dieser Störung tötet ein solcher Mensch einen anderen wegen Nichtigkeiten. Beispielsweise hat in USA ein Jugendlicher einen Ladenbesitzer erschossen, weil dieser ihm den Weg zu den Schokoriegeln versperrte.

Menschen, die sich vorwiegend in Position 2 aufhalten, haben starke empathische Fähigkeiten. Es sind Menschen, die die Wünsche ihrer Mitmenschen bereits erfüllt haben, bevor diese sich selbst über den Wunsch im Klaren sind. Allerdings sind sie gar nicht oder nur sehr eingeschränkt in der Lage, ihre eigenen Bedürfnisse wahrzunehmen. Wenn sie diese wahrnehmen, sind sie in der Regel nicht in der Lage, ihre eigenen Bedürfnisse über die anderer zu stellen. Menschen, die in der 2. Position feststecken, leben mehr das Leben anderer als ihr eigenes und haben eine starke Tendenz zur Abhängigkeit. In der stärksten Ausprägung dieser Störung kann ein Mensch seine eigenen Gefühle und Bedürfnisse nicht (mehr) wahrnehmen und orientiert sich ausschließlich an der Umwelt. Dieses Verhalten findet sich oft bei Personen, die als Kinder schlimmem körperlichem Missbrauch ausgesetzt waren. Diese Menschen haben als Kinder aus einem Überlebensinstinkt heraus gelernt, die Gefühle der Bezugspersonen zu erspüren, um sich so den aggressiven Ausbrüchen dieser Personen zu entziehen.

Menschen, die vorwiegend in Position 3 sind, wirken dagegen eher unterkühlt und distanziert. Sie haben in der Regel große Fähigkeiten zur Schlichtung und Lösung von Konflikten, da sie sich nicht in dieselben hineinziehen lassen. Andererseits aber haben diese Personen große Schwierigkeiten damit, Emotionen zu erleben. Diese Menschen neigen dazu, selbst in sehr schönen Situationen dissoziiert zu sein, beispielsweise beim Sex. Menschen, die nur oder fast ausschließlich in Position 3 sind, haben wenig Einfühlungsvermögen in andere und achten wenig auf die eigenen Gefühle und Bedürfnisse.

Diese starken oder ausschließlichen Ausprägungen kommen selten vor. Viele Menschen zeigen allerdings stärkere Tendenzen zu einer oder zwei Positionen. Häufig bleibt man auch in bestimmten Situationen in seiner „starken Position“ stecken und verliert dabei die anderen Wahrnehmungsperspektiven.

Position 1•2•3 ist daher nicht nur für konkrete Konfliktsituationen nützlich. Es dient einerseits auch dem Erlernen bzw. Vertiefen der generellen Fähigkeit, eine Situation aus diesen drei Grundperspektiven flexibel wahrnehmen zu können. Andererseits können die Positionen auch einzeln genutzt werden, wenn die Fähigkeit vorhanden ist, diese flexibel einzunehmen.

Position 1 ist die Perspektive, aus der heraus das eigene Leben mit den eigenen Bedürfnissen und Wünschen am besten gelebt werden kann. Position 2 ist die Wahrnehmungsperspektive zum Erlernen vielschichtiger Fähigkeiten. Position 3 eignet sich für alle Situationen, in denen eine dissoziierte Haltung vorteilhaft ist, beispielsweise während einer Unfallsituation, in der schnell und ohne störende Emotionen reagiert werden muss.

Verschobene Wahrnehmungspositionen

Connirae Andreas machte bei ihrer Arbeit mit Position 1.2.3 eine interessante Endeckung. Sie stellte fest, dass gerade in Situationen, die ein Mensch als sehr belastend oder gar überfordernd erlebt, die Wahrnehmungspositionen [im Wesentlichen: visuell (sehen), auditiv (hören) und kinästhetisch (fühlen)] oft über die drei Positionen verteilt sind. Beispielsweise streitet man mit jemandem und sieht den anderen aus einer Position, die 20 cm über dem Kopf ist aus einer Art „virtueller Kamera". Oder man hört nicht durch die physischen Ohren, sondern hat das Gefühl, als würde der Satz des anderen direkt in den Magen „einschlagen".

Oder aber man spürt nicht die eigenen Gefühle, sondern fühlt die Gefühle des anderen in dieser Situation. Dies ist eine besondere Art eines fremden Gefühls. Denn im Gegensatz zu dem Begriff „Fremdgefühl" von Bert Hellinger, der diese Bezeichung nur im Kontext von Familienmitgliedern benutzt, scheint es auch eine Form von kurzfristig übernommenen Gefühlen zu geben.

Connirae Andreas hat nun mit ihren Klienten eine einfache Übung entwickelt, um die Wahrnehmungspositionen wieder zu integrieren, sodass wir aus unseren tatsächlichen Augen sehen, mit den eigenen Ohren hören, die eigenen Gefühle haben und mit der eigenen Stimme sprechen. Diese Integration führt zu einer größeren Kongruenz und erweitert unsere Möglichkeiten, mit all unseren Ressourcen angemessen zu reagieren. Denn diese Dissoziation der Wahrnehmungspositionen ist im Regelfall Resultat einer Schmerzvermeidungsstrategie aus einer Zeit, in der wir uns in solchen Situationen noch nicht besser zu helfen wussten – aus der Kindheit.

Das Integrieren der Wahrnehmungspositionen ermöglicht dir, die drei Positionen wirklich vollständig einzunehmen und dadurch die Vorteile jeder einzelnen Position ganz nutzen zu können.

Seminarvariante Annette -> einfach!

TECHNIK

POSTITION 1•2•3

1. **Auswahl des Inhaltes:**

Wähle eine Konfliktsituation aus, die du gerne lösen möchtest.

2. **Bodenanker:**

Markiere auf dem Boden die drei Positionen so, dass ein Dreieck entsteht. Wenn möglich sollte die Position 3 etwas erhöht eingenommen werden können.

3a. **Position 1:**

Nimm die Selbstposition ein. Beschreibe deine momentane Sichtweise der Konfliktsituation und notiere die markanten Punkte. Skizziere nun deine momentane Wahrnehmung in der Selbstposition.

Visuell – Was und wie genau siehst du:

- Siehst du dich selbst und die andere Person oder nur die andere Person?
- Wo genau siehst du diese Szene?
- Von wo aus siehst du die Szene?
- Siehst du direkt aus deinen Augen, oder ist dein Blickwinkel verschoben?
- Siehst du den anderen in Augenhöhe oder tiefer/höher?
- Siehst du den anderen real groß oder größer/kleiner?
- Hast du den Eindruck, du siehst aus deinen Augen oder mit den Augen eines anderen? Im letzteren Fall: wessen?

Auditiv – Was und wie genau hörst du:

- Wessen Stimmen hörst du, und wo kommen diese her?
- Von wo genau hörst du?
- Gibt es innere oder „äußere" Kommentarstimmen?
- Von wo genau hörst du diese Stimme(n)?
- Was genau sagt die Kommentar-Stimme?
  Achte auf Personalpronomen: er, Sie, sie, ich, du, wir, ihr !
- Hast du den Eindruck, du hörst mit deinen Ohren, oder ist das eher die Art und Weise, wie jemand anderes hört? Im letzteren Fall: wessen Hören ist das?

Kinästhetisch – Was und wie genau spürst du:

- Was genau fühlst du?
- Wo sind die Gefühle lokalisiert?
- Sind sie neutral, sind sie ressourcevolle Beobachtergefühle, oder gehören sie in Position 1 (Selbst) oder in Position 2 (anderer)?
- Wessen Gefühle sind das? Sind es deine eigenen oder die einer Person, die gar nicht anwesend ist?

3b. Integriere Position 1:

V: Sieh genau aus deinen physischen Augen und achte darauf, dass die anderen Personen auf Augenhöhe sind. Achte darauf, dass du tatsächlich genau aus deinen Augen siehst, nicht „von weiter hinten" und nicht „von weiter vorne".

A: Höre genau mit deinen eigenen Ohren und achte darauf, dass jedwede Stimme von dir aus der Gegend deiner Stimmbänder kommt. Benutze das Personalpronomen ICH.

K: Lass alle Gefühle, die nicht zu dir gehören, in Position 2 und 3 zurückfließen bzw. zu der Person, zu der sie eigentlich gehören. Fühle nun deine Gefühle und lasse diese eventuell etwas stärker werden, sodass du sie deutlich spüren kannst.

Was hat sich in deiner Wahrnehmung der Situation verändert? Was siehst du nun, was hörst und fühlst du jetzt? Notiere die markanten Veränderungen.

3c. Generalisiere:

Bitte dein Unterbewusstsein, sich diese saubere Selbstposition zu merken und sie dir immer dann zur Verfügung zu stellen, wenn du sie brauchst.

4a. Integriere Position 3:

Nimm nun die Beobachterposition ein. Achte darauf, eine „außenstehende" Körperhaltung einzunehmen. Arme verschränkt, Gewicht auf das hintere Bein, sodass der Oberkörper etwas zurückgelehnt ist.

V: Nimm jetzt eine Position ein, von der aus du dich selbst und den anderen sehen kannst, und zwar so, dass beide auf Augenhöhe miteinander und gleich weit entfernt sind, und schau direkt aus deinen Augen heraus.

A: Höre jetzt die Stimmen von dir und dem anderen direkt von dem Platz aus, von dem sie herkommen, und höre die Stimmen direkt durch deine Ohren als Beobachter. Lass deine Kommentarstimme von deinen Stimmbändern aus kommen. Benutze bei deinem Kommentar die Personalpronomen ER / SIE. Die Kommentare sollen sich auf das Selbst und den anderen beziehen.

K:Lass alle Gefühle, die nicht Beobachtergefühle sind, dorthin fließen, wo sie hingehören. Bitte dein Unbewusstes, alle Gefühle, die nicht zum Beobachter gehören, zum Selbst oder zum anderen fließen zu lassen. Bemerke jetzt, wie an die Stelle dieser alten Gefühle neue, ressourcevolle Beobachtergefühle treten. Haben sich dein Selbst und der andere auch in Richtung mehr Ressourcen verändert? Was hat sich sonst noch in deiner Wahrnehmung verändert?

4b. **Generalisiere:**

Bitte dein Unterbewusstsein, sich diese saubere Beobachterposition zu merken und sie dir immer dann zur Verfügung zu stellen, wenn du sie brauchst.

5. **Position 2:**

Gehe nun zur Informationssammlung in die Position des anderen. Hierbei geht es ausschließlich um das Wahrnehmen dessen, wie der andere die Situation sieht, hört und fühlt. In dieser Position wird keine Integration vorgenommen!

- Gehe mit deiner Aufmerksamkeit in den anderen hinein.
- Schaue aus seinen Augen auf die Situation, höre mit seinen Ohren, was die Person ihm gegenüber sagt, und spüre, wie er sich fühlt.

Notiere dir die für diese Konfliktsituation wichtigen Wahrnehmungen.

6. **Position 1:**

Gehe nun zurück in die integrierte Position 1. Wie nimmst du die Situation jetzt wahr? Was hat sich verändert durch die Informationen, die du gewonnen hast? Welche neuen Möglichkeiten haben sich nun für dich eröffnet? Notiere wiederum Markantes.

7. **Position 3:**

Nimm nun die integrierte Beobachterposition ein. Was kannst du diesen beiden Personen raten? Welche Tipps, Ideen, Anregungen usw. kannst du deinem Selbst geben? Notiere auch hier das Wesentliche.

8. **Position 1:**

Nimm abschließend wieder die integrierte Selbstposition ein. Was kannst du mit den Informationen des neutralen Beobachters anfangen? Wie kannst du diese umsetzen?

- Wie verändert sich dein Erleben dieser Situation? Welche neuen Möglichkeiten und Lösungswege haben sich nun eröffnet? Wie kannst du dich nun auf eine neue Weise verhalten?
- Teste dieses neue Verhalten bzw. die neue Reaktion in deiner Vorstellung und nimm wahr, wie es sich auf dein Gegenüber auswirkt. Wie wird dieses reagieren?

9. **Generalisiere:**

Wie hat das Erleben dieser Technik deine Haltung und Wahrnehmung Konflikten gegenüber verändert? Was lernst du durch die eingetretenen Veränderungen auf einer allgemeineren Ebene? Wie verändert es deinen Glauben darüber, wie Konflikte (mit speziellen Personen) entstehen und wie sie gelöst werden können?

Nimm dir einen Moment Zeit, um diesen Fragen nachzugehen. Notiere die relevanten Veränderungen in deinem Erleben.

META-MODELL DER SPRACHE

Das *Meta-Modell der Sprache* ist eine effiziente Fragetechnik. Es ermöglicht uns einerseits, die Erfahrungen eines Gesprächspartners präzise zu repräsentieren. Gleichzeitig befähigt es uns, das Weltmodell zu erforschen, das diesen Erfahrungen zugrunde liegt.

Das Meta-Modell wird sinnvollerweise in Interviewkontexten eingesetzt. In allen Kontexten also, in denen präzise Informationen benötigt werden und in denen das genaue Verstehen des Weltmodells eines Gesprächspartners wichtig ist. Im NLP trifft dies insbesondere auf Coachinggespräche zu. Aber auch in Kontexten wie Kritikgesprächen, Konfliktsituationen, Verkaufsberatungen, Einstellungsgesprächen, Zielvereinbarungen u.ä. ist der klare und präzise Umgang mit Sprache, den das Meta-Modell bietet, sehr wertvoll.

Die Bezeichnung Meta-Modell leitet sich aus der NLP-Vorannahme „Die Landkarte ist nicht das Territorium" ab. Wie bereits im Kapitel „Der menschliche Modellierungsprozess", Seite 21 ff., ausführlich besprochen, reagieren Menschen nicht auf die Welt selbst, sondern auf die Landkarten, mittels derer sie sich in der Welt orientieren. Während dieser Modellbildung liefern primäre Sinneseindrücke das „Baumaterial" für unsere vorsprachlichen Landkarten. Mit dem Erlernen der Sprache entsteht eine sprachliche Repräsentation dieser primären Sinneseindrücke. Die Sprache dient demnach als verbales Modell eines nonverbalen Modells der Welt und ist somit ein „Meta"-Modell.

Wie jede menschliche Modellbildung unterliegt auch das Erstellen eines sprachbasierten Modells der Welt den drei universellen Modellierungsprozessen.

TILGUNG
ist ein Prozess, durch den wir unsere Aufmerksamkeit bestimmten Erfahrungen zuwenden und andere ausschließen. Beispielsweise filtern wir in einem Raum voller Personen eine bestimme Stimme heraus. Im Sprachprozess ist Tilgen unerlässlich, da wir einen Gesprächspartner ansonsten mit einer Informationsflut überschwemmen würden. Die Gefahr beim Tilgen besteht jedoch darin, dass wichtige Informationen aus der Erfahrung ausgeschlossen werden.

GENERALISIEREN
heißt, unterschiedliche Erfahrungen unter einem gemeinsamen Nenner zusammenzufassen. Beispielsweise lernen wir, Türschlösser aufzuschließen, ohne jede mögliche Form

Das griechische Wort „meta" bedeutet „über", ein Meta-Modell ist also ein Modell über ein Modell.

Eine kritische Reflexion dieses Modells und seine verschiedenen Erweiterungen findet ihr in dem Buch „Magie des Fragens" von Klaus Grochowiak und Stefan Heiligtag.

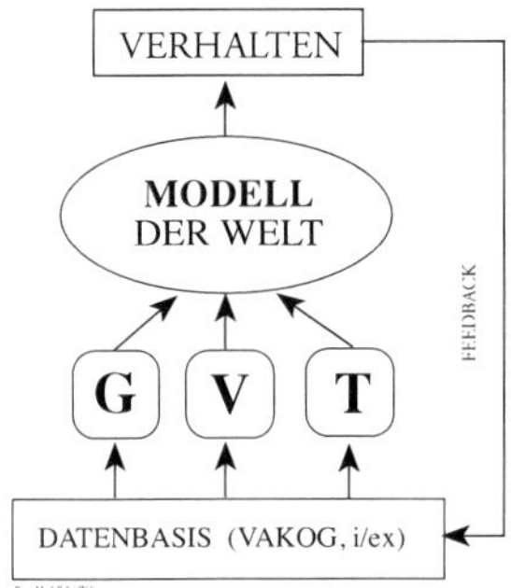

sprächspartners heraushören, die der andere nicht explizit kommuniziert hat. In einem Interviewkontext wird diese erweiterte Wahrnehmung von unschätzbarem Wert sein. Beim alltäglichen Kommunizieren birgt diese Fähigkeit jedoch auch Fallstricke.

Zu Beginn des Trainings kann es passieren, dass man, hoch motiviert durch diese neue Sprachwahrnehmung, die Fragetechniken in alle Alltagskontexte überträgt. Oftmals produziert man dort durch unangemessenes Hinterfragen Rapportbrüche mit Gesprächspartnern. So wird eine Freundin, die beim Kaffeetrinken begeistert von ihrem gestrigen Date erzählt, sicherlich irritiert reagieren, wenn statt interessierten Zuhörens Fragen wie: „Davon kann ich mir noch kein klares Bild machen, wie genau hat er dich geküsst und wie lange?" erfolgt. Und ein Vorgesetzter wird sicherlich nicht begeistert sein, wenn er während eines Meetings von einem Mitarbeiter aufgefordert wird: „Ich höre aus dem, was sie sagen, bei Ihnen einen limitierenden Glaubenssatz heraus, sollten wir dem nicht zuerst einmal auf den Grund gehen?"

Wie detailliert Informationen gesammelt werden, sollte auf den Kontext abgestimmt sein. Ansonsten kann sich beim Gesprächspartner leicht ein Gefühl des Verhörtwerdens einstellen. Und Hinterfragen von Glaubenssätzen bedarf eines klaren Rahmens, in dem der Befragte seine Erlaubnis erteilt, gemeinsam in sein Weltmodell vorzudringen.

Ein ökologischer Umgang mit diesen kraftvollen Fragen ist daher angesagt: Don't be a Meta-Monster!

Module & Techniken

INFORMATIONS-SAMMLUNG

Module

- Informationslücken repräsentieren
- Entnominalisieren
- Offene Valenzen
- Unvollständig spezifizierte Prozessworte
- Fehlender Bezugsindex
- Vergleichstilgungen
- Modaloperatoren

GLAUBENSSÄTZE HINTERFRAGEN

Module

- X oder Y
- Implizites Kausativ
- Universalquantoren
- Verlorenes Performativ
- Komplexe Äquivalenz
- Ursache-Wirkung
- Gedankenlesen
- Vorannahmen
- Symmetrische und nicht-symmetrische Prädikate

TECHNIKEN

- Ziele spezifizieren

Informations-Sammlung

Bei der Informations-Sammlung erfragen wir gezielt getilgte Informationen, die für die jeweilige Interaktion relevant sind.

Um unsere Erfahrungen verbal beschreiben zu können, kommen wir nicht umhin, Informationen zu tilgen. Wollten wir jede Begebenheit mit allen in diesem Zusammenhang stehenden Daten weitergeben, müssten wir ellenlange Sätze bilden, deren Informationsflut unseren Gesprächspartner völlig überfordern würde.

Das folgende Beispiel umfasst nur einen Teil aller möglichen Informationen, die mit der geschilderten Situation in Verbindung stehen:

„Ich war gestern um genau 13.43 Uhr mit meinem Freund Heiner, den ich seit meiner Unizeit, genau genommen seit dem Beginn des 2. Semesters, das jetzt bereits 5 Jahre, 6 Monate und ungefähr drei Tage zurückliegt, ja also mit ihm war ich einkaufen. Das Geschäft, das ich ausgewählt habe, weil mir die Dekoration so gut gefiel, die erinnert mich an Omas Wohnzimmer, Oma ist übrigens vor 13 Monaten gestorben, hatte die Schuhe aber nicht mehr, die ich mir vor 2 Tagen angesehen hatte, als ich nachmittags eine Stunde früher als üblich vom Büro nach Hause ging, weil mein Chef mir freigegeben hatte, weil er so gute Laune hatte – was übrigens selten vorkommt. Also musste ich in einem anderen Geschäft schauen, das mir allerdings viel weniger gefiel, weil es dort durch die grellen Neonleuchten so hell ist, meine Augen sind so lichtempfindlich seit meiner Kindheit ...."

Obwohl dieser Schilderung noch viele Informationen hinzugefügt werden könnten, ist dem Inhalt bereits jetzt kaum noch zu folgen. Das Tilgen von Informationen im Sprachgebrauch ist absolut notwendig, damit wir uns überhaupt sinnvoll verständigen können.

Allerdings tilgen wir häufig auch Informationen, die für eine laufende Interaktion von essenzieller Bedeutung sind.

Beispielsweise geht aus dem Satz: „Er hat mich geschlagen!" nicht hervor, in bzw. mit was der Betroffene geschlagen wurde. Er könnte in einem Tennismatch geschlagen worden sein oder auch mit einem Kochlöffel. Des Weiteren wird nicht deutlich, wie genau der Vorgang des Schlagens vonstatten ging. Würde ein Klient in einem Coachingkontext eine körperliche Berührung schildern, wäre es für den Coach wichtig, ein klares Bild von dieser Berührung zu haben. War es z.B. ein leichter Klaps auf den Arm, oder wurde gar mit der Faust kraftvoll zugeschlagen?

Solche fehlenden Informationen hinterlassen inhaltliche Lücken in unserer inneren Repräsentation. Um eine Schilderung verstehen zu können, brauchen wir jedoch ein hinlänglich klares inneres Bild des Geschehens. Im alltäglichen Sprachgebrauch greift hier ein unbewusster Mechanismus, mit dem die inhaltlichen Lücken durch eigene Vorstellungen ausgefüllt werden.

Dieser Mechanismus ist die Grundlage für fantasievolles Zuhören. Beim Lesen eines guten Buches beispielsweise

Die unten stehende Geschichte stammt aus dem Buch „Handbook of Structured Experiences for Human Relations Training" Volume V, J. W. Pfeiffer + J.E. Jones, University Ass. '75

führt erst eine Sprache, die detaillierte Schilderungen mit kunstvoll vagen Beschreibungen mischt, zum Genuss.

Innerhalb eines Interviewkontextes führt das Ausfüllen von Informationslücken mit eigenen Vorstellungen jedoch zu Unklarheit und Missverständnissen.
Wie dieser Mechanismus funktioniert, demonstriert die folgende kurze Geschichte:

Ein Geschäftsmann hat gerade die Lichter in seinem Laden ausgemacht, als ein Mann erscheint und Geld verlangt. Der Eigentümer öffnet eine Registrierkasse. Der Inhalt dieser Registrierkasse wird zusammengerafft. Jemand rennt aus dem Laden. Ein Polizist wird sofort benachrichtigt.

Beantworte die folgenden Fragen über die Geschichte:

Wahr	Falsch	?	
		X	Ein Mann erschien, nachdem der Eigentümer die Lichter seines Geschäfts ausgemacht hat.
		X	Der Räuber war ein Mann.
	X		Der Mann verlangte kein Geld.
X			Der Mann, der eine Registrierkasse öffnete, war der Eigentümer.
		X	Der Ladenbesitzer raffte den Inhalt einer Registrierkasse zusammen und rannte weg.
		X	Nachdem der Mann, der das Geld gefordert hatte, den Inhalt einer Registrierkasse zusammengerafft hatte, rannte er weg.
		X	Eine Registrierkasse hat Geld beinhaltet, aber die Geschichte sagt nicht, wie viel.
		X	Der Räuber verlangte Geld vom Eigentümer.
		X	Die Geschichte betrifft eine Serie von Ereignissen, in der auf nur 3 Personen Bezug genommen wird: den Besitzer des Ladens, den Mann, der das Geld gefordert hat, und einen Polizisten.
X			Die folgenden Ereignisse in der Geschichte sind wahr: Jemand verlangte Geld, eine Registrierkasse wurde geöffnet, ihr Inhalt wurde zusammengerafft, und jemand rannte aus dem Laden.

In einem Interviewkontext sollten die Informationen des Gesprächspartners möglichst genau aufgenommen und repräsentiert werden. Dazu benötigt der Interviewer ein hohes Maß an Bewusstheit darüber, welche Informationen tatsächlich gegeben wurden und an welchen Stellen noch wichtige Daten fehlen.

Zu Beginn des Meta-Modell-Trainings ist es daher wichtig, den Automatismus zu überwinden, mit dem Informationslücken durch eigene Vorstellung aufgefüllt werden. Stattdessen soll eine Bewusstheit darüber entstehen, ob bereits eine klare innere Repräsentation des Gesagten vorgenommen werden kann, die ausschließlich auf dem Gesagten basiert.

Das Modul „Informationslücken repräsentieren" kann dich bei diesem Prozess unterstützen.

Die einzelnen Unterpunkte der Informations-Sammlung sind auf der nächsten Seite grafisch dargestellt. Jeder Unterpunkt wird im Folgenden in Form eines Moduls ausführlich erklärt.

META-MODELL

INFORMATIONS-SAMMLUNG

- Entnominalisieren
- Offene Valenzen
- Unvollständig spezifizierte Prozessworte
- Fehlender Bezugsindex
- Vergleichstilgung
- Modaloperatoren

Modul

Informationslücken repräsentieren

Ein hohes Bewusstsein darüber, an welchen Stellen die Schilderung eines Gesprächspartners ungenaue Beschreibungen bietet respektive wo relevante Informationen fehlen, ist Voraussetzung für gutes Metamodellieren.

Diese Übung soll dir bewusstmachen, wie du Informationslücken in der Schilderung eines Gesprächspartners repräsentierst. Elizitiere hierfür den Submodalitätsunterschied zwischen **„hinreichend genaue"** und **„unzureichend genaue"** Beschreibung.

1. **SM-Set für „unzureichend genaue Beschreibung"**
   a) B liest A den Referenztext Ia komplett vor. A konzentriert sich dabei auf den Inhalt der Schilderung.
   b) B elizitiert mit Hilfe einer SM-Tabelle die Submodalitäten, mit denen A den Inhalt dieser 1. Schilderung repräsentiert.

2. **SM-Set für „ausreichend genaue Beschreibung"**
   a) B liest A nun den Referenztext IIa wiederum komplett vor. A konzentriert sich dabei wieder auf den Inhalt der Schilderung.
   b) B elizitiert mit Hilfe einer SM-Tabelle die Submodalitäten, mit denen A den Inhalt dieser 2. Schilderung repräsentiert.

3. **SM-Unterschied:**
   a) Vergleiche nun die beiden SM-Sets und markiere die Unterschiede.
   b) Übertrage die markierten Submodalitäten aus der SM-Tabelle für „unzureichend genaue Beschreibung" in die unten stehende Tabelle.
   ➡ Dies sind die Submodalitäten, an denen du erkennst, dass in einer Schilderung relevante Informationen fehlen.

4. **Wechsel:**
   Wiederhole Schritte 1 - 3. Verwende dabei die Texte Ib und IIb.

SM: „Unzureichend genaue Beschreibung"

V-A-K	Submodalität	V-A-K	Submodalität

Modul
Entnominalisieren

»Nominalisierungen« sind aus Verben und Adjektiven abgeleitete Substantive, die einen Prozess beschreiben.

Beispiele: Kommunikation ⇐ kommunizieren • Streit ⇐ streiten • Liebe ⇐ lieben • Hoffnung ⇐ hoffen • Furcht ⇐ fürchten

Durch das Nominalisieren eines Verbs oder eines Adjektivs wird ein andauernder Prozess als abgeschlossenes Ereignis repräsentiert. Aus einem „Traurig-Sein", das sich im Prozess ständig verändert, wird eine „Trauer", ein abgeschlossener, statischer Zustand. Dieses Verdinglichen von Prozessen führt zu einem starren Erleben, dessen Veränderung außerhalb der Kontrolle des Betroffenen zu sein scheint.

Um eine Nominalisierung wieder in einen fortlaufenden Prozess zu wandeln, wird das Substantiv auf das zugrundeliegende Verb oder Adjektiv zurückgeführt und in das Hinterfragen eingebaut.

Bei einem Substantiv kann es sich auch um ein tatsächliches Ding handeln, beispielsweise einen Stuhl oder ein Auto. Ein einfacher Test zeigt, ob eine Nominalisierung vorliegt:

1. **Alles, was in eine Schubkarre gepackt werden könnte, ist ein „reales Ding" und damit keine Nominalisierung.**
2. **Nominalisierungen können sinnvoll mit dem Wort andauernde ... benutzt werden.**

Beispiele:

Ich kann ein Auto in eine Schubkarre packen, auch einen Stuhl. Eine Entscheidung oder einen Streit jedoch nicht. Dafür kann die Umschreibung „andauernde Entscheidung" und „andauernder Streit" sinnvoll gebraucht werden. Ein andauerndes Auto oder ein andauernder Stuhl ist jedoch semantisch fehlgeformt.

- „Wir müssen unsere Kommunikation verbessern."
- ➡ Wer kommuniziert was mit wem?
- ➡ Wie möchtest du kommunizieren?
- „Ich verspüre diese Unsicherheit."
- ➡ Wer oder was verunsichert dich worin?
- „Ich habe Angst!"
- ➡ Wer oder was ängstigt dich?

Offene Valenzen zu erfragen ist ein **Muss** beim Metamodellieren.

MODUL

OFFENE VALENZEN

Valenzen sind die Leerstellen, die ein *Prozesswort* „fordert", um seine Bedeutung entfalten zu können.

Beispiele: Damit das Wort *lieben* einen Sinn ergibt, muss es *jemanden* geben, der liebt, und *jemanden oder etwas* geben, der bzw. das geliebt wird. Das Prozesswort *lieben* hat demnach *zwei Leerstellen*, es ist *2-wertig.*
Das Wort *schlagen* hat *drei Leerstellen.* Es gibt *jemanden,* der schlägt, *jemanden oder etwas,* der bzw. das geschlagen wird, und *etwas,* mit bzw. in dem geschlagen wird.

Fehlt eine dieser wesentlichen Angaben, bleibt die Repräsentation unklar. Um ein klares Bild des beschriebenen Prozesses zu erhalten, werden die fehlenden Informationen erfragt. Offene Valenzen können bei Prozessworten vorkommen:

➡ Verben	• lieben, ordnen, fürchten ...
➡ Nominalisierungen	• Liebe, Ordnung, Furcht ...
➡ Adjektive	• liebevoll, ordentlich, furchterregend ...
➡ Adverbien	• peinlicherweise, offensichtlicherweise ...

Erfrage offene Valenzen je nach Art der Leerstelle mit:

Wer ... , Was ... , Wen bzw. was ... , Wem ... , Vor wem ... ,
Von wem ... , Bezüglich was ... u. Ä.

Beispiele:

- „Mein Mann kann nicht lieben."
- ➡ Wen oder was kann er nicht lieben?
- „Ich wurde von meiner Mutter geschlagen."
- ➡ Mit was hat sie dich geschlagen?
- „Meine Sekretärin hält einfach keine Ordnung."
- ➡ In was hält sie keine Ordnung?
- „Diese Situation ist peinlich."
- ➡ Für wen ist die Situation peinlich?

Sind alle offenen Valenzen gefüllt, besteht der nächste Schritt zu einer klaren Repräsentation des Gesagten in der Überprüfung, ob die für die Interaktion relevanten Prozessworte genau genug spezifiziert sind, damit ein klares Bild des beschriebenen Prozesses entsteht. Siehe hierzu das Modul „Unvollständig spezifizierte Prozessworte".

Modul

Unvollständig spezifizierte Prozessworte

Auch wenn alle Valenzen gefüllt sind, können noch weitere Informationen notwendig sein, um ein klares Bild des beschriebenen Prozesses zu erhalten.

Beispiel: „Mein Mann kann mich nicht lieben."
Obwohl hier alle Valenzen des Verbs lieben gefüllt sind, ist noch nicht klar, wie genau ihr Mann sie nicht liebt, oder anders formuliert, woran sie festmacht, dass das Verhalten ihres Mannes nicht-liebend ist.

Der von dem Prozesswort beschriebene Prozess sollte auf einer Chunkebene spezifiziert werden, die eine klare Repräsentation der Ereignisse erlaubt. Die zu stellende Frage ist demnach:

Kannst du dir den tatsächlichen Ablauf der beschriebenen Ereignisse vorstellen?

Da während einer Interaktion in der Regel eine Fülle von Prozessworten verwendet wird, muss jeweils abhängig vom Inhalt entschieden werden, welche Prozessworte genauer hinterfragt werden müssen. Es sind dies Prozessworte, die einen Prozess beschreiben, der für die momentane Interaktion von essenzieller Bedeutung ist.

Hinterfrage unvollständig spezifizierte Prozessworte mit:

Wie genau ... , Woran merkst du ... , Was genau ... u. Ä.

Beispiele:

- „Mein Mann kann mich nicht lieben."
- ➡ Woran genau merkst du, dass er dich nicht liebt?
- „Ich wurde von meiner Mutter mit der Hand geschlagen."
- ➡ Wie genau hat sie dich geschlagen, wohin, wie fest …?
- „Meine Sekretärin hält einfach keine Ordnung im Büro."
- ➡ Was genau meinst du mit Unordnung?
- „Diese Situation ist für mich peinlich."
- ➡ Was genau macht diese Situation für dich peinlich?

Welche **unvollständig spezifizierten Prozessworte** für die laufende Interaktion relevant sind und daher genauer hinterfragt werden sollten, ist eine **ERMESSENSFRAGE.**

Das Erfragen von **fehlenden Bezugsindices** ist beim Metamodellieren ein **MUSS.**

MODUL

FEHLENDER BEZUGSINDEX

Häufig werden Aussagen formuliert, die keinen eindeutigen Bezug aufweisen. Es handelt sich hierbei um Formulierungen, die bezugnehmende Worte beinhalten, ohne dass ein eindeutiger Bezug vorhanden ist.

Beispiele: *Das* kann doch nicht sein; *diese* Person ist unmöglich; *die* sollen sich mal nicht so anstellen; *der* benimmt sich daneben; *solche* Verhaltensweisen hasse ich; wir treffen uns wieder *dort*; *hier* ist die Hölle los; *jemand* war hier; *er* wird wiederkommen; *es* soll nicht wieder vorkommen, **bestimmte** Menschen ... u. Ä.

Wenn ein solches bezugnehmendes Wort in einer Formulierung vorhanden ist, muss überprüft werden, ob ein eindeutiger Bezug vorhanden ist. Wenn ein eindeutiger Bezug vorliegt, erübrigt sich weiteres Nachfragen. Ist der Bezug jedoch nicht unmittelbar angegeben oder gibt es mehrere unmittelbar angegebene Bezugsquellen, sollte erfragt werden, worauf genau sich die Aussage bezieht.

Erfrage einen fehlenden Bezugsindex mit:

Wer genau ... , Welcher genau ... , Was genau ... , Wo genau ... u. Ä.

Hier ist folgender Faktor besonders wichtig: Oftmals scheint ein solcher Begriff einen eindeutigen Bezug zu haben, da im vorausgegangenen Satz ein Bezug geliefert wurde. Menschen neigen jedoch zu Gedankensprüngen. Dann kann sich eine Aussage auf Inhalte beziehen, die viel früher gegeben wurden.

Beispiele:

- „Das kann doch nicht sein!"
- ➡ Was genau kann nicht sein?
- „Diese Person ist unmöglich."
- ➡ Welche Person genau ist unmöglich?
- „Die sollen sich mal nicht so anstellen."
- ➡ Um wen genau geht es?
- „Der benimmt sich daneben."
- ➡ Wer benimmt sich daneben?
- „Solche Verhaltensweisen hasse ich."
- ➡ Welche Verhaltensweisen genau?
- „Wir treffen uns wieder dort."
- ➡ Wo genau treffen wir uns?
- „Hier ist die Hölle los."
- ➡ Wo ist hier?

Modul

Vergleichstilgung

Bei der Äußerung eines Vergleichs muss die Vergleichsgröße angegeben werden, auf die in der Äußerung Bezug genommen wird. Fehlt diese Vergleichsgröße, ist eine klare Repräsentation nicht möglich. Wir unterscheiden drei verschiedene Vergleichstilgungen:

- **Positiv-Tilgung**
- **Komparativ-Tilgung**
- **Superlativ-Tilgung**

Bei einer **Positiv-Tilgung** ist die Kriterienliste getilgt, nach der bewertet wird.

Beispiele: Sie sind nicht gut genug.
Er ist zu intelligent.
Diese Frau ist nicht schön.

Erfrage eine Positiv-Tilgung mit:
Nach welchen Kriterien bewertest du das?
Welche Kriterien liegen dieser Bewertung zugrunde? u. Ä.

Bei der **Komparativ-Tilgung** ist das Objekt bzw. Subjekt getilgt, mit dem verglichen wird.

Beispiele: Sie ist besser.
Er ist der intelligentere.

Erfrage eine Komparativ-Tilgung mit:
Im Vergleich wozu bzw. mit wem? u. Ä.

Diese Frau ist schöner.

Bei der **Superlativ-Tilgung** sind die Objekte bzw. Subjekte getilgt, mit denen verglichen wird.

Beispiele: Sie ist die Beste.
Er ist der Intelligenteste.

Erfrage eine Superlativ-Tilgung mit:
Im Vergleich mit welchen anderen? u. Ä.

Das Erfragen von fehlenden Vergleichsgrößen bei **Komparativ-Tilgungen und Superlativ-Tilgungen** ist beim Metamodellieren ein **MUSS.**

Welche **Positiv-Tilgung** hinterfragt wird und wie tiefgreifend ist eine **ERMESSENSFRAGE.**

Das Hinterfragen von **Modaloperatoren** ist beim Metamodellieren ein **MUSS.**

➡ Das Erfragen der Befürchtung bei einem **Modaloperator der Notwendigkeit** führt in der Regel zu einem Glaubenssatz, der nach dem Muster „X = Y" oder „X ⇒ Y" formuliert ist.

➡ Das Erfragen des Hinderungsgrundes bei einem **Modaloperator der Unmöglichkeit** führt in der Regel zu einem Glaubenssatz, der nach dem Muster „**Impliziertes Kausativ**" formuliert ist.

Modul

Modaloperatoren

Tilgungen bei Modaloperatoren beziehen sich auf zwei Bereiche:

- **die Notwendigkeit ➡ müssen, sollen, notwendig**
- **die Unmöglichkeit ➡ kann nicht, darf nicht, unmöglich**

Eine Tilgung des **Modaloperators der Notwendigkeit** liegt dann vor, wenn etwas als notwendig kommuniziert wird, ohne die dahinter liegende Befürchtung zu anzugeben.

Beispiele: „Ich muss zu Hause bleiben."
„Es ist notwendig, dass ich die Prüfung bestehe."

Hinterfrage einen Modaloperator der Notwendigkeit:
Was befürchtest du, würde sonst passieren?
Was würde sonst passieren?

Beispiele:

- „Ich muss zu Hause bleiben."
  ➡ Was befürchtest du, würde sonst passieren?
  „Mein Vater schnappt sonst über."
- "Es ist notwendig, dass ich die Prüfung bestehe."
  ➡ Was würde sonst passieren?
  „Sonst habe ich keine Zukunft mehr."

Eine Tilgung des **Modaloperators der Unmöglichkeit** liegt dann vor, wenn etwas als unmöglich kommuniziert wird, ohne dass ein Hinderungsgrund angegeben wird.

Beispiele: „Ich kann meine Berufung nicht leben."
„Es ist unmöglich, dass ich mich von ihm trenne."

Hinterfrage einen Modaloperator der Unmöglichkeit:
Was hält dich davon ab?
Was hindert dich daran?

Beispiele:

- „Ich kann meine Berufung nicht leben."
  ➡ Was hält dich davon ab?
  „Meine Familie toleriert so etwas nicht."
- „Es ist unmöglich, dass ich mich von ihm trenne."
  ➡ Was hindert dich daran?
  „Ich kann mich nicht selbst ernähren."

Glaubenssätze hinterfragen

Hier geht es um das Erkennen und Hinterfragen von Satzstrukturen, die auf bestimmte Glaubenssatzmuster hinweisen.

Unsere Fähigkeit zu generalisieren erlaubt uns, die Informationsflut unserer Umwelt zu verarbeitbaren Einheiten zusammenzufassen. Ohne diesen Mechanismus würden die unzähligen Informationen, denen wir ständig ausgesetzt sind, eine völlige Systemüberforderung hervorrufen. Eine gelungene Generalisierung fasst gleichartige Informationen zusammen. Beispielsweise müssen wir nicht jedesmal erneut lernen, wie ein Wasserhahn auf- bzw. zugedreht wird. Haben wir diesen Mechanismus einmal begriffen, können wir diese Erfahrung auf andere Wasserhähne mit gleicher Funktionsweise generalisieren. Ebenso stellen alle hochgechunkten Karten von der Wirklichkeit – wie Wissenschaft, Ethik, Moral, Philosophie – Produkte der menschlichen Generalisierungsfähigkeit dar.

Die Fähigkeit zu generalisieren kann aber auch zu großen Einschränkungen führen, nämlich dann, wenn verschiedenartige Informationen zu einer vermeintlichen Einheit zusammengefasst und als gleichartig repräsentiert werden. Beispielsweise: „Alle Männer wollen immer nur das Eine!“ oder: „Jede Frau will doch nur das Geld eines Mannes!“ Hier werden einzelne Erfahrungen auf alle Subjekte bzw. Objekte einer Klasse verallgemeinert. Unangemessene Verallgemeinerungen können das Erleben der Welt erheblich einschränken. In einem Interviewkontext ist es daher sehr hilfreich, Generalisierungsmuster an der Formulierung erkennen und in Folge davon hinterfragen zu können. Unangemessene Generalisierungen führen dazu, dass wir die Welt nicht differenziert genug wahrnehmen und dementsprechend nicht differenziert genug handeln können. Diese Generalisierungen wirken auch wie ein Wahrnehmungsfilter, der alle möglichen Gegenbeispiele ausblendet.

Der Prozess des Verzerrens von Informationen ist die Grundlage für jegliche Form von Kreativität. Er ermöglicht uns, Neues, in dieser Form noch nicht Dagewesenes zu erfinden. Wird eine verzerrte Information jedoch fälschlicherweise als real gegebene Tatsache repräsentiert, führt dies zu Illusionen und Halluzinationen. Ein Beispiel hierfür wäre die Aussage: „Ich weiß schon, was das Beste für meinen Sohn ist!“ Hier gibt der Sprechende an, er wäre in der Lage, das Erleben und die Gedanken eines anderen Menschen zu kennen, ohne anzugeben, woher er diese Information bezogen hat. Oftmals handelt es sich bei einer solchen Formulierung um eine Vermutung, die im Inneren zu einem vermeintlichen Wissen verzerrt wurde.

Wenn Glaubenssätze entstehen, stehen die beiden universellen Modellierungsprozesse **Generalisieren** und **Verzerren** im Vordergrund.

META-MODELL

GLAUBENSSÄTZE HINTERFRAGEN

- X oder Y
- Implizites Kausativ
- Verlorenes Performativ
- Universalquantoren
- Gedankenlesen
- Komplexe Äquivalenz
- Ursache-Wirkung
- Symmetrische Prädikate
- Nicht-symmetrische Prädikate
- Vorannahmen

Module

Modul

X oder Y

Mit diesem Glaubenssatz verbalisiert der Sprechende die Überzeugung, dass er etwas notwendigerweise machen muss, da ansonsten unweigerlich eine bestimmte Befürchtung bzw. Konsequenz eintreten wird. Die abstrakte Aussagenform hierzu lautet:

Ich muss X, sonst passiert Y

Beispiele: „Ich muss mich um andere kümmern, sonst lehnen sie mich ab!"
„Ich muss ihm die Wahrheit verschweigen, sonst verlässt er mich!"

In diesem Glaubenssatzmuster wird ein Kausalzusammenhang behauptet. Die Kausalität schliesst alle anderen Alternativen aus. Häufig ist Y jedoch nur eine von vielen möglichen Konsequenzen, oftmals sogar eine unrealistische. Oder Y wird in jedem Fall geschehen, gleichgültig, ob der Sprechende X tut oder es unterlässt.

Hinterfrage mit dem Ziel: den Kausalzusammenhang zu hinterfragen und Wahlmöglichkeiten einzuführen

Hinterfrage:
- **Wenn du X tust, wird Y nicht geschehen?**
- **Wenn du X nicht tust, geschieht unweigerlich Y?**
- **Muss es denn immer notwendigerweise so sein, dass Y geschieht, wenn du X nicht tust?**

Hinterfragen der Beispielsätze:

- ➡ Heisst das, wenn du dich um andere kümmerst, ist sichergestellt, dass sie dich nicht ablehnen?
- ➡ Heisst das, wenn du dich nicht um andere kümmerst, werden sie dich unweigerlich ablehnen?
- ➡ Muss es denn immer notwendigerweise so sein, dass dich andere ablehnen, wenn du dich nicht um sie kümmerst?
- ➡ Gilt das denn auch für andere, dass sie sich um andere kümmern müssen, um nicht abgelehnt zu werden? Was ist an dir so besonders, dass es nur für dich gilt?

Modul

Implizites Kausativ

Bei diesem Glaubenssatzmuster wird ein Kausalzusammenhang geäussert, bei dem ein bestimmter Grund etwas Erwünschtes verhindert oder etwas Unerwünschtes erzwingt. Die abstrakte Aussagenform hierzu lautet:

Ich will X, aber Y verhindert es
Ich will X nicht, aber Y zwingt mich

Beispiele: „Ich möchte von zuhause ausziehen, aber mein Vater ist krank."
„Ich will nicht bei meinem Mann bleiben, aber ich bin finanziell von ihm abhängig."

Hier wird durch einen mit „**aber**" gekennzeichneten Nachsatz ein Grund dafür angegeben, weshalb ein Ausziehen von zuhause nicht möglich ist, ohne dass dieser Kausalzusammenhang erläutert wird.

Hinterfrage mit dem Ziel: die Ausschließlichkeit der Kausalität aufzuheben, Befürchtungen/Bedeutungen zu hinterfragen und Wahlmöglichkeiten einzuführen

Hinterfrage:
- **Wie genau hindert dich Y daran, X zu tun?**
- **Was befürchtest du, wenn du X doch tust?**
- **Was würde es für dich bedeuten, wenn du X doch tust?**
- **Wie genau zwingt dich Y dazu, X zu tun?**
- **Was befürchtest du, wenn du X nicht tust?**

Hinterfragen der Beispielsätze:

- ➡ Wie genau hindert dich das Kranksein deines Vaters daran, von zuhause auszuziehen?
- ➡ Was befürchtest du, wenn du doch ausziehen würdest?
- ➡ Was würde es für dich bedeuten, wenn du angesichts der Krankheit deines Vaters trotzdem ausziehen würdest?
- ➡ Wie genau zwingt dich deine finanzielle Abhängigkeit dazu, bei deinem Mann zu bleiben?
- ➡ Was befürchtest du, wenn du deinen Mann trotzdem verlässt?

Modul

Universalquantoren

Universalquantoren sind Wörter, die eine maximale Verallgemeinerung ausdrücken. Der Sprecher repräsentiert einzelne Erfahrungen in Form einer immer und überall geltenden Regel, die keine Ausnahmen duldet. Einerseits wird dadurch die natürliche Vielfalt der Möglichkeiten aus der inneren Repräsentation ausgeschlossen. Andererseits verdeckt die Generalisierung die konkreten Erfahrungen. Die abstrakte Aussagenform hierzu lautet:

Es wird eine Aussage über alle Objekte bzw. Subjekte einer Klasse getroffen.

Beispiele: alle, dauernd, ewig, immer, in keinster Weise, jeder, jedes Mal, keiner, keinesfalls, nichts, nie, niemals, nirgends, niemand, permanent, sämtliche, ständig, stets, überall, überhaupt nicht, ununterbrochen ...

Hinterfrage mit dem Ziel: **Unterscheidungen einzuführen & die Repräsentation des Sprechers mit seiner konkreten Erfahrung in Verbindung zu bringen**

Hinterfrage: **mit einem Gegenbeispiel oder durch Betonen des gebrauchten Universalquantors**

Beispiele:

- „Niemand achtet darauf, was ich sage."
- ➡ Ach, und was mache ich gerade?
- ➡ Willst du damit sagen, dass überhaupt niemand jemals darauf achtet, was du sagst?
- „Keiner mag mich!"
- ➡ Hast du wirklich noch nie jemanden kennen gelernt, der dich mag?
- ➡ Willst du damit etwa sagen, dass es auf der ganzen weiten Welt keinen einzigen Menschen gibt, der dich mag?
- „Alle Männer wollen immer nur das Eine!"
- ➡ Kennst du wirklich keinen einzigen Mann, der zumindest ab und zu einmal an etwas anderes denkt?

Modul

Verlorenes Performativ

Ein „Verlorenes Performativ" liegt vor, wenn eine Person eine Überzeugung aus ihrem Modell der Welt in Form einer allgemeingültigen Regel formuliert. Die getroffene Aussage ist nicht auf den Sprecher hin relativiert, und es findet sich kein Hinweis darauf, dass ihm bewusst ist, dass der Inhalt auch anders erlebt werden kann. Aussagen dieser Art haben oftmals den Charakter einer „universellen Weisheit".

Behauptung ohne Angabe, wessen Modell der Welt kommuniziert wird

Beispiel: „Es ist falsch, die Gefühle anderer zu verletzen."

Mit einer Formulierung nach dem Muster des verlorenen Performativs wird versucht, die aufgestellte Behauptung gegen Gegenargumente zu immunisieren. Oder es wird der Eindruck erweckt, dass jeder gebildete, informierte usw. Mensch dies weiß. Auch das kann als Einschüchterungstaktik bzw. Immunisierung verstanden werden.

Hinterfrage mit dem Ziel: die Aussage auf den Sprechenden hin zu relativieren, zu differenzieren zwischen seinem Modell der Welt und anderen Weltmodellen

Hinterfrage:

- **Wer sagt das?**
- **Wessen Meinung ist das?**
- **Für wen gilt das?**
- **Wer erlebt das so?**

Beispiele:

- „Wenn man sündigt, kommt man in die Hölle."
- „Es gibt keinen Gott."
- „Anständige Frauen haben keinen Sex vor der Ehe."
- „Man darf nicht lügen."
- „Kindern dürfen ihren Eltern keine Wut zeigen."
- „Du musst auf Erden leiden, um später in den Himmel zu kommen."

MODUL

STRATAGEM: VERLORENES PERFORMATIV

Das folgende Stratagem kann angewandt werden, wenn ein *Kernglaubenssatz* nach dem Muster „Verlorenes Performativ" formuliert wurde.

Beispiele: „Die Welt ist ein Jammertal!"
„Ich bin kein guter Vater!"

1. Hinterfrage die Aussage mit den Formulierungen:
   - **Wer sagt das?**
   - **Wessen Meinung ist das?**

2a. Wenn es die Meinung des Klienten ist, fordere ihn auf, den Glaubenssatz zu spezifizieren:
   - **Woran machst du fest, dass ...**

Metamodelliere die jeweilige Antwort des Klienten mit dem Ziel, die Universalität der Aussage zu relativieren und Wahlmöglichkeiten einzuführen.

2b. Wenn der Klient die Meinung von jemandem übernommen hat, hinterfrage, ob sich diese Überzeugung mit seinen eigenen Erfahrungen deckt:
   - **Entspricht diese Überzeugung auch deinen eigenen Erfahrungen?**
   - **Wenn Person X von ... überzeugt ist, muss diese Überzeugung dann notwendigerweise auch für dich gelten?**

   Bei JA: weiter wie in 2a
   Bei NEIN: **Was ist deine eigene Meinung dazu?**

Beispiel:

K: Ich bin ein schlechter Vater!
C: Wer sagt das?
K: Meine Frau.
C: Ist das auch deine Meinung?
K: Ja, eigentlich schon.
C: Woran machst du fest, dass du ein schlechter Vater bist?
K: Ich verliere so schnell die Geduld mit ihm.
C: Das heißt, du setzt „schnell Geduld verlieren" mit „ein schlechter Vater sein" gleich?
K: Das ist ja eigentlich Unsinn!
C: Was könnte dein ungeduldiges Verhalten denn noch bedeuten?

Modul
Komplexe Äquivalenz

Eine „Komplexe Äquivalenz" liegt vor, wenn ein bestimmtes Ereignis als gleichwertig mit einer bestimmten Bedeutung formuliert wird. Es wird ein äußeres Ereignis mit einem inneren Zustand gleichgesetzt.

Ereignis X ≡ Bedeutung Y

Beispiel: „Dass Herr Maier mich heute morgen nicht gegrüßt hat, bedeutet, dass er böse auf mich ist!"

Im obigen Beispiel wird das Ereignis: „Herr Maier hat mich heute morgen nicht begrüßt" mit der Bedeutung: „Er ist böse auf mich" gleichgesetzt. Oftmals ist eine solche Bedeutungsgebung ein rein willkürlicher Akt, der auf der Basis des vorhandenen Glaubenssystems vorgenommen wird, jedoch als Tatsache repräsentiert wird. Die betroffene Person verwechselt dann ihre innere Gedankenwelt (Inside) mit äußeren Ereignissen (Outside).
In einem Interviewkontext ist es unerlässlich, die Bedeutungsgebung in einer komplexen Äquivalenz zu hinterfragen. In unserem obigen Beispielsatz könnte es beispielsweise sein, dass Herr Maier heftige Zahnschmerzen hat und aus diesem Grund nicht gegrüßt hat.
Es ist auch zu bedenken, dass aus diesen Bedeutungsgebungen oft Handlungen resultieren, die in ihrer Unangemessenheit der Unangemessenheit der Bedeutungsgebung entsprechen.

Hinterfrage mit dem Ziel: **die Grundlage der Bedeutungsgebung zu erfragen und gegebenenfalls unangemessene Bedeutungsgebungen aufzuheben, indem weitere mögliche Bedeutungen eingeführt werden**

Hinterfrage:

- **Woher weißt du, dass X Y bedeutet?**
- **Muss X denn automatisch Y bedeuten?**
- **Was könnte X denn noch bedeuten?**
- **Hast du niemals X, ohne dass es Y bedeutet hat?**

Hinterfragen des Beispielsatzes:

- ➡ Woher weißt du, dass das griesgrämige Grüßen von Herrn Maier bedeutet, dass er böse auf dich ist?
- ➡ Muss Herrn Maiers griesgrämige Begrüßung denn automatisch bedeuten, dass er auf dich böse ist?
- ➡ Was könnte Herr Maiers griesgrämige Begrüßung denn noch bedeuten?
- ➡ Hast du noch nie jemanden nicht gegrüßt, ohne dass du böse auf ihn warst?

MODUL

URSACHE–WIRKUNG

Dieses Muster liegt vor, wenn einer Person die Macht zugeschrieben wird, ursächlich für das Erleben einer anderen Person verantwortlich zu sein. Hier wird behauptet, eine Gefühlsreaktion könne ohne eigenen Anteil der betroffenen Person, alleine durch das Verhalten eines anderen Menschen, herbeigeführt werden. **Die Tatsache, dass einer Gefühlsreaktion ein innerer Prozess vorausgeht, wird vollständig getilgt.** Dies führt dazu, dass eine Veränderung der Gefühlsreaktion nur dann erfolgen kann, wenn die andere Person ihr Verhalten ändert. Die Handlungsmacht liegt damit in den Händen des anderen. Der Betroffene fühlt sich handlungsunfähig und hilflos.

Person X verursacht Gefühl Y in einer anderen Person

Beispiele: „Sein Zuspätkommen macht mich wütend!"
„Ihre rationale Reaktion macht mich traurig!"

Hinterfrage mit dem Ziel: dem Betroffenen den eigenen Anteil an seinem Erleben bewusstzumachen und ihn somit in die Handlungsmacht zu bringen

Hinterfrage:

- **Wie genau führt das Verhalten von X dazu, dass du dich ... fühlst?**
- **Wenn X sich so verhält, was genau geschieht in deinem Inneren, bevor du dich ... fühlst?**

u. Ä.

Hinterfragen des Beispielsatzes:

- ➡ Wie genau führt sein Zuspätkommen dazu, dass du dich wütend fühlst?
- ➡ Wenn er zu spät kommt, was genau geschieht in deinem Inneren, bevor du beginnst, wütend zu sein?
- ➡ Wie genau führt ihre rationale Reaktion dazu, dass du dich traurig fühlst?
- ➡ Wenn sie sich auf diese Weise rational verhält, was geschieht in deinem Inneren, unmittelbar bevor du traurig wirst?

Modul

Gedankenlesen

Bei diesem Muster behauptet eine Person, etwas über das Erleben einer anderen Person zu wissen, ohne anzugeben, woher diese Information stammt.

Halluzination über eine andere Person

Beispiel: „Mein Kollege mag mich nicht!"

Hinterfrage mit dem Ziel: so lange zu hinterfragen, bis die konkrete Informationsquelle genannt oder ein Glaubenssatz nach dem Muster „Äquivalenz" bzw. „Ursache-Wirkung" formuliert wird

Hinterfrage: Woher weißt du das?

Das Hinterfragen kann drei verschiedene Antwort-Varianten hervorbringen:

1. Es wird eine **konkrete Informationsquelle genannt**, beispielsweise: „Mein Kollege hat mir wortwörtlich gesagt, dass er mich nicht mag."
2. Die Antwort weist ein **neues Gedankenlesen-Muster auf**, beispielsweise: „Ein anderer Kollege sagte, dass dieser Kollege mich nicht mag."
3. Die Aussage ist **eine Vermutung**, die bisher als Tatsache repräsentiert wurde. Hier gibt es wiederum zwei Varianten:
   a) **Komplexe Äquivalenz:** die betreffende Person setzt ein Ereignis mit einer Bedeutungsgebung gleich. Beispiel: „Ich weiß, dass er mich nicht mag, weil er mich nur selten grüßt."
   siehe hierzu Seite 200
   b) **Ursache-Wirkung:** die betreffende Person behauptet, dass eine Person das Erleben einer anderen Person verursachen kann. Beispiel: „Mit deinem Zuspätkommen machst du mich wütend."
   siehe hierzu Seite 201

Weitere Beispiele:

- „Michael ist wütend auf mich."
- „Ich bin sicher, dass Robert dein Geschenk mochte."
- „Meine Frau weiß schon, dass ich sie liebe."
- „Mein Chef hält viel von mir."

MODUL

VORANNAHMEN

Eine »Vorannahme« ist eine Aussage, die in einem Satz als wahr vorausgesetzt wird, damit der Satz überhaupt einen Sinn ergeben kann.

Beispiel: „Wenn die Katze noch einmal auf den Tisch springt, werfe ich sie runter."

Damit dieser Satz einen Sinn ergibt, muss wahr sein, dass die Katze bereits mindestens einmal auf den Tisch gesprungen ist. Diese Information wird jedoch nicht ausdrücklich gegeben.

Nicht hinterfragte Vorannahmen können ein völlig falsches Bild einer Situation entstehen lassen. In unserem obigen Beispielsatz könnte es beispielsweise sein, dass die Katze noch nie zuvor auf dem Tisch war, der Betroffene dies aber als Grundannahme für sein Verhalten repräsentiert.

Hinterfrage mit dem Ziel: **die impliziten Vorannahmen zu verbalisieren**

Hinterfrage: **Was setzt eine Aussage als wahr voraus?**
Mache diese Vorannahmen explizit!

Beispiele:

- „Mein Sohn wird genauso faul wie mein Mann."
  Vorannahme: mein Mann ist faul.
- ➡ Wie genau empfinden Sie Ihren Mann als faul?
- „Da er schon wieder zu spät kam, habe ich ihm gekündigt."
  Vorannahme: er kam mindestens zweimal zu spät.
- ➡ Er kam also mehrmals zu spät?
- „Wenn Heiner so dumm ist, will ich nicht mit ihm arbeiten."
  Vorannahme: Heiner ist dumm.
- ➡ Wer sagt denn, dass Heiner dumm ist?

Modul

Symmetrische Prädikate

Ein „Symmetrisches Prädikat" ist ein Verb, das eine Tätigkeit beschreibt, an der mindestens zwei Menschen aktiv beteiligt sind. Häufig werden symmetrische Prädikate jedoch in einer Form benutzt, die impliziert, dass nur einer aktiv beteiligt ist.

Am beschriebenen Prozess sind mindestens 2 Personen aktiv beteiligt

Beispiel: „Mein Freund streitet immer mit mir!"

Hinterfrage mit dem Ziel: **die Beteiligung des Sprechers bewusstzumachen**

Hinterfrage: **Stelle den Satz um, indem du die aktive Rolle dem Sprecher zuschiebst**

Hinterfragen des Beispielsatzes:

- ➡ Streitest du mit deinem Freund?
- ➡ Und was machst du in der Zeit, in der dein Freund mit dir streitet?

Modul

Nicht-symmetrische Prädikate

„Nicht-symmetrische Prädikate" beschreiben eine Tätigkeit, an der nur eine Person aktiv beteiligt sein muss, die aber die Möglichkeit einer projizierten Beteiligung in sich tragen.

eventuelle Projektion

Beispiel: „Mein Kollege lächelt mich nie an."

Hier könnte es sein, daß der Kollege nicht lächelt, weil der Sprecher selbst ihn nie anlächelt.

Hinterfrage mit dem Ziel: **eine mögliche Beteiligung des Sprechers zu klären**

Hinterfrage: **siehe symmetrische Prädikate**

Ziele spezifizieren

Das Meta-Modell ermöglicht mit seiner klaren und umfangreichen Fragestruktur ein effizientes Interviewen eines Klienten. Wenn die gestellten Fragen jedoch nicht auf ein klar definiertes Ziel ausgerichtet sind, kann es schnell zum Anhäufen von irrelevanten Informationen kommen. Der Klient kann in einem solchen Fall den Sinn der Fragen nicht erkennen, was schnell zu einem Rapportbruch führt. Zu Beginn eines Interviews ist es daher sinnvoll, gemeinsam ein klares Ziel zu definieren.

Gleichzeitig ist zu bedenken, dass mit Fragen nicht nur Informationen hervorgeholt, sondern auch bestimmte Zustände im Gesprächspartner hervorgerufen werden. Denn für das Beantworten der Fragen erinnert er bestimmte Situationen oder spielt mögliche im Geiste durch. Daher ist es wichtig zu wissen, welche Informationen und welche Zustände der Fragende bei seinem Gesprächspartner hervorrufen möchte.

NLP ist eine lösungsorientierte Kommunikationsform, das heißt, die Kommunikation sollte nicht in einen Problemzustand abtauchen, sondern auf die gewünschte Lösung, also das Ziel, ausgerichtet sein.

Beachte bei der folgenden Übung, welche Veränderungen in deinem inneren Erleben mit den beiden Fragetypen einhergehen. Die den Problemrahmen betreffenden Fragen führen in der Regel tiefer in das unerwünschte Verhalten hinein. Die Fragen, die den Zielrahmen betreffen, lenken die Aufmerksamkeit auf die möglichen Lösungen.

Übung

Problemrahmen / Zielrahmen

1. Problemrahmen: Denke an ein Problem, das du hast, und achte darauf, was passiert, während du die folgenden Fragen hörst bzw. liest:

- Worin besteht dein Problem?
- Wie lange hast du schon dieses Problem?
- Wann begann dieses Problem?
- Wer ist an der Situation schuld?
- Was war das schlimmste Beispiel für dein Problem?
- Was empfindest du dabei, dass du so ein Problem hast?

2. Zielrahmen: Achte jetzt darauf, was in dir geschieht, während du die nächsten Fragen hörst bzw. liest:

- Was möchtest du?
- Woran wirst du merken, dass du dein Ziel erreicht hast?
- In welchem Kontext möchtest du das neue Verhalten/Erleben? Mit wem, wo, wann?
- Welche Ressourcen hast du bereits, um dir selbst zu helfen, das Ziel zu erreichen?

Jedes Elizitieren ist zu einem gewissen Grad auch ein Installieren!

Wohlgeformtheitskriterien für Ziele

Lösungs- oder auch zielorientiert zu arbeiten richtet die Ressourcen auf die angestrebte Veränderung hin aus. Im Folgenden werden wir uns mit den fünf folgenden Wohlgeformtheitskriterien für Ziele beschäftigen:

- **Ziel mit Positiv-Formulierungen beschreiben**
- **Lösung soll durch Klienten auslösbar und kontrollierbar sein**
- **Sensorisch definite Beschreibung**
- **Angemessene Chunkgröße**
- **Meta-Outcome prüfen**

1. Ziel mit Positiv-Formulierungen beschreiben

Ein Ziel sollte grundsätzlich mit positiven Worten formuliert werden. Negationen wie „Ich möchte keine Schuldgefühle mehr haben, wenn ich etwas nur für mich tue!" oder „Ich will nicht mehr so dick sein!" lenken die Aufmerksamkeit auf die Limitation, anstatt den Fokus und damit die Energie auf das zu lenken, was stattdessen erreicht werden soll. Außerdem geben Negativ-Formulierungen keine Richtung vor, in die gearbeitet werden soll. Wenn jemand keine Schuldgefühle mehr haben will, gibt es im Prinzip unendlich viele Möglichkeiten, was er stattdessen fühlen kann. Die Frage ist hier, was möchte er in Zukunft stattdessen haben? Wenn ein Klient sein Ziel zu Beginn mit einer Negation formuliert, frage ihn, was er stattdessen haben möchte. In unserem Beispiel wäre eine mögliche Antwort: „Ich möchte es voll und ganz genießen können, wenn ich etwas nur für mich tue!" oder: „Ich möchte mit Spaß auf mein Idealgewicht von 65 Kilo kommen!"

2. Lösung soll durch Klienten auslösbar und kontrollierbar sein

Der Klient sollte in der Lage sein, sein Ziel selbstständig und aus eigener Kraft und Initiative zu erreichen. Das „Ziel", Millionär zu werden, indem man im Lotto gewinnt, ist ein Wunsch, aber kein wirkliches Ziel, da die Macht, es zu erreichen, nicht in der Hand des Betreffenden liegt. Wenn der Klient sein Problem auf eine Weise definiert, dass die Lösung außerhalb seiner Kontrolle liegt, gerät er automatisch in einen Stuck state, er fährt sich fest. Ein Ziel ist nur dann realistisch zu erreichen, wenn die wesentlichen Schritte selbst vorgenommen und kontrolliert werden können.

3. Sensorisch definite Beschreibung

Hiermit ist eine Beschreibung gemeint, die sensorisch definit, also mit den fünf Sinnen erfassbar, formuliert ist. Eine Formulierung wie „ich möchte schlanker sein" ist weit weniger präzise als die Formulierung „ich möchte innerhalb von vier Monaten fünf Kilo abnehmen". Eine solche Beschreibung muss nicht notwendigerweise verbal/digital sein, eine Verhaltensdemonstration kann manchmal sogar noch besser sein. Wenn jemand z. B. in einem bestimmten Kontext selbstbewusst sein möchte, ist es sinnvoll, sich dies verhaltensmäßig demonstrieren zu lassen. Dieser Zustand kann dann geankert und in den entsprechenden Kontext eingebaut werden.

4. **Angemessene Chunkgröße**

Wenn ein Ziel sehr global formuliert wird, ist es in der Regel weit schwieriger, die notwendige Motivation aufzubauen. Es ist daher sinnvoll, ein großes Ziel in kleinere Teilziele zu unterteilen. Ein angemessenes Chunking ist wichtig: Sind die Teilziele zu groß gechunkt, erfolgen nur wenige Erfolgserlebnisse, und die Motivation lässt nach; sind die Teilziele zu klein gechunkt, fehlt die Herausforderung, und die Motivation schwindet. Ein für den Klienten goldener Mittelweg ist hier also gefragt. Wenn z. B. jemand sagt: „Ich möchte im Leben glücklich sein", könnte man ihn fragen, in welchen Bereichen im Einzelnen usw.

5. **Meta-Outcome prüfen**

Manchmal haben Klienten sehr realistische Ziele, aber der Grund, weshalb sie dieses Ziel erreichen wollen, der Meta-Outcome, ist unökologisch. Ein Beispiel hierfür wäre eine Person, die NLP lernen möchte, weil sie aus einem tiefen Schuldgefühl heraus glaubt, anderen Menschen helfen zu müssen. Oder jemand möchte sich einen Porsche leisten können, weil er hofft, damit endlich eine Frau zu bekommen, und Ähnliches. Meta-Outcomes dieser Art sollten durch ressourcevolle ökologische Meta-Outcomes ersetzt werden. Erfrage einen Meta-Outcome mit einer Formulierung wie: „Was hast du davon, wenn du dieses Ziel erreicht hast?"

TECHNIK

ZIELE SPEZIFIZIEREN

Diese Technik ist Bestandteil des Testings

Bei diesem Format geht es darum, unter Zuhilfenahme der fünf Wohlgeformtheitskriterien für Ziele und des Meta-Modells ein Ziel zu spezifizieren.

1. **Auswahl des Inhalts:**
   Der Klient sucht ein Ziel aus, das er gerne spezifizieren möchte.

2. **Spezifizieren des Ziels:**
   Durchlaufe nun mit dem Klienten gemeinsam die fünf Wohlgeformtheitskriterien für Ziele und metamodelliere dabei die Antworten des Klienten:
   1. Das Ziel mit positiven Worten beschreiben.
   2. Die Lösung soll durch den Klienten ausgelöst und kontrolliert werden können.
   3. Das Ziel soll sensorisch definit beschrieben sein.
   4. Das Ziel soll eine angemessene Chunkgröße haben.
   5. Meta-Outcome prüfen.

Die Übung ist zu Ende, wenn das Ziel des Klienten nach den obigen Kriterien wohlgeformt formuliert wurde.

Soll:

- Der Klient soll das Ziel nicht vorab bearbeitet haben. Für den Trainer muss ein Klärungsprozess nachvollziehbar sein.
- Der Coach soll die fünf Wohlgeformtheitskriterien sowie das Meta-Modell beherrschen.
- Das Ziel muss nach Ende der Übung den fünf Wohlgeformtheitskriterien entsprechen.

Soll nicht:

- Ein Rapportbruch darf nicht länger als 30 Sekunden unbemerkt bleiben.

SUBMODALITÄTEN

Die feinsten qualitativen Unterschiede, die wir in unseren Repräsentations-Systemen wahrnehmen können, werden im NLP als *Submodalitäten* bezeichnet; dies sind beispielsweise hell/dunkel oder farbig/schwarzweiß im Visuellen, laut/leise oder mono/stereo/Raumklang im Auditiven oder rau/glatt oder warm/kalt im Kinästhetischen.

Submodalitäten gehören sicherlich zu den spektakulärsten Entwicklungen im NLP. Richard Bandler fand heraus, dass diese kleinsten wahrnehmbaren Unterschiede wie eine Programmiersprache für unser inneres Erleben wirken – nicht der Inhalt des Repräsentierten gibt den Ausschlag für unsere Gefühlsreaktion, sondern die Art und Weise, wie der Inhalt in unserem inneren Erleben repräsentiert wird. Auf der Basis dieser Entdeckung entwickelte Bandler zahlreiche ungewöhnlich schnelle und wirkungsvolle Interventionsmuster.

Unser inneres Erleben ist auf der Submodalitätsebene bei jedem Menschen individuell strukturiert. Das heißt, welche Submodalitäten eine bestimmte Gefühlsreaktion wie beispielsweise Betroffensein oder Sich-neutral-Fühlen auslösen, muss für jeden Klienten individuell *elizitiert* werden. Es gibt allerdings bestimmte Submodalitäten, die auf viele Menschen die gleiche Wirkung haben. Beispielsweise wirken farbige, große, bewegte Bilder (Filme) in nächster Nähe im inneren Erleben der meisten Menschen gefühlsverstärkend, während ein schwarzweißes, kleines, weit entferntes Standbild in der Regel die Gefühlsreaktion abschwächt. Die Submodalitätstechniken in diesem Kapitel können daher zwei grundlegenden Vorgehensweisen zugeordnet werden: Techniken, die auf Submodalitäten beruhen, die bei den meisten Menschen eine bestimmte Gefühlsreaktion auslösen, und komplexere Submodaltätstechniken, die ein Elizitieren der individuellen Submodalitäten des Klienten voraussetzen.

All diese Interventionsmuster haben eines gemeinsam, sie setzen voraus, dass der Klient in der Lage ist, die Submodalitäten seiner jeweiligen Repräsentation willentlich zu beeinflussen. Oder anders formuliert:

Wer sein eigenes Gehirn nicht nur besitzen, sondern auch benutzen will, muss lernen, welche Submodalitäten bei ihm wie funktionieren, und lernen, diese zu verändern!

In diesem Sinne könnte man den Um-

Die erstaunliche Erkenntnis Bandlers besteht darin, dass er entdeckte, dass unsere Körperempfindungen und Gefühle stärker von den Submodalitäten der internen Repräsentation abhängen als vom Inhalt.

Auditive Submodalitäten

Gibt es Kommentarstimmen ❑ *Ja* ❑ *Nein*

Was sagen diese und wie genau ______________________________

____

____

____

Kinästhetische Submodalitäten

Gibt es Körperempfindungen ❑ *Ja* ❑ *Nein*

Wo genau spürst du diese ______________________________

Beschreibe diese Empfindungen ______________________________

(prickelnd, warm, kalt, entspannt, verkrampft, diffus, Druck von außen oder innen, eng, weit usw.)

Sind die Empfindungen ❑ schwach ❑ mittel ❑ stark

❑ wellenartig ❑ kontinuierlich

❑ stetig ❑ unterbrochen

Wie ist deine Gefühlsreaktion auf diese Submodalitäten?

____

____

Modul

Kontrastierender Fragerahmen

Ein kontrastierender oder auch vergleichender Fragerahmen kann überall dort angewandt werden, wo eine ressourcearme Gefühlsreaktion durch ein ressourcevolles Erleben ersetzt werden soll. Die Grundlage dieser Arbeit ist die Submodalitätenliste auf den vorangegangenen Seiten. Es werden zwei unterschiedliche Submodalitäts-Sets elizitiert, mit dem Ziel, die Unterschiede herauszuarbeiten und die Submodalitäten des ressourcevollen Zustandes auf den aktuellen, bisher ressourcearmen Prozess zu übertragen. Beispielsweise kann in einem noch nicht abgeschlossenen Trauerprozess das Submodalitäts-Set für „schmerzhafter Verlust einer Person bzw. einer Sache" und das Submodalitäts-Set für „verarbeiteter Verlust einer Person bzw. einer Sache" elizitiert werden, mit dem Ziel, den momentanen Trauerprozess in die Submodalitäten von „verarbeiteter Verlust" zu überführen und den Trauerprozess somit zu integrieren und abzuschließen.

Für dieses Übungsmodul nehmen wir die Submodalitäts-Sets von „angenehm-berührtsein" und „sich neutral fühlen" zum Inhalt.

1. **Submodalitäts-Set I:**
   a. Bitte A, an ein Ereignis zu denken, das ihn sehr angenehm berührt hat.
   b. Elizitiere und notiere die Submodalitäten mit Hilfe der Submodalitäs-Tabelle. Achte darauf, dass du die Submodalitäten **zügig abfragst**. Wichtig ist außerdem, eine **Befehlsintonation** zu **nutzen**, um zu erreichen, dass dein Klient unmittelbar mitteilt, was er sieht, hört und fühlt.
   (Wenn du hier eine Frageintonation benutzt, kann es leicht sein, dass dein Klient beginnt, die innere Repräsentation zu verändern, was das Ergebnis verfälschen und somit unbrauchbar machen würde.)
   Achte auf eine weiche Stimme mit wenig Druck, sodass die Befehlsintonation nicht einem „Verhörton" gleicht.

2. **Submodalitäts-Set II:**
   a. Bitte A nun, an ein Ereignis zu denken, das ihn gefühlsmäßig nicht berührt, bei dem er sich völlig neutral fühlt.
   b. Elizitiere die Submodalitäten und notiere sie mit einem andersfarbigen Stift in der gleichen Submodalitäts-Tabelle wie das Submodalitäts-Set I.

3. **Vergleiche die Submodalitäts-Sets:**

Vergleiche nun die beiden Submodalitäts-Sets, die du notiert hast, und markiere dir die Unterschiede.

4. **Finde die kritischen Submodalitäten:**

Teste jede der unterschiedlichen Submodalitäten jetzt darauf, ob sie weitere Submodalitäten automatisch mitverändert.

a. Bitte deinen Klienten, an die innere Repräsentation des Ereignisses aus Schritt 2 zu denken.

b. Gehe die unterschiedlichen Submodalitäten Schritt für Schritt durch. Ändere jede sich unterscheidente Submodalität einzeln in die Submodalitäten für „angenehm berührt". Überprüfe jeweils, ob sich weitere Submodalitäten automatisch mitverändern. Wenn ja, markiere dir diese Submodalität als kritische Submodalität.

c. Bringe die veränderte Submodalität wieder in ihren ursprünglichen Zustand zurück.

d. Teste die nächste Submodalität auf ihre Wirkung.

Ziel: Wenn alle unterschiedlichen Submodalitäten ausgetestet sind, ist die innere Repräsentation des Ereignisses aus Schritt 2 wieder in seinem ursprünglichen Zustand. Du weißt nun, welche der Submodalitäten die kritischen Submodalitäten sind; in der Regel sind dies 2 bis 5 Submodalitäten.

5. **Übertrage das ressourcevolle Submodalitäts-Set:**

a. Bitte deinen Klienten wiederum, an die innere Repräsentation des Ereignisses aus Schritt 2 zu denken.

b. Übertrage nun die kritischen Submodalitäten für „angenehm berührtsein" auf diese innere Repräsentation, indem du jede der kritischen Submodalitäten veränderst und so belässt.

Während dieses Prozesses wird sich die Gefühlsreaktion von A auf das Ereignis aus Schritt 2 verändern.

6. **Test:**

Wenn der Prozess gelungen ist, fühlt A sich jetzt angenehm berührt, wenn er an das Ereignis aus Schritt 2 denkt. Wenn dies nicht der Fall ist, zurück zu Schritt 1.

Diverse Techniken

TECHNIK

UMGANG MIT KRITISCHEN STIMMEN

Oftmals machen uns kritische innere Stimmen sehr zu schaffen. Die Wirkung einer solchen inneren Stimme, die uns auf unangenehme Weise kritisiert oder verunsichert, wird mit der folgenden kleinen Übung schnell offenbar: Denke an ein Vorhaben, dass du realisieren möchtest. Wenn deine Vorstellung klar und deutlich ist, sage zu dir selbst mit einer gemeinen, herablassenden Stimme: „Das schaffst du sowieso nicht" oder eine ähnliche Aussage und achte dabei darauf, was mit deiner Vision geschieht. In der Regel bricht diese zusammen, wird unklar, beginnt zu zittern usw. Kritische innere Stimmen haben in der Regel eine starke Wirkung auf unser Gefühlsleben. Im Folgenden findest du verschiedene Übungen, um solche Stimmen zu entmachten.

Stimmen besingen und verzerren

Die nebenstehende Übung ist eine sehr humorvolle Art, unangenehme Stimmen im Inneren zu entmachten.

1. **Höre die Stimme im Inneren, deren unangenehme Wirkung du verändern möchtest.**
   Achte darauf, welche Gefühlsreaktion diese Stimme auslöst.

2. **Geschwindigkeit verändern:**
   a. Lasse die Stimme nun schneller und schneller laufen, bis sie sich anhört, als würde Mickey Mouse zu dir sprechen. Was verändert sich, wenn du diese lustige Stimme die Worte sagen hörst?
   b. Lasse die Stimme jetzt langsamer laufen, bis sie zu einem völlig unverständlichem Leiern geworden ist. Was verändert sich?

3. **Stimmen besingen:**
   Suche dir jetzt eine Melodie, die dir wirklich gut gefällt: Sehr zu empfehlen sind an dieser Stelle Lieder wie „Versuch's mal mit Gemütlichkeit" oder „Ich will so sein wie du" aus Walt Disneys „Dschungelbuch". Singe nun die Worte ein paar Minuten lang auf diese Melodie, laut und ausgelassen. Was verändert sich an der Wirkung der Stimme?

4. **Test:**
   Was geschieht jetzt, wenn du die Stimme im Inneren hörst? In vielen Fällen hat die Stimme ihre unangenehme Wirkung bereits verloren.

TECHNIK

UMGANG MIT KRITISCHEN STIMMEN

Mit der eigenen Stimme sprechen

Viele kritische Stimmen, die wir im Inneren hören, sprechen in der Du-Form zu uns, beispielsweise: „Das schaffst du doch sowieso nicht.“ In der Regel sind diese Stimmen *Introjekte* aus unserer Kindheit. Dies sind Sätze, die wir von Bezugspersonen so oft gehört haben, bis wir sie im Inneren zu hören begannen – wir haben sie „verinnerlicht".

Mit der folgenden Vorgehensweise können Introjekte schnell und nachhaltig entmachtet werden.

1. **Höre die Stimme im Inneren und achte darauf, von welchem Ort sie kommt:**
   - Hörst du die Stimme in deinem Kopf oder außerhalb?
   - Von wo kommt sie genau – von vorne oder hinten, rechts oder links, unten oder oben?

2. **Was genau sagt die Stimme?**

3. **Verändern der Stimme:**
   Stelle dir nun vor, die Stimme würde zu deinen Stimmbändern wandern. Sprich die Worte nun laut aus und ersetze das Pronomen „du“ durch „ich“.

4. **Test:**
   Wie wirkt die Stimme jetzt? Glaubst du das, was sie sagt?

Verändern des Ortes

1. **Höre wiederum die Stimme im Inneren und achte darauf, von wo sie kommt.**

2. **Verschiebe nun den Ort, von dem die Stimme kommt:**
   nach vorne, nach hinten, oben, unten, rechts, links, und achte jeweils darauf, ob die Wirkung stärker oder schwächer wird.

3. **Schiebe die Stimme nun an den Ort, an dem sie die geringste Wirkung auf dich hatte.**

Technik

Der innere Chor

Die Voraussetzung für das Hören von kritischen Stimmen im Inneren ist eine ausgeprägte Fähigkeit im Bereich auditiv-konstruiert. Anstatt sich nun von kritischen Stimmen plagen zu lassen, kann diese Fähigkeit genutzt werden, um positive Stimmen zu halluzinieren. Stelle dir doch beispielsweise folgende Situation vor:

Du bist im Begriff auszugehen, zu einem Rendezvous mit einem faszinierenden Mann respektive mit einer wunderschönen Frau. Du bist etwas aufgeregt, während du dich für den großen Abend zurechtmachst. Du schnippst mit den Fingern, und im Zimmer erscheint dein persönlicher Gospel-Chor. Der Chor stimmt eine beschwingte Melodie an, während die Vorsinger dir mit verführerischen Stimmen im Rhythmus der Melodie zuraunen:

Ob Rock, Jazz, Hiphop Folklore, ob Band oder Einzelinterpret – gestalte dir deinen inneren Chor ganz nach deinem Musikgeschmack.

Du siehst wirklich toll aus – der Abend wird der beste Abend
deines Lebens – oh, what a day, what a night,
und der Gospel-Chor singt ein volltöniges
Oh yeah, oohh yeeaah!

Ob dir nun der Abend deines Lebens bevorsteht oder ein Kundengespräch oder eine Prüfung – mit den richtigen Stimmen im Hintergrund des inneren Erlebens geht alles gleich viel besser.

Wie genau sollten deine inneren Stimmen zukünftig mit dir sprechen, respektive wie genau sollen sie dich unterstützen?

TECHNIK

UNANGENEHME BILDER ENTMACHTEN

Auch im visuellen Bereich gibt es Quälgeister, die das Gefühlsleben überschatten können. Im Folgenden findest du einige kleine Techniken, mit denen du unangenehme Bilder entmachten kannst. **Prüfe vor dem Zerstören eines Bildes jedoch sorgfältig, ob es eine wichtige Botschaft für dich enthält bzw. ob es einen Einwand gegen das Zerstören des Bildes gibt.**

Hell-Dunkel

1. **Sieh das unangenehme Bild im Inneren:**
   Lasse es nun ganz hell werden. Stelle dir beispielsweise vor, ein helles Licht würde die Umrisse innerhalb des Bildes immer mehr überstrahlen, bis darauf nichts mehr zu erkennen ist.

2. **Lasse das Bild nun ganz dunkel werden:**
   als ob der Kontrast zunehmend verschwinden würde, bis alles so dunkel ist, dass nichts mehr zu erkennen ist.

3. **Test:**
   Was hat sich an der Wirkung des Bildes verändert?

Einen Spiegel zerspringen lassen

1. **Stelle dir vor, du würdest das Bild in einem Spiegel sehen oder es wäre auf einen Spiegel gemalt.**

2. **Werfe nun aus sicherer Entfernung einen schweren Gegenstand in diesen Spiegel:**
   Beobachte, wie der Spiegel mit dem Bild in tausend Stücke zerspringt. Wenn du willst, kannst du die Scherben im Geist aufkehren und in einem Behälter für „geistigen Sondermüll“ entsorgen.

TECHNIK

Unangenehme Bilder entmachten

Bilder verbrennen

1. **Sieh das Bild in deinem Inneren und zünde es an!**
   a. Stelle dir beispielsweise vor, wie du es an einer Ecke anzündest und siehst, wie die Flammen sich Stück für Stück vorarbeiten.
   b. Oder aber stelle dir vor, du sitzt vor einem gemütlichen Kaminfeuer und wirfst das Bild ins Feuer, wo es gemächlich verbrennt.

2. **Abfallbeseitigung:**
   Vielleicht möchtest du einen erfrischenden Wind durch deinen geistigen Raum wehen lassen, der die Asche auch mit fortträgt!

Bilder zerfließen lassen

1. **Stelle dir vor, auf das Bild würde Wasser tropfen:**
   Die Farben zerfließen dabei wie ein Wasserfarbenbild, das im Regen liegt und sich auflöst. Zum Schluss bleibt nur noch ein Farbklecks übrig, in dem nichts mehr zu erkennen ist. Manchmal kann ein solcher Farbklecks übrigens einen gewissen Reiz haben!

2. **Wenn du auch den Farbklecks noch loswerden willst:**
   Schiebe das Bild einfach nach unten und hinten weg, sodass es kleiner und kleiner wird und schließlich ganz verschwunden ist. Oder lasse es einfach durch einen „geistigen Abfluss“ verschwinden.

Technik

Unangenehme Empfindungen lösen

Stark kinästhetische Menschen sind sich ihrer Körperempfindungen sehr bewusst. Unangenehme Empfindungen können das Wohlbefinden dann ähnlich einschränken wie störende Bilder oder kritische Stimmen. Es folgen einige Übungen, um unangenehme Empfindungen zu lösen.

Einer Empfindung die Spannung nehmen

1. **Nimm wahr, wo und wie genau du die unangenehme Empfindung im Körper spürst:**
   - Wo genau fühlst du sie am deutlichsten?
   - Wie genau fühlt es sich an, beschreibe es sensorisch definit.

2. **Lege nun eine Hand auf die Stelle, an der die Empfindung am deutlichsten zu spüren ist:**
   Beginne jetzt unter deine Hand in genau diese Stelle zu atmen, und stelle dir dabei vor, wie dein Atem an diese Körperstelle fließt und die Durchblutung anregt, es wird angenehm warm, die Muskulatur entspannt sich.

Empfindungen aus dem Körper gehen lassen

1. **Wo spürst du die unangenehme Empfindung am deutlichsten?**
   Lenke deine Aufmerksamkeit auf die Körperstelle, an der du die Empfindung am deutlichsten spüren kannst, und beschreibe sensorisch definit, was du spürst.

2. **Was wäre eine geeignete Art, um diese Empfindung aus dem Körper hinausgehen zu lassen?**
   - Ist die Empfindung eher wie ein Flüssigkeit, die du aus dem Körper hinausfließen oder hinaustropfen lassen kannst?
   - oder ist sie eher wie eine Art Energie, die abfließen kann oder aus deinem Körper ausströmen kann?
   - oder hat sie eher eine feste Beschaffenheit, wie beispielsweise kleine Kügelchen, die aus dem Körper hinauskullern können?
   - oder gibt es eine andere Weise, die dir angemessener erscheint?

3. **Stelle dir nun vor, dass die Empfindung auf eine für dich geeignete Weise aus dem Körper hinausgeht.**
   Dabei können folgende Vorstellungen hilfreich sein:
   - Stelle dir vor, du stehst mit nackten Füßen im Gras, auf einem Felsen, auf nackter Erde oder im Wasser.
   - Stelle dir vor, die Energie, welche die unangenehme Empfindung hervorruft, fließt, tropft, kullert u. Ä. aus deinem Körper in Mutter Erde hinein – und Mutter Erde weiß schon, was damit zu tun ist.

Technik

Sich vor Lachen nicht mehr halten können

Humor und Lachen sind zwei der wirksamsten und gleichzeitig am wenigsten genutzten Ressourcen für Veränderung, die wir zur Verfügung haben. Ernsthaft an einem Problem zu arbeiten heißt für die meisten Menschen, sich auf eine ressourcearme Weise in die problematische Situation hineinzuassoziieren und sich darin festzufahren. Humor ist ein Weg, aus dieser Falle auszubrechen.

1. **Stelle dir einen Freund vor:**

   Denke an folgende Situation: Du hast mit einem Freund gesprochen, den du als sehr wohlwollend und sehr weise erlebst und dem du vertraust. An einem bestimmten Punkt in diesem Gespräch fand dieser Freund das, was du sagtest, so lustig, dass er/sie sich „vor Lachen nicht mehr halten" konnte. Er/sie lachte so sehr, dass er/sie Schwierigkeiten beim Atmen bekam und sich die Tränen aus den Augen wischen musste, während er/sie weiterlachen musste, entgegen all seinen/ihren Versuchen, damit aufzuhören.

   Wenn möglich, erinnere dich an eine solche Situation, oder aber kreiere eine solche Situation in deiner Vorstellung. Achte darauf, dass du diese Situation assoziiert und so lebhaft wie möglich erlebst.

2. **Lenke deine Aufmerksamkeit auf ein Problem:**

   Denke nun an ein Problem oder eine Einschränkung, die du in deinem Leben erlebst.

   Stelle dir lebhaft vor, wie du deinem Freund von diesem Problem erzählst. Sobald du ihm/ihr die Grundzüge deines Problems geschildert hast, kann er/sie sich vor Lachen nicht mehr halten und kann damit nicht aufhören, was immer du auch machst … .

   Für das Gelingen dieser Technik ist es wichtig, dass du deinen Freund wirklich als wohlwollend und weise erlebst bzw. ihn/sie dir auf diese Weise vorstellst.

3. **Denke nun wiederum an dein Problem:**

   Denke nun noch einmal an das Problem. Was hat sich nun in deinen Gefühlen verändert? In der Regel wird sich die Qualität deines Erlebens verändert haben, du wirst das Problem nicht mehr im gleichen Maße ernst nehmen können oder anders gesagt: Der Humor, den du durch diese Übung mit der Problemsituation verbindest, wird das dramatische Erleben dieser Situation deutlich vermindern.

   Du wirst in der Regel immer noch den Wunsch haben, eine Lösung zu finden, allerdings in einer deutlich ressourcevolleren Haltung.

TECHNIK

WEG MIT DEM ANGSTGEGNER

Was ist ein Angstgegner? Ein Angstgegner ist ein Mensch, der im Überkreuzvergleich nicht besser ist als ich, gegen den ich aber trotzdem meistens verliere. Dies ist ein bekanntes Phänomen im Sport. In der (Wettkampf-) Konfrontation mit einem Angstgegner spiele ich schlechter als sonst. D.h., in der Gegenwart dieser Person fühle ich mich gehemmt, blockiert und ressourcearm. Dieses Phänomen kann natürlich in ähnlicher Form auch im Geschäftsleben und unter Bekannten auftreten.

1. **Innere Repräsentation des Angstgegners:**
   Denke an den Angstgegner . Wo genau siehst du das innere Bild? Wahrscheinlich siehst du es oberhalb des Sehachse. Außerdem könnte es sein, dass der Angstgegner im Inneren größer erscheint, als er in Wirklichkeit ist.

2. **Körperempfindungen:**
   Werde dir deiner Körperempfindungen bewusst. Wo genau spürst du die Empfindungen? Wie nennst du diesen Gefühlszustand?

3. **Submodalitäts-Veränderungen:**
   Stelle dir nun einen kleinen Schwarzweiß-Fernseher vor, der fünf bis sechs Meter von dir entfernt links unten auf dem Boden steht. Siehe deinen Angstgegner nun in diesem Schwarzweiß-Fernseher als Standbild.

4. **Veränderungen in den Körperempfindungen:**
   Wie sind jetzt deine Körperempfindungen? Wie nennst du diesen Gefühlszustand?

Technik

Fast Phobia

Jede irrationale Angstreaktion (Phobie) hat eine **Annäherungsphase**, es gibt einen Abstand zur Situation, bei dem die Angstreaktion noch nicht auftritt. Beispiel: 20m vom Abgrund entfernt hat ein Höhenphobiker meistens noch keine Angstzustände. Am **kritischen Punkt** beginnt die Angstreaktion – der Sicherheitsabstand ist unterschritten.

Interessant für uns ist hier, was genau im inneren Erleben eines Phobikers am kritischen Punkt geschieht. An diesem Punkt wird ein **innerer Befürchtungsfilm** gestartet, der in der Regel in Bruchteilen von Sekunden außerhalb des Bewusstseins der betroffenen Person abläuft. Die Angstreaktion ist das körperliche Empfinden, das von diesem Befürchtungsfilm ausgelöst wird. Dieser innere Film ist nichts anderes als das, bezüglich dessen der Phobiker befürchtet, dass es passieren könnte.

Eine irrationale Angstreaktion basiert auf einer sehr menschlichen und sehr nützlichen Fähigkeit, nämlich der Möglichkeit, sich zu überlegen, was passieren könnte, wenn … . Diese Fähigkeit zur Voraussicht und unsere Fähigkeit, ein Gefühl für eine noch nicht reale Situation zu entwickeln, ist nicht nur zur Vermeidung von Gefahrensituationen nützlich. Sie ist auch die Grundlage für Vorfreude, für Motivation usw. Beim Phobiker geschieht allerdings etwas sehr Interessantes, er ist „gezwungen", sich einen Horrorfilm anzusehen, sobald er den kritischen Punkt erreicht, selbst wenn er diesen Film für völlig unrealistisch hält. Wobei zu sagen ist, dass das Argument, dass die Befürchtung unrealistisch ist, kein allzu starkes Argument darstellt. Man sollte sich vergegenwärtigen, dass die Ängste eines Phobikers durchaus realistisch sein können. Fast alles, was er sich vorstellt, kann passieren und passiert auch hin und wieder.

1. **Ökologie-Check.**

2. **Auswahl der Situation:**
   „Denke an eine Situation, in der du phobisch reagiert hast. Denke so daran, dass du eine mehr oder weniger starke Reaktion spürst."

   B kalibriert sich auf A's Problemphysiologie.

3. **Dissoziation:**
   „Jetzt gehe aus diesem Zustand heraus und stelle dir mit geschlossenen Augen vor, du würdest einen Schwarzweiß-Film von dieser Situation sehen. Du siehst dich in diesem Film von außen, wie du dich langsam dem kritischen Punkt näherst."

   A kann sich den Film ggf. auf einer Kinoleinwand o. Ä. vorstellen.

TECHNIK

ANHALTENDE ERINNERUNG

Informationen, die wir über lange Zeiträume hinweg erinnern, wurden in unser Langzeitgedächtnis eingeprägt. Dies gilt für Situationen ebenso wie für Lernstoff. Mit dieser Technik findest du heraus, in welchen Submodalitäten eine Information kodiert werden muss, um im Langzeitgedächtnis gespeichert zu werden. Mit diesem Wissen kannst du dieses Submodalitäten-Set dann auf ausgewählte Lerninhalte anwenden.

1. **Auswahl des Lerninhaltes:**
   Wähle einen Lernstoff aus, den du zukünftig lang anhaltend erinnern möchtest.

2. **Referenzerfahrung finden:**
   Erinnere dich an eine Situation, die sich bereits vor Jahren ereignet hat und die du heute noch (relativ) detailgetreu erinnern kannst.

3. **Erstellen des Submodalitäten-Sets für „lang anhaltend erinnern":**
   Elizitiere mit Hilfe der Submodalitäts-Tabellen die Submodalitäten dieser Referenzerfahrung.

4. **Übertragen der Submodalitäten für „lang anhaltend erinnern" auf den Lernstoff:**
   Übertrage jetzt die Submodalitäten vom Set „lang anhaltend erinnern" auf den ausgewählten Lernstoff, indem du eine Submodalität nach der anderen veränderst.

5. **Installieren des kodierten Lernstoffes ins Langzeitgedächtnis:**
   Durchlaufe den Lerninhalt nun mindestens 5-mal hintereinander mit dem Submodalitäten-Set für „lang anhaltend erinnern", separiere nach jedem Durchgang für einige Sekunden.

6. **Test:**
   Rufe dir den Lernstoff jetzt noch einmal ins Gedächtnis und überprüfe, ob du dich an die Lerninhalte erinnern kannst.

7. **Future-Pace.**

Wähle als Referenzerfahrung einen dem Lernstoff ähnlichen Inhalt. Wenn du dir etwas auditiv einprägen willst - z.B. Hypnotalk, suche etwas, das du schon seit langer Zeit immer noch „im Ohr hast" usw.

Achte auf kritische SM.

TECHNIK

VERWIRRUNG–VERSTEHEN

Die Grundlage für diese Technik ist ein Vergleichender Fragerahmen.

Dieses Format geht auf Richard Bandler zurück. Er geht davon aus, dass jeder Lernprozess von einem anfänglichen Zustand des „**Nichtverstehens**" mit zunehmender Informationssammlung in den Zustand „**Verwirrung**" und schließlich bei effektiven Lernprozessen in den Zustand „**Verstehen**" übergeht. Er definiert diese drei Begriffe wie folgt:

Nichtverstehen: Zustand, in dem wesentliche Informationen fehlen, die zum Verständnis des Inhaltes notwendig sind.

Verwirrung: Zustand, in dem ausreichende Informationen vorhanden, aber noch nicht verständlich geordnet sind.

Verstehen: Zustand, der auftritt, wenn ausreichend viele Informationen über ein Gebiet vorhanden und in einer Struktur organisiert sind, die Verstehen ermöglicht.

Wenn du Verwirrung in Verstehen verwandeln willst, musst du folglich wissen, wie das Gehirn die inneren Erfahrungen organisiert, um den Zustand „ich verstehe" hervorzubringen.

1. **Auswahl des Inhaltes:**
   Wähle zwei Themen aus, die inhaltlich nahe beieinander liegen, eines, das du verstehst, und eines, das dich bisher verwirrt hat (beispielsweise: „Ich verstehe, wie mein Videorecorder funktioniert, aber die Funktionsweise meiner Waschmaschine verwirrt mich" oder: „Mathematik verstehe ich, aber Physik verwirrt mich"). Achte darauf, dass das Thema für „Verwirrung" die obige Definition erfüllt, das heißt, du musst bereits über ausreichend viele Informationen in diesem Themenbereich verfügen, damit ein Verstehen überhaupt möglich sein kann.

2. **Erstellen der Submodalitäts-Sets:**
   Elizitiere nun mit Hilfe der Submodalitäts-Tabelle die jeweiligen Submodalitäts-Sets für Verstehen und für Verwirrung.

Erfrage Submodalitäten zügig und mit Befehls-Intonation.

3. **Finden der Submodalitäts-Unterschiede:**
   Vergleiche die beiden SM-Sets und markiere die Unterschiede.

4. **Finde die kritischen Sumodalitäten:**
   a. Ändere nun die SM für Verwirrung in die SM für Verstehen. Verändere jede SM einzeln und überprüfe jeweils, ob diese SM andere SM mit verändert. Wenn Letzteres auftritt, markiere diese SM als kritische SM. Bevor du zur nächsten SM übergehst, bringe die gerade bearbeitete SM wieder in die ursprüngliche Form zurück.

b. Verfahre mit jedem weiteren SM-Unterschied wie in Schritt a beschrieben.

5. **Übertragen des SM-Sets für Verstehen:**

Du solltest nun eine SM-Liste von 3-5 kritischen SM haben, mit denen du Verwirrung in Verstehen verwandeln kannst. Überführe jetzt die kritischen SM für Verwirrung in die SM für Verstehen.

Lasse deinem Klienten ausreichend Zeit für die innere Umstrukturierung.

6. **Test:**

Der Inhalt, der dich bisher verwirrt hatte, sollte jetzt in eine Struktur transformiert sein, welche dir Verstehen ermöglicht. Ist dies gelungen, ist das Format erfolgreich beendet.

Wenn kein Erleben von Verstehen entstanden ist, gehe zurück zu Schritt 2. Stelle in diesemFall sicher, dass die beidenThemen nahe genug beieinander liegen und du bezüglich des Themas, das dich bisher verwirrt hat, tatsächlich über ausreichend viele Informationen verfügst.

TECHNIK

ZWÄNGE ZERPLATZEN LASSEN

1. **Ökologie-Check.**

2. **Identifizieren der Situation:**
In welcher Situation tritt der Zwang auf?

Beispiel: Wenn eine Tafel Schokolade angebrochen ist, musst du sie aufessen, oder: Wenn Erdnusskerne auf dem Tisch stehen, kannst du nicht nur kosten, sondern musst immer gleich die ganze Schachtel aufessen,u.Ä.

3. **Zwang-Auslöser:**
Welches innere Bild, welcher innere Satz oder welches Wort respektive welche Körpersensation geht dem Einsetzen des Zwangs unmittelbar voraus?

Genaues Elizitieren ist Voraussetzung für das Gelingen dieser Technik.

4. **Elizitieren der Treiber-Submodalität:**
Suche nun mit Hilfe der SM-Tabelle die *Treiber-Submodalität* des Bildes, des Satzes/Wortes oder der Körpersensation, die den Zwang noch stärker macht. Z.B.: Das Bild kommt immer näher – der Zwang wird immer größer, der Satz wird immer lauter – der Zwang wird immer größer, die Empfindung wird stärker – der Zwang verstärkt sich.

5. **Zwang zerplatzen lassen:**
Lasse jetzt die Treibersubmodalität über alle Grenzen wachsen.

Den Rhythmus hierfür kann der Coach durch Klatschen angeben.

Beispiel: Lasse die Stimme immer lauter und lauter werden. Oder: Lasse das Bild immer größer und größer werden. Lasse das Bild immer schneller auf dich zurasen, oder lasse den Satz sich immer schneller wiederholen.

6. **Test:**
Bitte A nach 30-60 Sekunden, noch einmal an die Situation zu denken, und lasse dir jetzt mitteilen, ob die unangenehmen Gefühle des Zwangs, etwas tun zu müssen, was man nicht möchte, immer noch da sind.

Es können mehrere Durchgänge notwendig sein. Achte in diesem Fall auf ein ausreichendes Separieren zwischen den Durchgängen.

Wenn diese in abgeschwächter Form noch da sind, wiederhole Schritt 5 nochmals.

7. **Future-Pace.**

Technik

Zwänge ausblasen

1. **Ökologie-Check.**

2. **Zwanghafte Repräsentation elizitieren:**
   a. Wähle ein zwanghaftes Verhalten aus.
   b. Elizitiere visuell, auditiv und kinästhetisch, was genau im inneren Erleben geschieht, bevor das zwanghafte Gefühl auftritt.
   c. Finde die Treibersubmodalität, die das zwanghafte Gefühl auslöst, indem du alle Submodalitäten nacheinander verstärkst und testest, ob sich das zwanghafte Gefühl dadurch verstärkt.

Erfrage Submodalitäten zügig und mit Befehls-Intonation.

3. **Treiber-SM aufblasen:**
   A schließt die Augen. Verstärke nun die Treiber-SM so weit, bis sich das zwanghafte Gefühl auflöst bzw. neutralisiert.

   Beispiel: Wenn die Treiber-SM für den Zwang, Nägel zu kauen, ist, dass der Betroffene seine Hand im Inneren auf sich zukommen sieht und die Nägel dabei größer werden, bis das zwanghafte Verhalten ausgelöst wird, dann lasse die Hand immer näher kommen und dabei größer werden, so dass die Nägel bis ins Unendliche wachsen, bis ein Nagel das gesamte Blickfeld einnimmt.

4. **Separator:**
   A öffnet die Augen und fokussiert für ca. 10 Sekunden die Umgebung.

5. **Installations-Prozess:**
   Schritte 3 und 4 werden noch weitere viermal wiederholt.

6. **Test:**
   A versucht das zwanghafte Verhalten jetzt absichtlich herzustellen. Wenn das nicht mehr möglich ist, weiter zu Schritt 7, wenn der Zwang noch (in verminderter Form) auftritt, zurück zu Schritt 2.

7. **Future-Pace.**

TECHNIK

DAS PRALINÉ-MUSTER

Richard Bandler entwickelte dieses Muster, um Motivation aufzubauen. Sicherlich ist dir schon einmal aufgefallen, dass Menschen sich für ein breites Spektrum von erstaunlichen und manchmal lächerlichen Dingen motivieren können. Dies ist darauf zurückzuführen, dass die meisten Menschen auf recht unsystematische Weise Motivation aufbauen. Wobei die Art und Weise des Motiviertwerdens nicht notwendigerweise etwas mit dem intrinsischen Wert oder dem Nutzen der jeweiligen Aktivität zu tun haben muss. Das Praliné-Muster kann bei allen Aufgaben angewandt werden, zu deren Erfüllung du dich kongruent entschieden hast, die du bis jetzt jedoch nicht gerne tust. Wenn du dich entschieden hast, etwas zu erledigen, kannst du es auch genießen.

Prüfe die Ökologie bei dieser Technik sehr sorgfältig, du möchtest sicherlich nicht beiläufig oder nachlässig ein intensives Bedürfnis installieren, etwas zu tun.

1. **Motivierendes Bild:**
   Mache dir ein assoziiertes Bild von einer Sache oder einer Aktivität, die zu genießen du unwiderstehlich und anziehend findest (beispielsweise Pralinen essen). Schiebe dieses Bild nun kurz zu Seite.

   Achte auf Assoziation.

2. **Bild der zu erledigenden Aufgabe:**
   Mache dir nun ein dissoziiertes Bild von einer Aufgabe, zu deren Erledigung die du dich kongruent entschieden hast.

   Achte auf Dissoziation.

3. **Ökologie-Check:**
   Darfst du die Erfüllung dieser Aufgabe ab jetzt genießen?

4. **Iris-Muster:**
   a. Sieh jetzt das Bild der Aufgabe vor deinem geistigen Auge und das motivierende Bild direkt dahinter. Öffne nun schnell ein kleines Loch im Zentrum des Aufgabenbildes, so dass du das motivierende Bild durch dieses Loch sehen kannst. Öffne das Loch rasch so weit, wie es nötig ist, um das volle motivierende Gefühl von dem Motivations-Bild zu erreichen, aber nur so weit wie notwendig.
   b. Jetzt lasse das Loch so schnell wie möglich zusammenschrumpfen, jedoch nur so schnell, dass du das volle motivierende Gefühl beim Schließen des Loches aufrechterhalten kannst.

   Ziel ist es, das motivierende Gefühl mit dem Aufgabenbild zu verbinden.

   c. Separiere für ca. 10. Sekunden.
   d. Wiederhole Schritt a und b mehrere Male so schnell du kannst.

5. **Test:**
   Was passiert jetzt, wenn du an die zu erledigende Aufgabe denkst? Fühlst du das Bedürfnis, die Aufgabe zu erledigen? Wenn ja, weiter zu Schritt 6, wenn nein, wiederhole die Schritte 2 bis 4.

6. **Future-Pace.**

Technik

Trennung von Selbst und Kontext

Wie wir im Kapitel **Ankern** schon erörtert haben, werden viele Menschen als Reaktion auf andere Menschen und Ereignisse von unangenehmen Gefühlen belästigt. Oftmals ist es sinnvoll, diese Ursache-Wirkungs-Verbindung aufzulösen, um Platz für ressourcevollere Reaktionen zu schaffen. Hier ist ein Weg, wie dies gemacht werden kann.

1. **Innere Repräsentation der unangenehmen Erinnerung:**
   Denke an eine unangenehme Erinnerung und lasse von dieser Begebenheit einen kurzen inneren Film vor deinem geistigen Auge ablaufen. Beobachte nun, mit welcher Gefühlsreaktion du auf diese Erinnerung reagierst.

2. **Trennung zwischen Selbst und Kontext:**
   a. Sieh dich dissoziiert in diesem Film.
   b. Führe nun eine SM-Unterscheidung zwischen dir und dem Kontext ein, die dich selbst von dem Kontext deutlich trennt, z.B. farbig/schwarzweiß, Größe, Entfernung, Durchsichtigkeit u.Ä. Wenn der Film beispielsweise schwarzweiß ist, sieh dich selbst farbig; wenn der Film weit entfernt ist, sieh dich selbst ganz nahe.

3. **Film vorwärts laufen lassen:**
   Lasse den Film jetzt von vorne beginnend vorwärts laufen, wobei sich dein dissoziiertes Selbst mit doppelter Geschwindigkeit bewegt und der Kontext mit halber Geschwindigkeit. Du wirst dich selbst am Ende des Filmes ankommen sehen, bevor der Kontext ankommt. Dein Selbst muss also dort warten, bis der Kontext es eingeholt hat.

   Das dissoziierte Selbst bewegt sich mit doppelter Geschwindigkeit, der Kontext mit halber – nicht umgekehrt!

4. **Film rückwärts laufen lassen:**
   Lasse den Film jetzt rückwärts laufen, mit deinem dissoziierten Selbst in halber Geschwindigkeit und dem Kontext mit doppelter Geschwindigkeit. Dieses mal wird der Kontext am Ende des Filmes zuerst ankommen, vor deinem Selbst.

   Das dissoziierte Selbst bewegt sich mit halber Geschwindigkeit, der Kontext mit doppelter – nicht umgekehrt!

5. **Test:**
   Denke noch einmal an dieses Ereignis – welche Gefühlsreaktion stellt sich jetzt ein?

In der Regel tritt hier ein Gefühl von „Durcheinander im Kopf" ein. Diese Technik ist sehr nützlich, um Ursache-Wirkungs-Anker zwischen dem Selbst und dem Kontext aufzulösen, da durch die unterschiedlichen Laufgeschwindigkeiten die Stimuli erst nach den jeweiligen Reaktionen auftreten. Wenn die Wirkung vor der Ursache auftritt, ergibt sie plötzlich keinen Sinn mehr.

TECHNIK

TRENNUNG DES INNEREN ZUSTANDES VOM ÄUSSERLICHEN VERHALTEN

Manchmal bestehen die verankerten Ursache-Wirkungs-Zusammenhänge nicht zwischen dem Verhalten eines anderen bzw. eines äußeren Ereignisses und deinem inneren Zustand, sondern zwischen deinem eigenen Verhalten und deinem inneren Zustand. Ein Beispiel hierfür wäre, dass jemand in eine despressive Stimmung gerät, ohne dass ein anderer Mensch anwesend ist oder diesem Stimmungswechsel ein äußeres Ereignis vorausgegangen wäre. Steve Lankton hatte ein ältere Klientin, die sich mit der Hand auf den Oberschenkel schlug und vor sich hin murmelte: „Der Schmerz, der Schmerz." Als Steve ihre Hand von ihrem Oberschenkel weghielt, schlug sie weiterhin mit der Hand in die Luft, verlor aber den Kontakt zu ihrem Oberschenkel. Sie sah verblüfft aus und sagte: „Der Schmerz ist weg!"

1. **Trennung zwischen eigenem Verhalten und innerem Zustand:**
   Führe eine SM-Unterscheidung zwischen deinem eigenen Verhalten und deinem inneren Zustand ein, die dir geeignet erscheint.

2. **Film vorwärts laufen lassen:**
   Lasse den Film jetzt von vorne beginnend vorwärts laufen, assoziiert, mit deinem inneren Zustand in doppelter Geschwindigkeit und deinem äußeren Verhalten in halber Geschwindigkeit.

4. **Film rückwärts laufen lassen:**
   Lasse den Film jetzt rückwärtslaufen, mit deinem inneren Zustand in halber Geschwindigkeit und deinem äußeren Verhalten in doppelter Geschwindigkeit.

Technik

Trennung des inneres Zustandes von den inneren Denkabläufen

Wenn du ohne Hilfe von außen, nur durch deine eigene Gedankentätigkeit in einen schlechten Zustand kommen kannst, kannst du diese Vorgehensweise nutzen, um die Ursache-Wirkungs-Zusammenhänge aufzulösen.

1. **Trennung zwischen inneren Denkabläufen und innerem Zustand:**
   Führe eine SM-Unterscheidung zwischen deinen inneren Denkabläufen und deinem inneren Zustand ein, die dir geeignet erscheint.

2. **Film vorwärts laufen lassen:**
   Lasse den Film jetzt von vorne beginnend vorwärts laufen, mit deinem inneren Zustand in doppelter Geschwindigkeit und deinen inneren Denkabläufen in halber Geschwindigkeit.

3. **Film rückwärts laufen lassen:**
   Lasse den Film jetzt rückwärts laufen, mit deinem inneren Zustand in halber Geschwindigkeit und deinen inneren Denkabläufen in doppelter Geschwindigkeit.

Versuche die Schritte 2 und 3 sowohl dissoziiert als auch assoziiert zu tun, um herauszufinden, was bei dir besser funktioniert.

TECHNIK

ABSCHIED UND NEUBEGINN

Technik nach Gundel Kutschera

Leben und Tod haben sich in unserer Kultur als getrennte Bereiche entwickelt. Stirbt ein nahestehender Mensch, stehen wir diesem Ereignis häufig fassungslos und unvorbereitet gegenüber. Manchen Menschen fällt es leichter, mit schwierigen Lebenssituationen umzugehen und für ihr Leben neue Möglichkeiten aus dieser Situation zu entwickeln. Diese Personen wissen, dass Leben und Tod zusammengehören und jeder Abschied die Möglichkeit eines Neubeginns in sich birgt. Neubeginn bedeutet für sie eine Versöhnung und gleichzeitige Integration aller wichtigen Qualitäten, die der Trauernde in der Beziehung mit dem Verstorbenen gelebt hat. Mit Hilfe des NLP wurden die besonderen Fähigkeiten dieser Personen analysiert und deren innere Prozesse in Schritten festgehalten, sodass sie für andere lehr- und lernbar sind.

Achte zu Beginn der Intervention darauf, den Glauben des Trauernden zu respektieren und den folgenden Prozess darauf abzustimmen. Da der Rahmen des Interventionsprozesses bei jeder Person aufgrund deren Werte individuell ist, sind die folgenden Schritte kurz und sachlich aufgeführt. Die Feinabstimmung dieses Prozesses erfolgt bei der jeweiligen Intervention.

1. **Ressourcevoller Zustand:**
   Bringe den Trauernden mit einer geeigneten NLP-Technik in einen ressourcevollen Zustand (z. B. mit Hilfe der Phobietechnik).

2. **SM-Set für „gefühlsmäßig gegenwärtig":**
   Der Trauernde denkt an eine ihm nahestehende Person, die zur Zeit körperlich nicht anwesend ist, die er aber trotzdem gefühlsmäßig als gegenwärtig erlebt. Elizitiere die SM dieser inneren Repräsentation.

   Erfrage Submodalitäten zügig und mit Befehls-Intonation.

3. **SM-Set der unverarbeiteten Trauer:**
   Bitte den Trauernden nun, an die verstorbene Person zu denken, die er gefühlsmäßig nicht mehr als gegenwärtig erlebt. Elizitiere wiederum die SM.

4. **Vergleiche die SM-Sets:**
   Vergleiche nun die beiden SM-Sets und markiere die Unterschiede.

5. **Ökologie-Check:**
   Überprüfe, ob es Einwände im Trauernden dagegen gibt, die verstorbene Person gefühlsmäßig als gegenwärtig zu erleben. Falls Einwände sichtbar werden, löse diese mit Hilfe geeigneter Vorgehensweisen (beispielsweise Reframing).

6. **Übertragen des SM-Sets für „gefühlsmäßig anwesend":**

Die SM für „gefühlsmäßig anwesend" werden nun mit Hilfe des SM-Sets aus Schritt 2 auf den aktuellen Trauerprozess übertragen.

7. **Test:**

Überprüfe, ob der Trauernde nun die verstorbene Person als gefühlsmäßig gegenwärtig erlebt. Wenn ja, weiter zu Schritt 8, wenn nein, zurück zu Schritt 2.

8. **Integration und Future-Pace:**

Der Trauernde beginnt nun, alle Qualitäten, die er mit der verstorbenen Person gelebt hat, in seine neue Identität aufzunehmen, mit dem Ziel, diese Qualitäten künftig mit anderen leben zu können.

a. Bitte das Unbewusste des Trauernden, den Zeitraum mitzuteilen, den der Trauernde für diese Integration benötigt.

b. Führe den Trauernden mit Hilfe eines Hypnotalks in die entsprechende Zukunft und lasse ihn den Integrationsprozess im Zeitraffer mental vorerleben, bis zu einem Zeitpunkt, an dem die Integration abgeschlossen sein wird.

c. Lasse den Klienten den Gefühlszustand erleben, der nach dem abgeschlossenen Integrationsprozess auftreten wird. Führe den Klienten in diesem Gefühlszustand wieder zurück in die Gegenwart.

TECHNIK

RESOLVING GRIEF

Dieser Trauer-Integrationsprozess beruht auf der Arbeit von Steve & Connirae Andreas.

1. **Ökologie-Check.**

2. **Elizitiere die SM für „Verlustschmerz":**
   Bitte den Klienten, an die Person bzw. die Sache zu denken, hinsichtlich deren er einen Verlustschmerz spürt, und elizitere die SM.

3. **Elizitiere die SM für „verarbeiteten Verlust":**
   Bitte den Klienten an eine Referenzerfahrung für „schmerzlosen Verlust" zu denken, d.h. an eine Person oder eine Sache, die aus seinem Leben verschwunden ist und hinsichtlich deren er sich, während er an sie denkt, komplett fühlen kann. Dies könnte beispielsweise ein alter Schulfreund oder eine frühere Liebesbeziehung sein. Elizitiere die SM für diese Repräsentation und finde die kritischen SM.

Sehr häufig ist eine kritische SM der „Ort im Raum" der visuellen Repräsentation: der Verlust wird auf der Zukunftslinie erlebt, während der bewältigte Verlust auf der Vergangenheitslinie repräsentiert wird.

4. **Überführe die SM für „verarbeiteten Verlust":**
   Die SM aus Schritt 2 werden nun auf den aktuellen Verlustprozess übertragen. Achte hierbei darauf, dass der Klient eine Versöhnungsphysiologie zeigt.

Erfrage Submodalitäten zügig und mit Befehls-Intonation.

5. **Zukunftslinie:**
   a. Elizitiere die Zukunftslinie deines Klienten.
   b. Lasse den Klienten ein weiteres Bild produzieren, welches alle diejenigen Kriterien/Werte enthält, die ihm an der Person bzw. Sache in der aktuellen Verlustsituation wichtig sind.
   c. Überführe nun auch diese innere Repräsentation in die SM aus Schritt 2.

Die Repräsentation der Kriterien/Werte kann metaphorisch sein.

6. **Multiplizieren des Zukunftsbildes:**
   a. Lasse den Klienten das Zukunftsbild aus Schritt 4b nun dreifach multiplizieren. Er hat nun einen Stapel aus Bildern, welche alle jeweils die Werte oder Teilwerte der verlorenen Person/Sache beinhalten, jedoch auf die Zukunft bezogen sind.
   b. Lasse den Klienten diese Zukunftsbilder entlang seiner Zeitlinie aufreihen.

Die multiplizierten Bilder sind naturgemäß nicht immer scharf bzw. deutlich.

7. **Test:**
   Lasse deinen Klienten nun erneut an die aktuelle Verlustsituation denken. Wie ist seine Gefühlsreaktion jetzt? Wenn das Ergebnis noch nicht zufriedenstellend ist, gehe zurück zu Schritt 2.

8. **Future-Pace.**

Die Swish-Technik

Der Swish ist eine elegante und sehr effektive Technik zum Verändern von unerwünschtem Verhalten, das vom Klienten nicht bewusst kontrolliert werden kann. Die Möglichkeiten des Inhaltes reichen hier von typisch zwanghaften Verhaltensweisen wie:

- Nägelkauen
- Waschzwang
- eine angebrochene Tafel Schokolade aufessen müssen
- Rauchen

...

bis zu zwangähnlichem Verhalten:

- Prüfungsängste
- Lampenfieber
- Schüchternheit
- Probleme mit Autoritäten
- „wunde Punkte" wie unkontrollierbare Wutausbrüche
- sich unterwürfig verhalten, wenn man eigentlich wütend ist

...

Der Swish kann also überall dort eingesetzt werden, wo ein bisheriges Verhalten nicht mit dem erwünschten Selbstbild übereinstimmt.

Wirkungsweise des Swish

Die Kraft des Swish-Musters liegt in seiner generativen Wirkung. Das heißt, die mit dem Swish erreichte Veränderung bringt weitere Veränderungen hervor – in Richtung des Selbstbildes, das vom Klienten beim Swish „installiert" wurde.

Bei dieser Technik wird dem inneren Erleben kein feststehendes Ergebnis vorgegeben, sondern die Aufmerksamkeit wird auf das gewünschte Selbstbild gelenkt. Dies wird erreicht, indem die Submodalitäten der bisher zwangauslösenden inneren Repräsentation abgeschwächt und bei der Ziel-Repräsentation so weit verstärkt werden, bis der Zug in Richtung des neuen Selbstbildes unwiderstehlich wird.

Hierzu ist es notwendig, die Submodalitäten herauszufinden, die beim Klienten verstärkend bzw. abschwächend wirken. In dem **Grundmuster für den Swish** sind dies hell/dunkel und groß/klein. Diese beiden Submodalitäts-Paare wirken im inneren Erleben der meisten Menschen verstärkend bzw. abschwächend. Zusätzlich nutzen wir das Submodalitäts-Paar „assoziiert/dissoziiert", um die generative Wirkung des Swish zu erreichen.

Ein wirklich eleganter Swish jedoch benutzt die individuellen Submodalitäten des Klienten. Ein solcher für den Klienten designter Swish wird **Designer-Swish** genannt. Dieser kann sowohl im visuellen als auch im auditiven und kinästhetischen Repräsentations-System vorgenommen werden. Allerdings ist hier zu beachten, dass das visuelle System am besten für diese Technik geeignet ist, da hier der Swishvorgang parallel vorgenommen werden kann. Sowohl das auditive als auch das kinästhetische Rep.-System sind sequenzielle Systeme, was die Wirkung des Swishs deutlich abschwächt.

TECHNIK

SWISH – GRUNDMUSTER

Diese Technik ist Bestandteil des Testings

1. **Ökologie-Check.**

2. **Auswahl des Inhaltes.**

3. **Auslöser finden und Informationen zum Prozess sammeln:**
„Was genau löst das Verhalten aus? Was genau siehst du, bevor du mit dem bisherigen Verhalten beginnst? Beschreibe es assoziiert."

SM beschreiben lassen

4. **Schaffung eines Zielbildes:**
a. „Mache dir nun ein dissoziiertes Bild davon, wie du sein wirst, wenn du das neue Verhalten vollständig integriert haben wirst. Woran genau siehst du, dass das Verhalten für dich völlig selbstverständlich sein wird? Mache dieses Bild so außerordentlich anziehend, dass ein starker Handlungsimpuls in dir entsteht!"
b. Teste folgende Submodalitäts-Paare in Bezug auf das Verstärken des Handlungsimpulses aus: hell/dunkel und groß/klein. Verstärkt sich der Handlungsimpuls, wenn du das Zielbild heller und größer werden lässt, dann weiter zu Schritt 5, ansonsten weiter zu Schritt b.
c. Elizitiere mittels eines vergleichenden Fragerahmens A´s kritische Submodalitäten für „stark motivierend". Du brauchst 2 Submodalitäts-Paare, die auf A verstärkend bzw. abschwächend wirken.

Alternativ können hier die SM-Paare „schwarzweiß/farbig" und „nah/weiter weg" genutzt werden.

Eine Alternative ist die Technik „Designer-Swish", Seite241 f.

5. **Swish:**
a. „Beginne damit, dass du die Ursprungssituation groß und hell im assoziierten Zustand vor dir siehst, während du das dissoziierte Zielbild klein und dunkel in der Ecke siehst. Jetzt gleich, wenn ich das Signal gebe, lässt du das Bild der Ursprungssituation klein und dunkel werden, während gleichzeitig das Zielbild groß und hell wird. Mache diese Veränderung schnell, es sollte nicht länger als 1 bis 2 Sekunden dauern!"
b. „Öffne die Augen und komme wieder ins Hier und Jetzt zurück."
c. „Schaue dich eine zeitlang konzentriert im Raum um."

Die ersten Durchgänge können etwas länger dauern, stelle jedoch sicher, dass du am Ende mindestens 2 Durchgänge in 1 bis 2 Sekunden machst.

Separiere den Klienten!

6. **Installations-Prozess:**
Wiederhole Schritt 5 noch weitere viermal.

7. **Test:**
Was geschieht jetzt, wenn du die Ursprungssituation wieder vor Augen hast? Zieht das neue Selbstbild unwiderstehlich an, weiter zu 8.

8. **Future-Pace.**

Swish – Grundmuster

Soll:

- Die Formatschritte sind einzuhalten.
- Der Auslöser muss sauber elizitiert werden.

Soll nicht:

- Rapportbruch darf nicht länger als 30 Sek. unbemerkt bleiben.
- Assoziiert und dissoziiert dürfen beim Swishen nicht verwechselt werden.

Technik

Swish im kinästhetischen Rep.-System

Wenn ein Swish in der Kinästhetik gemacht wird, gibt es einige Besonderheiten. Grundsätzlich gilt hier die Vorgehensweise für einen Designer-Swish. Für eine erfolgreiche Durchführung sind jedoch folgende Punkte zu beachten:

- Das Elizitieren der Submodalitäten muss auf der Ebene der taktilen Körperempfindungen stattfinden, wie beispielsweise: Berührung einer Hand auf dem Körper fühlen, Atem von jemandem im Nacken spüren, Druck und Enge im Bauch fühlen, nicht auf der Ebene der Metagefühle, mit denen die taktilen Empfindungen bewertet werden, wie zum Beispiel: Widerwillen, Angst, Frust und Ähnliches.
- Der Swish kann nicht, wie im visuellen System, gleichzeitig erfolgen (großes, helles Bild wird klein und dunkel, während das kleine, dunkle Bild hell und groß wird), sondern sequenziell.
  Beispiel: verstärkende/abschwächende SM = Stärke der Empfindung Druck im Bauch wird weniger, bis er ganz verschwunden ist, und dann beginnt das angenehme Gefühl von Aufrecht-Stehen und Weite im Brustkorb intensiver zu werden.
- Auch hier muss die Ziel-Selbst-Repräsentation dissoziiert sein.
  Eine Möglichkeit hierfür ist, sich vorzustellen, man würde einen Arm ausstrecken und seinen eigenen Körper vor sich im Raum berühren, also die Person, die man nach der Veränderung werden wird – und damit die angenehmen taktilen Empfindungen des Ziel-Selbst dort vor sich im Raum spüren. Eine andere Möglichkeit ist, sich vorzustellen, man spürt in das Ziel-Selbst vor sich im Raum hinein, während man weiterhin in seinem eigenen Körper bleibt – um zu fühlen, was dieses Ziel-Selbst dort an taktilen Empfindungen fühlt.
- Es ist sinnvoll, an den üblichen Swish-Vorgang vom assoziierten bisherigen Zwang zum dissoziierten Ziel-Selbst noch ein Assoziieren in das Ziel-Selbst anzuhängen. Dies kann durch die Anweisung geschehen: „Und nun werde zu deinem Ziel-Selbst und spüre, wie es ist, die Veränderung bereits erreicht zu haben.“

Technik

Swish im auditiven Rep.-System

Für einen Swish im auditiven Rep.-System gilt es ebenfalls einige Besonderheiten zu beachten:

- Ebenso wie die Kinästhetik ist auch die Verarbeitung im auditiven Rep.-System sequenziell. Der Swish vom Auslöser des Verhaltens zum Ziel-Selbst muss daher analog zur Kinästhetik nacheinander vorgenommen werden.
  Beispiel: verstärkende/abschwächende SM = Lautstärke des Tones
  Das unangenehme Kreischen wird leiser und leiser, bis es ganz verschwunden ist, und dann wird das angenehme Rauschen der Brandung lauter.
- Wie in der Kinästhetik muss auch hier die Ziel-Selbst-Repräsentation dissoziiert sein. Eine Möglichkeit, dies zu repräsentieren, ist, zu hören, wie die Stimme des Ziel-Selbst vor einem im Raum klingt, wenn die Veränderung bereits erreicht ist.

Technik

Designer-Swish

Bei einem für den Klienten speziell designten Swish ist die Informations-Sammlung von entscheidender Bedeutung. Wichtig ist, zwei Submodalitäts-Paare zu finden, die gefühlsabschwächend bzw. -verstärkend wirken.

Als Repräsentations-System ist hierbei das visuelle zu empfehlen. In jedem Fall sind die Submodalitäten „assoziiert/dissoziiert" wie im Grundmuster zu gebrauchen.

Für die Informations-Sammlung hervorragend geeignet ist der **Errungenschafts-Rahmen** von Richard Bandler. Hierbei stellt der Coach dem Klienten folgende Frage: „Nehmen wir einmal an, ich müsste dich einen Tag lang vertreten. Um den Job gut machen zu können, müsste ich deine Einschränkung ausführen können. Bringe mir also genau bei, was ich machen muss." Hierbei ist herauszufinden, wann das Verhalten einsetzt (Auslöser) und wie es genau abläuft (Prozess).

TECHNIK

DESIGNER-SWISH

1. **Ökologie-Check.**

2. **Auswahl des Inhalts:**
   „Wähle ein Verhalten aus, das du verändern möchtest."

3. **Informations-Sammlung:**
   In diesem Schritt geht es darum, herauszufinden, wann das Verhalten einsetzt (Auslöser) und wie es genau funktioniert (Prozess). Höre hierzu auf die Zugangshinweise, die dir der Klient beim Schildern des Problems anbietet, und/oder verwende den „Errungenschaftsrahmen".

Siehe hierzu auch Seite 241.

4. **Finde 2 Submodalitäts-Paare für abschwächend/verstärkend:**
   Wähle nun aus den angebotenen Submodalitäten 2 SM-Paare aus, welche am deutlichsten verstärkend bzw. abschwächend wirken. Teste hierzu alle angebotenen SM auf ihre Wirkung aus.

5. **Schaffung der Ziel-Selbst-Repräsentation:**
   Je nachdem in welchem Rep.-System gearbeitet wird, geht es darum, ein Ziel-Bild, eine Ziel-Stimme oder ein Ziel-Gefühl zu erschaffen bzw. eine Mischung aus mehreren Rep.-Systemen. In jedem Fall gilt:
   Die Ziel-Repräsentation soll so anziehend und motivierend wie möglich sein – es muss den Klienten geradezu in die Ziel-Repräsentation hineinziehen! Siehe hierzu auch das Grundformat.

6. **Swish**
   Visuell: Mache nun den Swish, indem du wie im Grundmuster beschrieben vorgehst.
   Auditiv: Nimm den Swish wie im Grundmuster beschrieben vor, allerdings nicht gleichzeitig, sondern nacheinander.
   Kinästhetisch: Nimm den Swish nacheinander vor und assoziiere den Klienten danach in das Fühlen des Ziel-Selbst.

7. **Separieren:**
   Achtung beim kinästhetischen Swish: So lange separieren, bis Empfindungen und Gefühle völlig neutral sind!

8. **Installations-Prozess:**
   Wiederhole Schritt 6 und 7 mindestens weitere viermal.

9. **Test.**

10. **Future-Pace.**

Glaubenssätze verändern

Eine Möglichkeit, Verhalten zu verändern, besteht darin, die *Glaubenssysteme* zu verändern, die das entsprechende Verhalten organisieren. Unter *Glaubenssätzen* verstehen wir hier nicht nur religiöse oder ideologische Überzeugungen im engeren Sinn, sondern alles, was Menschen in Bezug auf sich und die Welt für wahr halten. Wenn jemand z. B. sagt: „Dies muss man so und so machen", dann steht dahinter immer ein Glaubenssatz.

Jeder von uns hat unzählige Glaubenssätze über sich und die Welt. Diese Überzeugungen sagen uns, was möglich und was unmöglich ist, was sinnvoll ist und was nicht. Dadurch bestimmen sie in entscheidender Weise unser Verhalten. Allerdings sind uns die meisten dieser Glaubenssätze gar nicht bewusst; im Gegenteil, wir halten sie normalerweise für selbstverständliche Tatsachen. Dies gilt auch und gerade für einschränkende Glaubenssätze über uns selbst. Dabei ist zu beachten, dass Glaubenssätze die Tendenz haben, sich selbst zu bestätigen (sich selbsterfüllende Prophezeiung). Veränderungen auf dem Niveau der Glaubenssätze können sehr weitreichende Konsequenzen haben.

Glaubenssätze werden häufig als *Komplexe Äquivalenz* formuliert, wie z.B.: „Du bist zu unseren Verabredungen häufig zu spät, also bin ich dir nicht wichtig", oder als *Ursache-Wirkungs-Beziehung:* „Deine Untreue ist die Ursache für mein Übergewicht."

Mit unseren Überzeugungen kommen wir natürlich nicht auf die Welt, wir haben sie im Laufe unseres Lebens erlernt. Viele Überzeugungen, die wir als Kinder hatten, haben wir heute nicht mehr, dafür haben wir neue entwickelt, die sich aber im Laufe unseres Lebens auch wieder verändern können.

Eine Möglichkeit, Glaubenssätze mit NLP-Methoden zu verändern, ist die Arbeit mit den Submodalitäten. Eine weitere Möglichkeit ist das Fragen nach dem *Meta-Modell der Sprache* oder auch das *Reframing*. Es gibt nicht „die" richtige Methode zum Verändern von Glaubenssätzen. Es ist eine Frage der Fantasie, wie viele Methoden man sich ausdenken kann, um eine solche Veränderung zu erreichen. Beim Verändern von Glaubenssätzen gilt als Faustregel, dass es normalerweise sinnvoller ist, einen Glauben über sich selbst zu verändern als Ansichten über die Welt. Hier geht es also um Überzeugungen, die das eigene Leben einschränken.

Zu Beginn der Arbeit mit dieser Technik ist es sinnvoll, Inhalte zu wählen, die einen leichten bis mittleren Schweregrad aufweisen. Dies sind in der Regel Glaubenssätze über das eigene Verhalten, Möglichkeiten und Fähigkeiten. Glaubenssätze, die die Identität betreffen, wie beispielsweise „ich bin nicht liebenswert", sollten erst dann zum Inhalt genommen werden, wenn ausreichend Übung mit dieser Technik vorliegt.

Das Verändern von Glaubenssätzen ist eines der Kernthemen, die in der Master-Practitioner-Ausbildung ausführlich behandelt werden.

Für weitere Techniken zum Verändern von Glaubenssystemen siehe auch „Das NLP-Master Handbuch", Junfermann Verlag.

TECHNIK

ZWEIFEL & ÜBERZEUGUNG

Bei dieser Technik wird eine einschränkende Überzeugung zuerst in Zweifel überführt und danach ein neuer, förderlicher Glaubenssatz an die Stelle der alten Überzeugung gesetzt. Damit wird bewirkt, dass der alte Glaubenssatz dem neuen Platz macht, woraufhin dann der neue Glaubenssatz seine Wirkung voll entfalten kann. Würde man lediglich einen neuen Glaubenssatz installieren, würde dieser neue Glauben dem alten entgegengesetzt werden. Innere Konflikte und teilweise hohe Reibungsverluste wären die Folge.

1. **Submodalitäten des zu verändernden Glaubenssatzes:**
   Wähle eine Überzeugung aus, die dein Leben einschränkt und die du gerne verändern willst. Elizitiere diese Submodalitäten für „Überzeugung" und notiere sie.

Erfrage Submodalitäten zügig und mit Befehls-Intonation.

2. **Submodalitäten von Zweifel:**
   Wähle nun etwas aus, an dem du Zweifel hegst. Etwas, das zutreffen könnte oder auch nicht – du bist dir nicht ganz sicher. Nimm dir einen Moment Zeit, um sicherzustellen, dass du tatsächlich etwas ausgewählt hast, an dem du Zweifel hegst. Zweifel bedeutet in diesem Fall unsicher sein – man schwankt zwischen dem Gedanken, dass etwas stimmt, und dem Gedanken, dass es nicht stimmt, hin und her.

3. **Finde die Unterschiede in den Submodalitäten:**
   Vergleiche die beiden erstellten Submodaltitäts-Tabellen und markiere die Unterschiede.

4. **Finde die kritischen Submodalitäten:**
   Beginne nun, die unterschiedlichen Submodalitäten einzeln auf ihre Wirksamkeit zu testen. Gehe dabei wie folgt vor:
   a. Gehe die unterschiedlichen SM Schritt für Schritt durch. Ändere jede sich unterscheidende SM des zu verändernden Glaubenssatzes einzeln in die SM von „Zweifel".
   b. Teste, welche Wirkung diese einzelne Veränderung hat. Wenn sich andere Submodalitäten mitverändern, ist dies eine kritische SM. Markiere dir jede gefundene kritische SM.
   c. Bringe die veränderte Submodalität wieder in ihren ursprünglichen Zustand zurück.
   d. Teste die nächste Submodalität auf ihre Wirkung.

   Ziel: Wenn alle unterschiedlichen Submodalitäten ausgetestet sind, ist der zu verändernde Glaubenssatz wieder in seinem ursprünglichen Zustand. Du weißt nun, welche der Submodalitäten die kritischen sind, das heißt, welche Submodalitäten am schnellsten „Überzeugung" in

„Zweifel" verwandeln.

5. **Neuer Glaube:**
Bevor die ursprüngliche Überzeugung in „Zweifel" verwandelt wird, brauchst du etwas, das du an deren Stelle setzen kannst. Die Frage ist also: Was willst du ab jetzt anstelle der alten Überzeugung glauben? Der neue Glaube sollte folgenden Kriterien entsprechen:
a. Es sollte eine Positiv-Formulierung sein, keine Negation. Finde also etwas, das du stattdessen glauben möchtest, nicht etwas, was du nicht glauben willst.
b. Formuliere den neuen Glauben als Prozess oder Fähigkeit, die es dir ermöglicht, ein Ziel zu erreichen. Der neue Glaube sollte also mit einem Prozess zusammenhängen, der zu einem Ziel hinführt, anstatt in Form eines Endergebnisses oder Zieles formuliert zu sein.

6. **Öko-Check:**
Überprüfe nun, ob es für dich ökologisch ist, den ursprünglichen Glaubenssatz in „Zweifel" zu überführen und an seiner Stelle den neuen Glauben zu setzen.
a. Nimm Dir einen Augenblick Zeit und stelle dir vor, in welcher Weise du dich anders verhalten würdest, wenn du diese neue Überzeugung bereits hättest. Welche Veränderungen ergeben sich für dich und die Menschen, die dir nahestehen? Darf diese Veränderung sein, oder gibt es einen Einwand dagegen?
b. Jeglicher Einwand muss zuerst gelöst werden! Ansonsten weiter zu Schritt 7.

7. **Ursprüngliche Überzeugung in Zweifel überführen:**
Lenke deine Aufmerksamkeit auf die Repräsentation des zu verändernden Glaubenssatzes. Überführe diesen Glaubenssatz nun in „Zweifel", indem du die kritischen SM für „Zweifel" anwendest.

8. **Neuen Glaubenssatz in Überzeugung überführen:**
Lenke deine Aufmerksamkeit nun auf den neuen Glaubenssatz und überführe ihn in die SM von „Überzeugung", indem du die kritischen SM für „Überzeugung" anwendest. Was verändert sich in deinem Erleben?

Wenn alles geglückt ist, wird der neue Glauben die innere Repräsentation von „Überzeugung" haben (wenn nicht, zurück zu 1). Nimm dir ausreichend Zeit, um diese tiefgreifende Veränderung zu integrieren. Gehe erst dann weiter zum Future-Pace.

9. **Future-Pace.**

REFRAMING

Die Bedeutung, die wir einem Ereignis beimessen, hängt von den Zusammenhängen, das heißt dem „Rahmen“ ab, in dem wir dieses Ereignis erleben. Verändern wir den Rahmen, so verändern wir die Bedeutung. Ein solcher Bedeutungsveränderungsprozess wird im NLP *Reframing* genannt.

Eine sehr alte chinesische Tao-Geschichte erzählt von einem Bauern in einer armen Dorfgemeinschaft mit Namen Li. Man hielt ihn für gut gestellt, denn er besaß ein Pferd, mit dem er pflügte und Lasten beförderte. Eines Tages lief sein Pferd davon. Alle seine Nachbarn riefen: „Oh Li, ohne dein Pferd kannst du dein Feld nicht mehr bestellen und die Ernte nicht einbringen, was für ein Unglück!" Li jedoch antwortete nur: „Vielleicht." Ein paar Tage später kehrte das Pferd zurück und brachte zwei Wildpferde mit. Die Nachbarn freuten sich alle über sein günstiges Geschick und riefen: „Zwei wilde Pferde, du kannst sie verkaufen und wirst ein reicher Mann, was für ein Glück du doch hast!". Aber Li antwortete nur: „Vielleicht.“ Am nächsten Tag versuchte der Sohn des Bauern, eines der Wildpferde zu reiten, das Pferd warf ihn ab, und er brach sich ein Bein, worauf alle drei Pferde ob seiner Schmerzensschreie davonliefen. Die Nachbarn übermittelten ihm ihr Mitgefühl: „Oh Li, was wirst du nun tun, ohne deinen Sohn, ohne dein Pferd, wie willst du die Ernte einbringen, du hättest die Wildpferde verkaufen sollen, wie wir es dir rieten, was für ein Unglück!" Li jedoch antowortete nur: „Vielleicht". Tage später kamen die Soldaten des Kaisers ins Dorf und rekrutierten alle jungen Männer für die Armee des Kaisers; nur der Sohn des Bauern durfte bleiben, er hatte ein gebrochenes Bein und taugte nicht für den Krieg. Und die Dorfbewohner kamen weinend zu dem alten Mann und sagten: „Oh Li, wiederum bist du der Glükkliche, du hast noch deinen Sohn!" Und Li antwortete: „Vielleicht".

Zwei Wildpferde zu haben ist eine gute Sache, solange man sie nicht im Zusammenhang mit dem gebrochenen Bein des Sohnes sieht. Das gebrochene Bein scheint etwas Schreckliches im Rahmen des friedlichen Dorflebens und der Tatsache, dass der alte Bauer auf die Hilfe seines Sohnes angewiesen ist; aber im Zusammenhang mit der Rekrutierung und dem Krieg wird das gebrochene Bein fast zu einem Geschenk des Himmels.

Bedeutung & Interpretation

Schon der alte römische Kaiser Marc Aurel wusste, dass nicht die Ereignisse in der Welt an sich Bedeutung haben, sondern erst unsere Interpretation ihnen Bedeutung gibt. Er sagte:

Nicht die Dinge an sich sind es, die uns beunruhigen, sondern vielmehr ist es unsere Interpretation der Bedeutung dieser Ereignisse, die unsere Reaktion bestimmt.

Reframing ist auch das entscheidende Element im kreativen Prozess. Die Fähigkeit, ein ganz gewöhnliches Ereignis in einen neuen Rahmen zu stellen, der nützlich oder unterhaltsam ist, ist der Kern jeglicher Kreativität. Ein Freund des Physikers Donald Glaser deutete auf ein Glas Bier und meinte scherzhaft: „Warum nehmen Sie nicht das, um Ihre subatomaren Teilchen aufzufangen?“ Glaser schaute sich die Blasen an, die sich im Bier bildeten, und ging zurück in sein Labor, um die „Blasenkammer“ – ähnlich der Wilsonschen Nebelkammer – zu erfinden und so die Bahn der hoch geladenen Teilchen in physikalischen Experimenten zu ermitteln. In „Der göttliche Funke“ nennt Arthur Koestler diesen Prozess „Bisoziation“: die Fähigkeit, ein Ereignis simultan in zwei völlig getrennten und unterschiedlichen Zusammenhängen zu assoziieren.

Chunking

Eine konkrete Technik des Reframing wird *Chunking* genannt. Dieser ebenfalls von Miller (1956) formulierte Begriff bezeichnet das Zusammenfassen bzw. Aufgliedern von Informationen in größere oder kleinere Stücke, in unserem Zusammenhang: den Wechsel von einer bestimmten logischen Kategorie auf eine höher oder tiefer gelegene Ebene. Die nachfolgende Grafik verdeutlicht anhand eines Beispiels, wie der Prozess des *Chunking-up, Chunking-down* sowie seitliches Chunking aussehen kann.

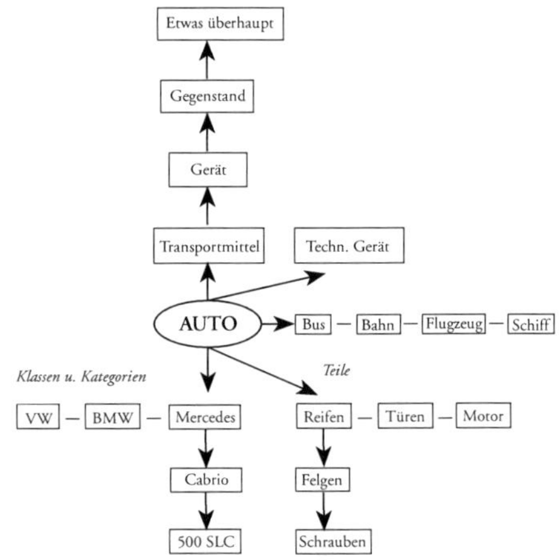

Thomas Kirschner gibt in seinem Aufsatz in „Management Wissen” 4/88 ein hübsches Beispiel für angewandtes Chunking: Kirschner berichtet von einem Abteilungsleiter, der sich seit Wochen innerlich auf einen Ruf des US-Mutterhauses vorbereitet hatte. Als die Wahl ihn dann letztlich doch nicht traf, brach für ihn eine Welt zusammen. Trotz der Feststellung, seine Kompetenz würde in Deutschland dringend gebraucht, und trotz Gehaltserhöhung kündigte er. Sein Chef fragte ihn daraufhin, was für ihn an einem Ruf nach Amerika so wichtig sei. Der Abteilungsleiter antwortete, dass eine Zeit in Amerika die Karriere in Deutschland automatisch fördern würde. Es war also klar, dass es für diesen Abteilungsleiter einen Zusammenhang zwischen der eigenen Karriereplanung und dem Arbeiten im US-Mutterhaus gab. Es gab also eine innere Verknüpfung zwischen Ausland – in diesem Fall USA – und Karriere. Durch Chunking wurde die zuvor nicht vorhandene Identifizierung von „Inland” mit „Karriere” hergestellt, indem eine entsprechende Karriereplanung im Inland geplant wurde.

Werteskala

Eine wichtige Voraussetzung für erfolgreiches Reframing und damit auch für erfolgreiches Chunking-up und Chunking-down ist es, die Werteskala des Gegenübers zu kennen. Nur wenn ich die Werteskala des Gegenübers kenne, habe ich eine Idee, in welchem Rahmen ein Ereignis für ihn akzeptabel sein könnte.

Das NLP-Teile-Modell

Neben der Schulung der Fähigkeit, ressourcevolle Bedeutungsgebungen vorzunehmen, beinhaltet das Reframing eine spezifische Sichtweise auf das menschliche Verhalten. Im NLP sehen wir Menschen nicht als eindimensionale Wesen, sondern als Wesen mit komplexer Persönlichkeitsstruktur. Diese Vielschichtigkeit beherbergt nach dem NLP-Modell Wünsche, Bedürfnisse und Ziele, die nicht notwendigerweise miteinander in Einklang stehen (Goethe: „Zwei Seelen wohnen, ach! in meiner Brust."). Wann immer wir als Menschen Bedürfnisse verspüren, die nicht miteinander in Übereinstimmung zu bringen sind führt dies zu inneren Spannungen und zu Reibungsverlust.

Im NLP nutzen wir zum Bearbeiten von Symptomen, die auf solchen inneren Spannungsfeldern beruhen, ein Modell, das die Komplexität unserer menschlichen Persönlichkeit auf metaphorische Weise abbildet – das Teile-Modell.

Im Teile-Modell repräsentieren wir die Vielschichtigkeit innerhalb einer Person als Teil-Persönlichkeiten, mit eigenen Wünschen, Bedürfnissen und Zielen. Diese Unterteilung unserer Gesamtpersönlichkeit in „Unterpersönlichkeiten" bietet die Möglichkeit, mit einem Teil unseres Unbewussten wie mit einem Gegenüber zu kommunizieren und Lösungsmöglichkeiten für interne Blockaden zu finden.

Module & Techniken

Module
- Kontextreframe – Bedeutungsreframe
- Empfindungsreframe

Techniken
- Einen neuen Teil schaffen
- Verhandeln zwischen den Teilen
- Kontrastierender Fragerahmen
- 6-Step-Reframe

Mit dem Reframing lernst du eine Methode kennen, den Rahmen, den die Menschen um alles Mögliche setzen, auszuwechseln. Wenn man meint, etwas sei schlecht, dann stellt sich die Frage: „Wann, wo, wie & für wen?"

Bei einer Teil-Äquivalenz brauchst du einen Bedeutungsreframe und bei vergleichender Generalisierung einen Kontextreframe.

Modul

Kontextreframe – Bedeutungsreframe

Wir unterscheiden zwei grundsätzlich Arten von Reframing:
- **Reframe des Kontextes** und
- **Reframe der Bedeutung oder des Inhalts.**

1. **Bedeutungsreframe:**
   Eine Klage wird als Teil-Äquivalenz präsentiert, die eine Reaktion mit einer Klasse von Ereignissen verbindet:
   „Ich fühle mich X, wenn Y passiert.“

Für einen Bedeutungsreframe frage dich: **„Gibt es einen größeren oder anderen Rahmen, in welchem dieses Verhalten einen positiven Wert hätte?“** oder: **„Welcher andere Aspekt dieser gleichen Situation könnte einen anderen Bedeutungsrahmen liefern, der der betreffenden Person verborgen ist?“** oder einfach: **„Wie sonst könnte ich die gleiche Situation beschreiben?“**

Hinweise zu Bedeutungsreframe:
- Es soll eine Bedeutung gewählt werden, die der sozialen Lebenssituation und dem Wertesystem des Klienten angemessen ist.
- Der Reframe soll ernsthaft vorgetragen werden.
- Es soll kein anderer Kontext angeboten werden.

2. **Kontextreframe:**
   Eine Klage wird als vergleichende Generalisierung über sich selbst oder einen anderen vorgetragen, wobei der Kontext getilgt ist:
   „Ich bin zu Z, oder er ist zu Q.“

Um einen Kontextreframe zu finden, frage dich: **„In welchem Kontext hätte dieses spezielle Verhalten, über das der Gesprächspartner sich beklagt, einen Wert?“**

Hinweise zu Kontextreframe:
- Es soll ein Kontext gewählt werden, der der sozialen Wirklichkeit und dem Wertesystem des Klienten entspricht.
- Der Reframe soll ernsthaft vorgetragen werden.
- Es soll nicht versehentlich eine andere Bedeutung – wie beim Bedeutungsreframe – angeboten werden.

Modul

Empfindungs-Reframe

Diese Intervention geht auf Chris Hall zurück

Eine einfache und häufig sehr effektive Möglichkeit zum Reframing ist der Empfindungsreframe. Die Grundüberlegung beim Empfindungsreframe ist, dass es nicht notwendigerweise einen Zusammenhang zwischen einer bestimmten Körperempfindung und der Gefühlsbezeichnung gibt, mit der eine Person diese Empfindung benennt. Wenn du Menschen fragst, was genau sie fühlen, wenn sie beispielsweise verliebt sind, dann bekommst du sehr unterschiedliche Beschreibungen für deren kinästhetische Repräsentation. Anders gesagt: Es gibt keinen zwingenden Zusammenhang zwischen einem bestimmten Set an kinästhetischen Submodalitäten und ihrer sprachlichen Bezeichnung. Ist eine Empfindung aber erst einmal benannt, kreiert diese Benennung eine eigene Wirksamkeit. Benennungen wie beispielsweise „ich fürchte mich" oder „ich bin traurig" sind Anker für uns, die eine Fülle von Erinnerungen bezüglich „Angst" bzw. „Trauer" ins Bewusstsein rufen und Verhaltensmechnismen auslösen. Wenn wir eine Gefühlsreaktion als einschränkend erleben, kann es daher sehr nützlich sein, den Zusammenhang zwischen der Körperempfindung und ihrer bisherigen Benennung aufzulösen, um Raum für einen ressourcevolleren inneren Prozess zu schaffen.

Die Benennung für unsere Empfindungen haben wir von außen gelernt. Unsere Eltern haben aus unserem äußeren Verhalten auf unsere innere Befindlichkeit geschlossen und diese benannt. Auf diese Art lernten wir unsere eigenen Körperempfindungen zu benennen.

Hier ein Beispiel für einen Empfindungsreframe:

Klient: Ich ärgere mich, wenn ich im Stau bin.
Coach: Wie genau weißt du, dass du dich ärgerst?
Klient: Meine Bauchmuskulatur und mein Nacken sind verspannt.
Coach: Woher weißt du, dass du dich ärgerst, wenn sich deine Bauch- und Nackenmuskulatur verspannt?
Klient: Aus Erfahrung!
Coach: Das heißt, du hast diese Empfindung bisher immer so genannt? Aber woher wusstest du das erste Mal, dass du diese Empfindung Ärger nennen musst?
Klient: Ich weiß es nicht.
Coach: Wenn du dir nicht sicher bist, dass diese Empfindung Ärger sein muss, was könnte es noch bedeuten, wenn deine Bauchmuskulatur und dein Nacken sich auf diese Weise verspannen?
Klient: Es könnte bedeuten, dass ich etwas zurückzuhalten versuche!
Coach: Wenn du etwas zurückhältst, wie ändert sich dann dein Verhalten in Bezug auf das Ärgern?
Klient: Ich versuche zu verstehen, was ich zurückzuhalte!
Coach: Gibt dir diese Betrachtungsweise bessere Möglichkeiten, mit der Situation umzugehen?
Klient: Ja!
Coach: Dann ist es doch sinnvoll, dass du dich in Zukunft immer dann, wenn du diese Empfindung fühlst, fragst, was du zurückhältst, ist es nicht so?

TECHNIK

EINEN NEUEN TEIL SCHAFFEN

1. **Identifiziere das gewünschte Ziel:**
   Welche Funktion soll der neue Teil erfüllen: „Ich möchte einen Teil, der X erreichen wird."

2. **Referenzerlebnisse finden:**
   Erinnere dich an zurückliegende Erlebnisse, in denen du diese Fähigkeit bereits erlebt hast. Assoziiere dich mit jeder Erinnerung und mache dir alle wichtigen Aspekte dieses Verhaltens bzw. dieser Fähigkeit bewusst. Erlebe die Erinnerungen in allen drei Hauptrepräsentations-Systemen.

3. **Zielbild erschaffen:**
   Lasse in deinem Inneren ein Bild davon entstehen, wie du dich mit dem neuen Verhalten bzw. dieser neuen Fähigkeit verhalten wirst.
   a. Als Erstes lasse einen dissoziierten, visuell und auditiv konstruierten Film entstehen.
   b. Sobald du eine zufriedenstellende Sequenz vor Augen hast, assoziiere dich in das Bild hinein, durchlaufe die ganze Sequenz noch einmal und fühle, wie es sein wird, sich so verhalten.
   c. Wenn du noch nicht vollständig zufrieden bist, gehe zurück zu Schritt 3a und modifiziere den Film. Setze diesen Prozess so lange fort, bis du mit dieser Vorstellung voll und ganz zufrieden bist.

4. **Ökologie-Check:**
   „Hat irgendein Teil etwas dagegen einzuwenden, dass ich einen Teil haben werde, der verantwortlich sein wird, aus dieser Vorstellung Wirklichkeit werden zu lassen?" Stelle sicher, dass du alle Repräsentations-Systeme nach möglichen Einwänden überprüfst. Falls ein Einwand auftaucht, arbeite mit jedem verantwortlichen Teil wie folgt:
   a. „Welches ist deine Funktion für mich?", „Was tust du für mich?"
   b. „Was genau ist dein Einwand oder deine Befürchtung?"
   c. Stelle eine komplette Liste aller Teile auf, die Einwände haben, und notiere ihre Funktionen.

5. **Stelle alle Teile, die Einwände haben, zufrieden:**
   a. Definiere den Teil, den du erschaffen willst, neu, sodass du alle Funktionen und Befürchtungen der Teile, die Einwände haben, berücksichtigst.

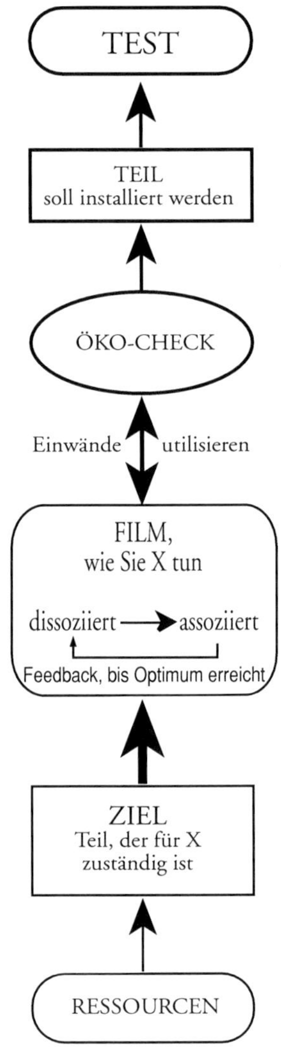

Prac. Neuen Teil schaffen

b. Gehe zurück zu Schritt 3 und entwickele eine neue oder modifizierte Vorstellung, welche die Befürchtungen aller Teile, die etwas einzuwenden haben, berücksichtigt.

c. Überprüfe mit jedem Teil, ob diese neue Repräsentation des Verhaltens des neuen Teils auch wirklich nicht mit einer der bestehenden Funktionen interferiert, und stelle sicher, dass alle Einwand erhebende Teile zufrieden gestellt sind.

6. **Teil erschaffen:**

Bitte deine unbewussten Ressourcen, diese Vorstellung zu analysieren und die wesentlichen Bestandteile zu extrahieren. Dein Unbewusstes soll diese Information für den Bau des Teils benutzen und ihm Existenz verleihen. Hole dir aus deinem Unbewussten und deiner Vorstellungswelt alles, was du brauchst, um einen Teil von dir zu bauen, der das neue Verhalten bzw. die neue Fähigkeit mit Leichtigkeit und exzellent hervorbringen kann, zu jedem Zeitpunkt, zu dem es notwendig ist.

7. **Test:**

Prüfe nun, ob der Teil vorhanden ist: Gehe nach innen und trete in Kontakt mit diesem Teil. Frage ihn, ob er noch irgend etwas braucht, um seine Funktion angemessen erfüllen zu können.

8. **Future-Pace:**

Stelle dir nun verschiedene Situation in der Zukunft vor, in denen du das Verhalten bzw. die neue Fähigkeit hervorbringst. Achte darauf, dass sich der Teil angemessen verhält. Wenn nicht, gehe zurück zu Schritt 2.

Technik

Verhandeln zwischen den Teilen

Diese Technik kann dann angewandt werden, wenn sich zwei Teile gegenseitig behindern und keiner der beiden Teile sein Ziel voll erreichen kann.

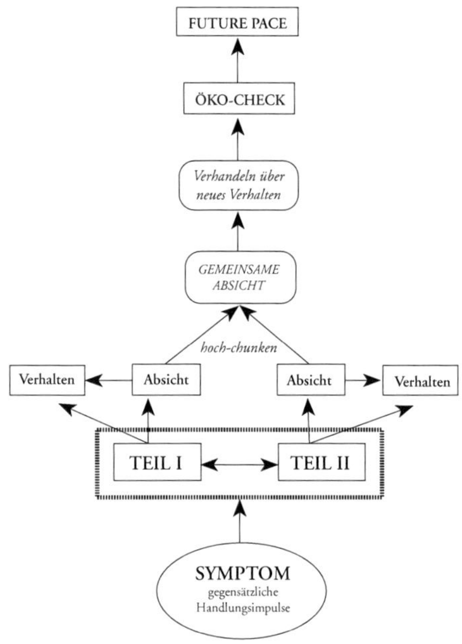

Beispiel: Jemand möchte gerne fernsehsehen und hat gleichzeitig das Gefühl, sich sportlich betätigen zu wollen. Wenn er sich fürs Fernsehen entscheidet, hat er währenddessen ein schlechtest Gewissen und kann diese Tätigkeit nicht wirklich genießen. Entscheidet er sich für den Sport, sind fortwährend Gedanken an den bequemen Fernsehsessel im Kopf, und eine nörgelnde Stimme vermiest ihm das sportliche Erlebnis.

Wenn sich zwei Teile gegenseitig permanent stören, sodass keiner von beiden in der Lage ist, seine positive Absicht umzusetzen, kannst du mit Hilfe dieser Technik eine Vereinbarung aushandeln, die zum Ziel hat, beiden Teilen gerecht zu werden.

1. **Identifiziere die Teile, die sich gegenseitig behindern:**
   a. Nimm in deinem Inneren Kontakt zu beiden Teilen auf, indem du dich an eine Situation erinnerst, in der beide Teile sich gegenseitig behindern haben.
   b. Frage beide Teile, was ihre Funktion ist und was ihre positive Absicht ist.
   c. Lege beide Hände mit der Handfläche nach oben auf die Oberschenkel und bitte die Teile, sich jeweils eine Hand auszusuchen und sich „darauf niederzulassen".

2. **Positive Absicht hochchunken:**
   a. Frage den Teil X, was er mit seiner positiven Absicht für dich zu erreichen versucht, und hinterfrage die Antwort des Teils wiederum mit der Frage: „Und was möchtest du damit für mich erreichen?" Mache hierbei mit der Hand, die sich Teil X ausgesucht hat, eine kleine Geste.
   b. Frage nun Teil Y, was er mit seiner positiven Absicht für dich zu erreichen versucht, hinterfrage auch hier die Antwort des Teils wiederum mit der Frage: „Und was möchtest du damit für mich erreichen?" Mache hierbei mit der Hand, die sich Teil Y ausgesucht hat, eine kleine Geste.

   Fahre mit diesem Prozess fort, bis du eine gemeinsame positive Absicht der beiden Teile gefunden hast. In der Regel ist es nur eine Frage des Chunking-up, wann du auf eine gemeinsame Absicht stößt.

3. **Verhandeln der Teile:**

a. Frage beide Teile, ob ihnen klar war, dass sie ein gemeinsames Ziel verfolgen.
b. Frage beide Teile, ob ihnen klar ist, dass sie ihre höchste Absicht nicht erreichen, solange sie sich gegenseitig behindern.
c. Frage beide Teile, ob sie für das Erreichen ihrer höchsten Absicht gewillt sind, sich aufeinander zu zubewegen und zusammenzuarbeiten.

4. **Integration mit Hypnotalk:**

a. Drehe deine Hände jetzt so, dass die Handflächen zueinander zeigen.
b. **Hypnotalk:**
„Schließe nun deine Augen und genieße diesen Prozess, indem sich deine beiden Hände aufeinander zu bewegen, ... während deine Teile sich einander annähern können. ... Und oft ist es überraschend, wie leicht Standpunkte sich näher kommen, ... so leicht wie Hände, die zueinander finden. ...Und so wie sich deine Hände berühren, jetzt oder in einer Weile,... werden deine beiden Teile eine Lösung finden, ihre höchste Absicht für dich gemeinsam auf eine gute Weise erreichen."

Achte auf eine hypnotische Stimme und betone die unterstrichenen Suggestionen angemessen.

5. **Test:**

Frage beide Teile, ob sie gewillt sind, die neue Zusammenarbeit zu testen. Falls einer der beiden Teile Einwände hat, bearbeitete diese, bevor du in der Technik fortfährst.

6. **Ökologie-Check:**

Gibt es weitere Teile, die einen Einwand haben? Wenn ja, durchlaufe die Schritte 1 bis 6 mit jedem weiteren Teil.

Technik

Kontrastierender Fragerahmen

Mit dieser Technik lenkst du die Erfahrungen eines Klienten durch die *Vorannahmen*, die in den folgenden Fragen enthalten sind.

Die Art der Fragen bzw. die darin enthaltenen Vorannahmen lenken den Denkprozess und darüber die Art der Reaktion.

Erste Frage

Was machst du, wenn du dich verändert hast?

Problembegrenzungs-Rahmen

1. Was war falsch?
2. Warum hattest du dieses Problem?
3. Was verursachte dieses Problem?
4. Inwiefern behinderte dich das Problem?
5. Was hat dich bis jetzt davon abgehalten, den gewünschten Wandel zu vollziehen?
6. Inwiefern hast du bisher dabei versagt, das Problem zu lösen?
7. Nun, es stellt sich jetzt die interessante Frage: Wie kann deine bisherige Lösung des Problems überwunden werden?

Wahrscheinlichkeits-/Möglichkeits-Rahmen

1. Wie hoffst du dich zu verändern?
2. Ökologische Überlegungen und Folgen
   a. Wie kommt es, dass du dich gerade jetzt verändern möchtest?
   b. Würdest du irgendetwas verlieren, wenn du in der Lage wärest, diese Veränderung vorzunehmen?
   c. Was würde/wäre passieren/t, wenn du diese Veränderung gemacht hättest?
   d. Was würde/wäre passieren/t, wenn du diese Veränderung nicht machst?
   e. Was würde nicht/wird nicht geschehen, wenn du diese Veränderung gemacht hast?
   f. Was würde nicht/wird nicht geschehen, wenn du diese Veränderung nicht gemacht hast?
3. Du hoffst, diese Veränderung zu schaffen – oder hast du sie schon gemacht?
4. Du hoffst, dich zu verändern, und – hast du es nicht bereits?
5. Wann wirst du sagen können: "Ich verändere diese Begrenzung JETZT!" –
   Du konntest es !?
6. Das ist eine schreckliche Einschränkung, war es nicht so?
7. Die Gewissheit von ...Begrenzungen in Frage zu stellen ... wird neue und auf angenehme Weise überraschende Gelegenheiten eröffnen, hast du Lust darauf – JETZT? Denn du kannst es – ist es nicht so?

TECHNIK

6-STEP-REFRAME

Diese Technik ist Bestandteil des Testings

1. **Identifiziere das Muster X, das verändert werden soll:**
   „Ich möchte mit X aufhören, aber ich kann nicht" oder: „Ich möchte Y machen, aber etwas hält mich zurück."

2. **Etabliere die Kommunikation zu dem Teil, der für das Muster X verantwortlich ist:**
   „Wird der Teil, der mich zu dem Verhalten X veranlasst, im Bewusstsein mit mir kommunizieren?" Achte auf alles – Gefühle, Bilder, Gerüche/Töne –, was als Antwort auf diese Frage in deinem Inneren passiert.

3. **Trenne Verhalten und Absicht:**
   a. Frage den für X zuständigen Teil: „Bist du bereit, mich im Bewusstsein wissen zu lassen, was du mit dem Muster X für mich zu tun versuchst?"

   Ja-Antwort:

   b. Bekommst du eine „Ja"-Antwort, bitte den Teil, dir seine positive Absicht mitzuteilen.

   c. Ist diese Absicht für das Bewusstsein akzeptabel? Möchtest du einen Teil haben, der diese Funktion ausübt?

   d. Frage den für X zuständigen Teil: „Wenn es Möglichkeiten gäbe, deine positive Absicht auf ökologischere Weise zu verfolgen, wärst du dann bereit, diese Möglichkeiten auszuprobieren?"

   In der Regel ist der Teil dazu bereit.

   Nein-Antwort:

   b. Bekommst du eine „Nein"-Antwort, mache mit dem unbewussten Reframing weiter. Gehe hierbei davon aus, dass der Teil eine positive Absicht verfolgt.

   c. Wenn der Teil nicht im Bewusstsein kommunizieren möchte, etabliere ein Ja/Nein-Signal. Bitte den Teil hierzu, dir ein klares Körpersignal für JA zu geben (z.B. der linke kleine Finger zuckt oder eine Wärme im Bauchbereich wird spürbar) und danach ein klares Körpersignal für NEIN.

4. **Kreativer Teil:**
   Nimm nun in deinem Inneren Kontakt zu deinem kreativen Teil auf, mit dem Ziel, neue Verhaltensweisen hervorzubringen, mit denen die positive Absicht ökologischer erreicht werden kann.

   a. Mache dir Erfahrungen von Kreativität zugänglich und ankere diese, oder richte eine Aufforderung an innen: „Ich bitte meinen kreativen Teil, mit mir im Bewusstsein zu kommunizieren."

b. Lasse den Teil, der für das Verhalten X zuständig ist, dem kreativen Teil seine positive Funktion mitteilen. Erlaube dem kreativen Teil, weitere Möglichkeiten für die Ausübung dieser Funktion hervorzubringen, und lasse den Teil, der für X zuständig war, unter diesen Möglichkeiten drei aussuchen, die mindestens so gut sind wie X oder sogar besser. Bitte deine Teile, dir ein Signal zu schicken, wenn sie eine solche Alternative ausgewählt haben.

5. **Test der neuen Möglichkeiten:**

Frage den Teil: „Bist du bereit, die Verantwortung dafür zu übernehmen, die drei neuen Alternativen im entsprechenden Kontext zu benutzen?" Dadurch ist auch für eine Überbrückung in die Zukunft gesorgt. Zusätzlich kannst du auf der unbewussten Ebene den Teil bitten, die sensorischen Hinweise zu identifizieren, die die neuen Wahlmöglichkeiten auslösen, um in vollem Maße die Erfahrung zu machen, wie es ist, wenn diese sensorischen Hinweise mühelos und automatisch jeweils eine der neuen Wahlmöglichkeiten herbeiführen.

6. **Ökologischer Check:**

„Hat irgendeiner meiner Teile etwas gegen die drei neuen Alternativen einzuwenden?" Bei einer „Ja"-Reaktion gehe zurück zu Schritt 2 und durchlaufe die Schritte noch einmal mit diesem neuen Inhalt. Wenn kein Einwand erhoben wird, vereinbare mit dem Teil eine Probephase, nach der du mit ihm gemeinsam überprüfst, ob die neuen Möglichkeiten ausreichend und angemessen sind.

Soll:

- Die Formatschritte sind einzuhalten.
- Da dieser Original-Six-Step ein Tranceformat ist, soll die Stimme des Coachs eine trancegeeignete Qualität aufweisen.

Soll nicht:

- Ein Rapportbruch darf nicht länger als 30 Sekunden unbemerkt bleiben.
- Einwände von weiteren Teilen dürfen nicht übergangen werden.

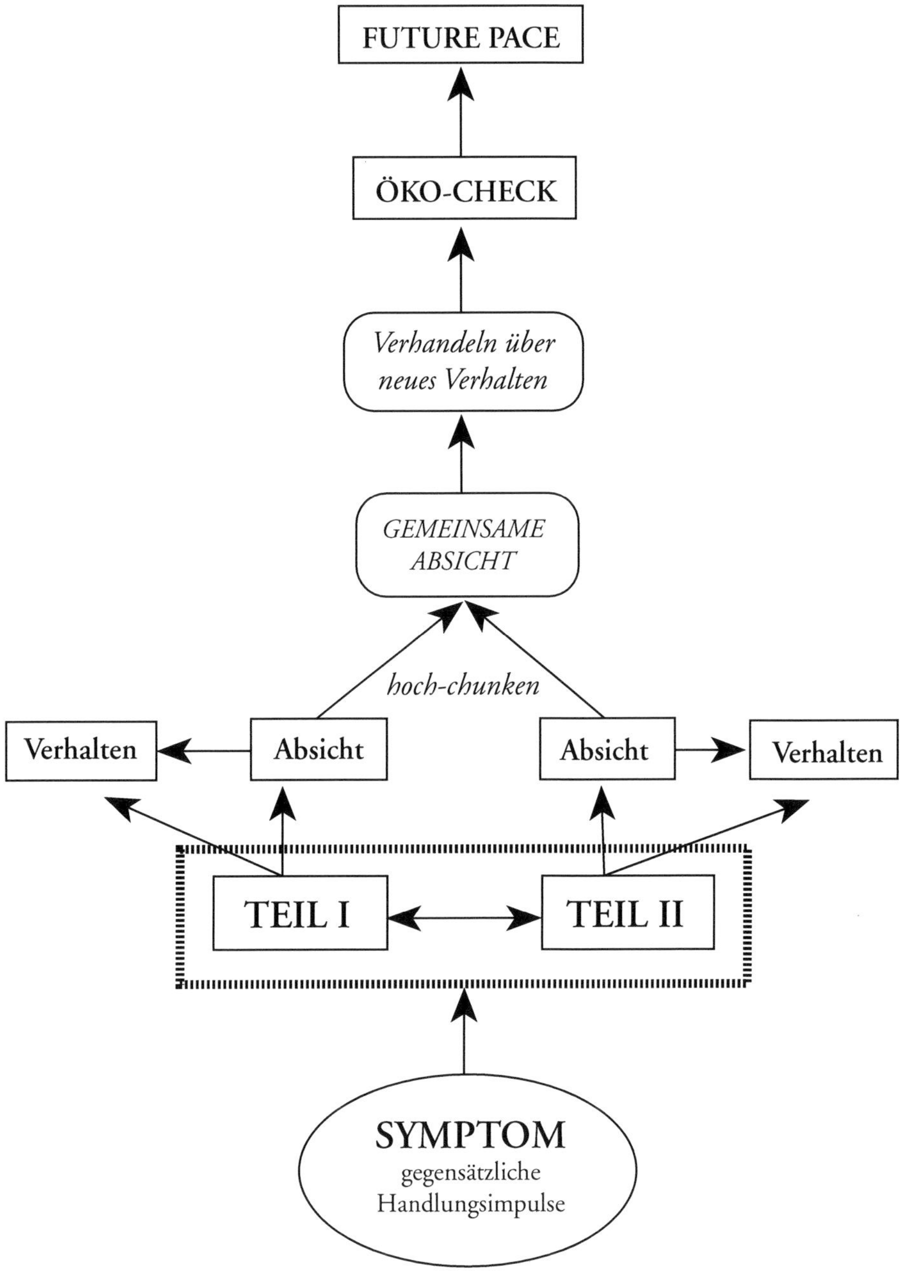

Prac. Verhandeln zwischen ...

REIMPRINT

Unter einem „Imprint" versteht man eine bestimmte Gefühlsreaktion und dazugehörende Glaubenssätze, die aufgrund eines wichtigen Ereignisses in der Vergangenheit entstanden sind. Imprints können sowohl nützliche, das heißt, dem Überleben dienende Glaubenssätze hervorbringen als auch einschränkende Glaubenssätze, die das Leben erschweren. Mit der Reimprint-Technik kann die einschränkende Wirkung eines negativen Imprints sehr effektiv aufgelöst werden.

Der Begriff „Imprint" geht auf die Arbeit von Konrad Lorenz zurück. Lorenz entdeckte, dass Entenküken sich am ersten Tag ihres Lebens ein Mutterbild einprägen. Das Kriterium, das die Küken dabei benutzen, ist die Bewegung. Das heißt, alles, was sich bewegt, kann zur „Mutter" werden. Gleichgültig, ob das ein Mensch ist oder ein Fußball. Lorenz und seine Kollegen gehen davon aus, dass diese „Prägung" nur während einer neurologisch kritischen Phase möglich und dann permanent ist. Die Reimprint-Technik von Dilts geht auf seine Zusammenarbeit mit Timothy Leary zurück (vgl. R. Dilts: „Identität, Glaubenssysteme und Gesundheit"). Leary ging davon aus, dass das menschliche Nervensystem aufgrund seiner höheren Komplexität flexibler ist und auch zu einem späteren Zeitpunkt noch in der Lage ist, Prägungen zu ändern bzw. Neu-Prägungen vorzunehmen. Während verschiedener Phasen, die Leary entdeckte, werden Glaubenssätze über das biologische Überleben, emotionale Bindungen, intellektuelle Vorlieben usw. installiert.

Modellieren von sozialen Rollen

Als Kind ist unser Sinn für Identität noch nicht entwickelt, und wir übernehmen probeweise ständig die Rollen anderer. So entsteht unsere eigene Identität zum Teil aus dem Assimilieren fremder Rollen, die dann später in unserem Leben – wenn wir das entsprechende Alter erreicht haben – ihre volle Wirkung zu entfalten beginnen.

Bei Prägungsvorgängen werden oft unbewusste Rollenmuster wichtiger Bezugspersonen modelliert. Dieser Zusammenhang ist zum Beispiel bei missbrauchten Kindern besonders deutlich. Oft heiraten solche Kinder Partner, die dieses Verhalten in der Ehe fortsetzen, bzw. sie selbst missbrauchen ihre Kinder.

Dilts berichtet von einer Patientin, die

schlanker werden wollte. Am kritischen Punkt der Veränderungsarbeit stoppte sie und bemerkte, dass sie das besser doch nicht machen sollte, da sie sonst beginnen würde, sich zu mögen. Auf die Frage, was daran so schlecht sei, bemerkte sie, dass sie dann Menschen verlieren würde, die ihr wichtig sind. Wie sich dann herausstellte, ist in ihrer Familie tatsächlich so etwas vorgekommen. Diese Klientin hat also unbewusst ein Rollenmodell einer wichtigen Bezugsperson zu ihrem eigenen gemacht. Im Reimpring arbeiten wir daher mit dem *traumatisierten* „jüngeren Selbst" und mit der bzw. den Bezugsperson(en), die an der traumisierenden Situation beteiligt war(en).

Identifizieren und Arbeiten mit Imprints

Das Herausfordernde bei der Veränderung von Glaubenssätzen ist, dass gerade die wichtigsten – das heißt die Glaubenssätze, die unser Identitätserleben steuern, ganz unbewusst sind. Die Verhaltensweisen, die für unseren Charakter am typischsten sind, sind die, die uns so in Fleisch und Blut übergegangen sind, dass wir sie gar nicht mehr bemerken. Haben wir durch ein *Trauma* erst einmal einschränkende Verhaltensweisen und Glaubenssätze entwickelt, wird dieses traumatische Erleben im weiteren Verlauf unseres Lebens durch ähnliche Situationen reaktiviert und häufig vertieft. Hierzu ein Beispiel:

Ein kleines Kind spielt im Garten, und ein großer Hund läuft zu ihm. Der Hund beschnuppert das Kind freundlich, während das Kind den Hund neugierig und fasziniert betrachtet. Die Mutter schaut aus dem Fenster, sieht einen großen Hund Nase an Nase mit ihrem Kind und schreit erschrocken auf. Das Kind erschrickt aufgrund des Schreis der Mutter, schreit selbst und zuckt ängstlich zurück. Die abrupte Bewegung und der Schrei des Kindes erschrecken den Hund, der laut zu bellen anfängt, was das Kind wiederum noch mehr ängstigt. Das Kind ist nun sehr verängstigt und in einem leichten Schockzustand; und die Mutter – selbst zu erschrocken, um dies zu erkennen – beginnt nun mit dem Kind zu schimpfen, anstatt es so lange zu trösten, bis sich der Schockzustand löst. Ein Trauma ist installiert. Wann immer nun dieses Kind im späteren Verlauf seines Lebens einem großen Hund begegnet, wird dieser Schockzustand reaktiviert. Einige Situationen werden glimpflich ablaufen, beispielsweise wenn der Hund an der Leine in einem großen Abstand vorbeiläuft. Andere Situationen werden den Schockzustand vertiefen, beispielsweise wenn ein Hund ohne Leine auf die Betroffene zuläuft, deren Angst wahrnimmt und aggressiv reagiert.

Die meisten stark traumatisierenden Situationen ereignen sich vor unserem siebten Lebensjahr. Dies hängt mit der besonderen Befindlichkeit zusammen, in der sich Kinder in dieser Lebensphase häufig aufhalten: einem speziellen kinästhetischen Trancezustand, der durch das starke Fokussiertsein des Kindes auf seine innere Vorstellungswelt entsteht. Das kleine Kind erlebt seine Fantasie mit allen Sinne so intensiv, dass es die „reale" 'Welt darüber nicht mehr wahrnimmt. Bricht nun aber etwas aus der realen Welt abrupt und massiv in diese Fantasiewelt ein, führt dies viel leichter zu Schockzuständen, als dies im späteren Verlauf des Lebens der Fall ist. Die meisten Menschen haben eine stark verminderte Erinnerung an Ereignisse vor dem sechsten oder siebten Lebensjahr.

Bei Traumata führt dies in der Regel dazu, dass die Zeit vor dem traumatischen Erleben nicht mehr bewusst repräsentiert ist, das traumatische Erleben wird als ein Zustand von „das war schon immer so" und daher als normal erlebt.

Eine erfolgreiche Lösung eines Traumas setzt nun voraus, dass wir die ursprünglich traumatisierende Situation reimprinten. Das heißt, wir brauchen einen Mechanismus, mit dem die Ursprungssituation des Traumas aufgespürt werden kann. Dies ist in der Reimprint-Technik ein kinästhetischer *Suchanker*. Wenn wir mit dem geankerten Trauma-Gefühl Schritt für Schritt in die Vergangenheit zurückgehen, dann sind die ersten Erlebnisse, die uns einfallen, normalerweise von nur geringer Bedeutung. Wenn wir an den Punkt kommen, an dem wir verwirrt sind und nicht mehr wissen, warum wir etwas tun, dann sind wir an der „richtigen Adresse". Dilts nennt das „Impasse".

Die Grundüberlegung beim Reimprint besteht darin, neue Ressourcen in die traumatisierende Situation einzuführen, und zwar sowohl für den Klienten als auch für die entsprechende(n) Bezugsperson(en).

Wobei es beim Imprint nicht notwendigerweise so sein muss, dass der Klient in der traumatisierenden Situation die Rolle einer Bezugsperson übernommen hat.

Systemische Störungen

Ein anderer sehr wichtiger Punkt beim Reimprinting ist die Frage, ob eine systemische Störung vorliegt. Systemische Störungen sind solche, die nicht auf ein persönliches Erleben zurückgehen, sondern nur im Rahmen der Dynamik des Systems zu verstehen sind. Werden diese Konflikte wie individuelle Traumata behandelt, wird der therapeutische Effekt nicht anhalten, und im schlimmsten Fall wird der Konflikt sogar noch verschärft. Hierzu zwei Fallbeispiele.

Ein Anwalt um die 40 Jahre, verheiratet, zwei Kinder. Sein Problem bestand in dem Gefühl, alles falsch zu machen und nichts wert zu sein. Sein zentrales Gefühl war eines der Hilflosigkeit; er fühlte sich im Leben als Opfer. Als wir das Gefühl in seine Kindheit zurückverfolgten, stellte sich heraus, dass seine Mutter ihn wegen jeder Kleinigkeit (z.B. einer zerbrochenen Tasse) verprügelte und ihn dann noch in die Speisekammer einsperrte. Ich bat ihn dann, in den Körper der Mutter zu gehen, während sie ihn so verprügelte, und zu spüren, wie sie sich fühlt, während sie auf ihn einschlägt. Dabei bekam er einen heftigen Würgeanfall. Daraufhin fragte ich ihn, was er gespürt habe, und er antwortete mir, dass er eine unbeschreibliche Wut spüre. Vorher hatte er mir bereits erzählt, dass er immer wieder etwas kaputtgemacht hat, obwohl er wusste, was das nach sich ziehen würde. Z.B. hat er mit dem Zirkel den neuen Schreibtisch des Vaters zerkratzt. Und er wunderte sich, warum er so etwas immer wieder machte. Ich sagte zu ihm, dass es sein kön-

Kinderlogik:

- Eltern wissen alles
- Eltern meinen es gut
- Eltern haben immer recht

ne, dass er seiner Mutter einen Anlass geben wollte, ihre Wut abzureagieren, weil er befürchtete, dass, wenn sie diese nicht abreagieren könnte, die Familie auseinandergehen würde. Als er diese Vermutung überprüfte, bemerkte er zu seinem größten Erstaunen, dass das tatsächlich der unbewusste Grund für sein Verhalten war. Als ihm diese Erkenntnis in ihrer vollen Wucht bewusst wurde, sagte er: „Das heißt, ich bin kein Opfer, und ich war auch nie eins!" Diese Erkenntnis war, da sein ganzes Selbstbild auf der Opfervorstellung aufgebaut war, so erschütternd, dass er ca. eine Stunde brauchte, um diese Erkenntnis in immer wieder neuen Anläufen in sein Modell der Welt zu integrieren. Als er damit fertig war, sah er anders aus und fühlte sich ganz befreit. An dieser Stelle ist es sofort einsichtig, dass eine Ressourcearbeit zwar zur Vorstellung einer verständnisvolleren Mutter geführt, aber die tieferliegenden Zusammenhänge nicht aufgedeckt hätte und daher die Heilung nicht so fundamental ausgefallen wäre.

Ein anderer Fall: Eine Opernsängerin, verheiratet, zwei Töchter, die im Chor singt, da sie aus Angst und Nervosität nicht als Solointerpretin auftreten kann. Außerdem konnte sie ihre eigene Stimme nicht leiden. Der Glaubenssatz, der schnell zu Tage trat, war: „Ich bin nie gut genug!" Dieser Glaubenssatz ging auf ihre Erfahrung zurück, dass ihre Schwester immer „Auszeichnungen" mit nach Hause brachte und auch ihr Vater viele Auszeichnungen erworben hatte, aber ihre Zensuren „nur" gut waren. Ihre Mutter spornte sie ständig zu noch besseren Leistungen an, egal, wie gut sie war. Ich bat sie, in Position 2 mit der Mutter zu gehen, während diese die Tochter zu noch mehr Leistung anspornte, und zu spüren, was die Mutter dabei für ein Gefühl hatte. Die Klientin antwortete mir, dass die Mutter Angst hatte, dass aus ihr im Leben nichts werden könnte. Nun, wenn eine Mutter Angst hat, dass aus dem Kind nichts werden könnte, dann folgt aus der **Kinder-Logik**, dass da schon etwas dran sein muss. Also übernimmt das Kind die Angst der Mutter. Als ich der Klientin diesen Zusammenhang erklärte, sagte sie spontan, dass es tatsächlich die Angst der Mutter ist, die sie spürt, und nicht ihre eigene. Daraufhin hat sie der Mutter dieses Gefühl zurückgegeben, und die Mutter hat es an ihre Vorfahren zurückgegeben. Als die Mutter sich dann umdrehte, strahlte sie, und die Tochter wusste sofort, dass die Fragen der Zensuren und der Leistungen allgemein damit erledigt waren. Dieser Prozess hat die Klientin ebenfalls tief verändert, und sie brauchte ca. 40 Minuten, bis sie diese neue Erkenntnis für sich integriert hatte. Während dieser Zeit ging sie immer wieder in eine kurze Trance und kam dann mit einer neuen wichtigen Erkenntnis heraus. So formten sich nach und nach neue Generalisierungen und Glaubenssätze. Zum Beispiel sagte sie, dass andere Menschen, die ihren Gesang zu beurteilen hatten, ihr im Grunde genommen immer nur ihren eigenen Glaubenssatz über sich selbst zurückgespiegelt haben. Sie hatte jetzt bei der Vorstellung, auf der Bühne zu stehen und ein Solo zu singen, ein herrliches Glücksgefühl und mochte nun den Klang ihrer Stimme. Auch an diesem Fall, denke ich, ist deutlich zu sehen, dass es therapeutisch nicht sinnvoll gewesen wäre, diese Angst als ihre Angst zu bearbeiten. Bei einem *Fremdgefühl* ist das einzige, was wirklich hilft, es zurückzugeben.

Bei einem Reimprint-geeigneten Symptom ist daher sinnvoll, vor Beginn der Arbeit abzuklären, ob es sich um einen systemischen Konflikt handelt oder um ein individuelles Trauma.

Ausdrücken des Affekts

Im Folgenden werden wir uns mit der Frage beschäftigen, wie „tief" der Klient in den *Affekt* des Traumas hineingeführt werden soll. Diese Frage stellt sich einmal auf dem Hintergrund verschiedener Körpertherapien, die häufig die Meinung vertreten, dass nur ein möglichst intensives Nacherleben des ursprünglichen Affekts Heilung ermöglicht, und andererseits auf dem Hintergrund der Frage, wie man sicherstellt, dass der Klient nicht unnötig leidet.

Für diese Frage gibt es unserer Meinung nach keine absolut verbindliche Antwort, aber es gibt doch einige Regeln, die sich in der therapeutischen Arbeit als nützlich erwiesen haben:

1. Vollständigkeit der Affekte:
   Es sollte darauf geachtet werden, dass der Klient alle Affekte, die in der traumatischen Situation entstanden sind, auch ausdrücken kann. So gibt es beispielsweise manchmal Angst davor, die Wut auszudrücken, weil ein Teil befürchtet, dass er dafür bestraft werden wird.
2. Die Dissoziierungsfähigkeit soll erhalten bleiben:
   Der Coach sollte sich zu jedem Zeitpunkt sicher sein, dass er den Klienten mit Hilfe von Ressourceankern o. Ä. in Position III bringen kann.
3. Affekte enttabuisieren:
   Jeder Affekt hat seinen legitimen Kontext. Kein Affekt ist per se schlecht.

Der zirkuläre Reimprint

Die Grundtechnik von Robert Dilts konzentriert sich auf das Bearbeiten von individuellen Traumata. Hier steht die Ressourcearbeit mit dem jüngeren Selbst und den Bezugspersonen zum Auflösen einschränkender Glaubenssätze und zum Bilden neuer förderlicher Glaubenssätze im Vordergrund. Eine Beschreibung seines Reimprints folgt im Abschnitt „Techniken", Seite 271 f.

Die Reimprint-Technik wurde durch Katharina Stresius und Klaus Grochowiak um systemische Aspekte zu der Technik *Zirkulärer Reimprint* erweitert. Der zirkuläre Reimprint ist eine komplexe Technik und setzt einiges Wissen in der Phänenologischen Familientherapie nach Bert Hellinger voraus. Eine ausführliche Anleitung hierzu findest du in dem im Junfermann Verlag erschienenen Buch „NLP und das Familienstellen" von Klaus Grochowiak und Katharina Stresius.

In diesem Buch benutzen wir eine vereinfachte Version des zirkulären Reimprints, die auch ohne Vorkenntnisse in der Phänomenologischen Familienarbeit angewandt werden kann. Die ausführliche Anleitung hierzu findest du im Abschnitt „Techniken".

Modul

Triangulierung

1. **Vorbereitung:**

   Der Coach gibt dem Klienten folgende Anweisung:
   „Stelle dir deinen Vater und deine Mutter (bzw. andere Streitpartner) vor, wie sie nebeneinander vor dir stehen. Sie werden nun nacheinander etwas zu dir sagen. Lasse meine Stimme so in deinem Inneren klingen, wie die Stimme deiner Mutter (deines Vaters ...) klingt."

2. **Wording:**

   Dann sagt der Coach stellvertretend für den Vater und für die Mutter (die anderen Streitpartner) die folgenden „Ablösungssätze":

   Ich bin dein Vater (Mutter ...), und du bist mein(e) Sohn (Tochter), und hier neben mir steht deine Mutter, meine Frau,
   (falls es sich um eine Tochter handelt, kommt noch folgender Zusatz dazu: und ich bin mit ihr verheiratet, nicht mit dir),
   und wenn deine Mutter (...) und ich Probleme miteinander haben, dann sind wir selbst dafür zuständig, du kannst dafür nicht zuständig sein, und du bist dafür nicht zuständig, halte dich da raus,
   du bist frei und kannst dein eigenes Leben leben.
   Danach das analoge Wording der Mutter (...).

Der Coach achtet sehr genau darauf, ob der Klient die gesagten Sätze annimmt. Wenn der Klient dabei Schwierigkeiten hat oder Einwände hervorbringt, verweist der Coach darauf, dass in den oben genannten Sätzen ausschließlich Tatsachen mitgeteilt werden, die nicht bestritten werden können, keine Meinungen, Bewertungen oder Einschätzungen.

TECHNIK

ANTIPATHIE AUFLÖSEN

Die Vorannahme dieser Technik lässt sich wie folgt formulieren: Wenn uns jemand auf Anhieb unsympathisch ist, ohne dass diese Person etwas „Unsympathisches" gemacht hat, dann erinnert uns etwas an dieser Person an ein früheres unangenehmes Erlebnis (Anker).

1. **Ökologie-Check**

2. **Anker identifizieren:**
   „Was genau stört dich am meisten an dieser Person? Ist es das, was du hörst, oder das, was du siehst?"
   a. **Das, was du siehst:**
   „Ist es die Körperhaltung, eine bestimmte Bewegung oder der Gesichtsausdruck?"
   b. **Das, was du hörst:**
   „Ist es der Klang der Stimme oder das, was der andere sagt?"

3. **Anker genau spezifizieren:**
   Die Antwort aus Schritt 2 wird nun immer genauer spezifiziert.
   Beispiel:
   Antwort: „Es ist das Gesicht!"
   Frage: „Ist es der Gesichtsausdruck oder ein bestimmter Teil des Gesichts?"
   Antwort: „Es sind die Augen!"
   Frage: „Was genau an den Augen?"
   Antwort: „Es ist der starre, feindselige Blick!"

4. **Ursprung des Ankers elizitieren:**
   „Woher genau kennst du …? Gehe in deiner Erinnerung zu dem ersten Erlebnis zurück, das du ursprünglich hattest."

5. **Reimprint:**
   Beim ersten Imprint angelangt, kannst du jetzt verschiedene NLP-Veränderungstechniken nutzen, unter anderem die Reimprint-Technik.
   a. Bei Antipathie ist der erste und wichtigste Schritt, dem Klienten klar zu machen, dass die Person, an die der Anker ursprünglich gekoppelt war, nichts mit der neuen Person zu tun hat, die er unsympathisch findet. Diese Personen sind völlig verschieden.
   b. Reimprinte nun die Ursprungssituation.

6. **Test:**

Nachdem der ursprüngliche Anker entmachtet wurde, denkt der Klient nun noch einmal an die aktuelle Person, die das unsympathische Gefühl bei ihm ausgelöst hatte. Wie reagiert der Klient nun auf diese Person?

In der Regel ist die Antipathie aufgelöst, dann weiter zu Schritt 7. Wenn dies nicht der Fall ist, zurück zu Schritt 2.

7. **Future-Pace:**

Stelle dir nun zukünftige Situationen mit der aktuellen Person vor und erlebe in deinem Inneren, wie ressourcevoll die Interaktionen jetzt ablaufen können.

Technik

Reimprint nach Dilts

Dieses Format stellt das Grundformat dar, wie es von Robert Dilts entwickelt wurde.

1. **Identifiziere das Gefühl, das Wort oder das Bild,**
   das mit der Impasse verbunden ist (ANKER). Natürlich versuchen die meisten Menschen dieses Gefühl zu vermeiden, da es unangenehm ist, aber es ist wichtig, dass der Klient versteht, dass nur anhand des Gefühls (ANKER halten) ein Weg zurück zur Quelle des Imprints führt.

2. **Während der Anker gehalten wird**
   und der Klient in dem regressiven Zustand ist, soll er die Generalisierung oder den Belief formulieren, der auf der Basis des Imprints entstanden ist.

3. **Dissoziiere deinen Klienten von der negativen Erfahrung**
   und hilf ihm, die Erfahrung so zu sehen wie einen Film über sich selbst.

4. **Frage deinen Klienten nach anderen Generalisierungen**
   oder Beliefs, die auf der Basis des Imprints entstanden sind.

5. **Finde die positive Absicht**
   bzw. den sekundären Krankheitsgewinn der Impasse. Wenn andere Bezugspersonen eine Rolle spielen, finde auch deren positive Absicht. Dies kann erreicht werden, indem direkt die entsprechende Person gefragt wird oder der Klient „in den Körper" des anderen geht und „nachfühlt". Sollte all das nicht gehen, kann auch folgende Frage gestellt werden: "Wie hätten sich deine -X- verhalten, wenn sie in ihrer Kindheit all das bekommen hätten, was sie gebraucht hätten?"

6. **Identifiziere und ankere die Ressourcen,**
   die dein Klient bzw. die Bezugsperson damals gebraucht hätte und nicht hatte, die der Klient aber heute hat. Es kommt dabei nicht darauf an, ob diese Ressource damals wahrscheinlich oder nur möglich war; das einzige, was zählt ist, ob der Klient diese Ressource heute hat.

7. **Wiederhole den Film**
   mit den Ressourcen aus der Perspektive jeder der beteiligten Personen und achte darauf, was sich jetzt verändert hat. Sollten die Ressourcen nicht ausreichen, um ein befriedigendes Resultat zu erreichen, führe weitere Ressourcen in die Situation ein.

8. **Nachdem ausreichend Ressourcen installiert worden sind**

und der Klient mit dem neuen Film ganz und gar zufrieden ist, frage ihn, welche Generalisierungen und Beliefs er jetzt in Hinblick auf dieses Ereignis hat.

9. **Unter Nutzung der Ressource-Anker aus 6**

soll der Klient jetzt „in den Körper" jeder der beteiligten Personen gehen und die Ereignisse aus der jeweiligen Perspektive erleben. Zum Schluss erlebt der Klient die ganze Situation aus der Perspektive seines jüngeren Selbst. Während des ganzen Prozesses halte die Ressource-Anker. Gehe durch das neue Erleben so oft durch, dass der Klient den Eindruck hat, dass der Reimprint genauso stark ist wie der Imprint.

10. **Bitte deinen Klienten, die Generalisierungen**

und Beliefs nochmals zu überprüfen und eventuell die Formulierungen nochmals zu verändern, d.h. dem neuen Erleben anzupassen.

11. **Während die Ressource-Anker gehalten werden,**

geleite deinen Klienten aus der Vergangenheit durch die verschiedenen ähnlichen Erlebnisse bis in die Gegenwart. Achte dabei darauf, dass auch alle Erlebnisse nach dem originalen Imprint jetzt neu und ressourcevoll erlebt werden. Solltest du an ein Erlebnis kommen, das noch weitere Ressourcen braucht, behandele diese Situation analog zu der Imprint-Erfahrung.

12. **Future-Pace.**

Zirkulärer Reimprint

Die Technik „Zirkulärer Reimprint", wie sie im folgenden dargestellt wird, unterscheidet sich in wesentlichen Punkten von der Grundidee des Reimprints, den Dilts entwickelt hat. Der zirkuläre Reimprint entstand aus einer Zusammenarbeit zwischen Katharina Stresius und Klaus Grochowiak. Sie arbeiteten die Erkenntnisse aus der systemischen Familientherapie nach Bert Hellinger in die Reimprint-Technik mit ein.

Die hier vorgestellte Technik ist eine „abgespeckte" Version der komplexen Originaltechnik. Aus der Fülle an möglichen systemischen Verstrickungen wurden zwei der häufig vorkommenden Dynamiken ausgewählt: *Fremdgefühle* und *Triangulierung*. Diese beiden Dynamiken sind mit den zur Verfügung stehenden Zugangshinweisen leicht zu erkennen.

Die umfangreiche Originaltechnik wird in dem bei Junfermann erschienenen Buch „NLP und das Familienstellen" von Klaus Grochowiak und Katharina Stresius beschrieben.

In der hier vorgestellten Technik werden wir uns mit den folgenden Aspekten der Traumabewältigung beschäftigen:

- **Lösen der beim Trauma entstandenen Schockreaktion**
- **Auflösen der beim Trauma entstandenen Glaubenssätze**
- **Lösen vorhandener Fremdgefühle**
- **Auflösen von Triangulierungen**

Indikation

Woran merke ich als Coach, dass sich das vom Klienten präsentierte Symptom für einen Reimprint eignet? Im Wesentlichen handelt es sich um die Klasse der heftigen irrationalen, emotionalen Reaktionen auf alltägliche Ereignisse; Reaktionen, die aus dem Kontext völlig unverständlich sind. Hierzu einige Beispiele:

Ein Mann beobachtet seine Frau, wie sie sich mit einem anderen Mann freundschaftlich, aber nicht flirtend unterhält, und bekommt einen heftigen Eifersuchtsanfall, bei dem er von Scheidung redet.
Ein Chef reagiert cholerisch, weil seine Sekretärin ihm einen Brief zum Unterschreiben vorlegt, in dem ein Komma falsch gesetzt ist.
Jemand reagiert depressiv, weil er zu einem bestimmten Thema von seinem Kollegen nicht um seine Meinung gefragt wurde.

Alle diese Ereignisse deuten darauf hin, dass die Reaktion des Klienten auf die entsprechenden Umweltreize eher der eines kleinen, hilflosen Kindes entspricht als der eines erwachsenen Menschen.

Wir gehen beim Reimprinting davon aus, dass eine solche auslösende Situation ein Trigger für ein Verhalten und Erleben ist, das der Klient in der Kindheit oder Jugend gelernt hat. Aufgrund eines Traumas ist er nicht in der Lage, seine in der Zwischenzeit erworbenen Ressourcen zur Problemlösung zu nutzen. Stattdessen reagiert er aufgrund des damaligen Schockzustandes wie das Kind, welches diese traumatische Situation einst erlebte. Oder anders formuliert: Aufgrund des Traumas ist er in der kindlichen Erlebnisweise steckengeblieben und reagiert heute auf entfernt ähnliche Situationen mit den eingeschränkten Ressourcen, die ihm zum damaligen Zeitpunkt zur Verfügung standen.

Fremdgefühle

Das Phänomen der Fremdgefühle wird im Aufsatz „Gefühlskategorien" von Ulf Pitthan im „Anhang", Seite 281 ff. ausführlich beschrieben. Hier noch einmal die Zugangshinweise, an denen ein Fremdgefühl erkennbar ist:

1. Sie sind aus der aktuellen Situation nicht zu erklären, passen nicht hinein.
2. Anders als Sekundärgefühle wirken sie eher lähmend und machen ratlos. Sie haben etwas Penetrantes an sich und rufen, anders als Sekundärgefühle, weniger Turbulenz, Ärger oder den Eindruck des Manipuliertwerdens hervor als vielmehr den Eindruck, im Nebel herumzutasten, dass man nichts mehr machen kann, dass es hoffnungslos ist.

Häufig werden diese kinästhetischen Zugangshinweise bereits spürbar, wenn der Klient beginnt, über sein Problem zu sprechen. Es kann aber auch vorkommen, dass ein sehr früh übernommenes Fremdgefühl erst dann deutlich wahrnehmbar wird, wenn wir beim Reimprint in der traumatisierenden Situation angekommen sind. **Daher gilt für das Arbeiten mit Traumata: Halte deinen kinästhetischen Sinneskanal stets offen und kalibriere dich fortlaufend!**

Im Modul „Fremdgefühle zurückgeben" auf Seite 267 wird das Arbeiten mit Fremdgefühlen ausführlich beschrieben.

Triangulierung

Unter Triangulierung versteht man eine Situation, in der das Kind auf die Elternebene gezogen wird. Dort steht es dann entweder mit einem Elternteil in einer Koalition gegen den anderen Elternteil oder soll zwischen den Eltern vermitteln.

In diesem Fall ist die Generationengrenze zwischen Eltern und Kindern nicht gewahrt. Dies führt auf Seiten des Kindes einerseits zu einer Überforderung und andererseits zu einer Anmaßung, da das Kind das Gefühl hat: Wenn ich mich um meine Eltern nicht kümmern würde, würde alles den Bach runtergehen.

Eine Triangulierung kann auch zwischen dem Kind und anderen Familienmitgliedern bzw. anderen Bezugspersonen auftreten. Die Dynamik ist auch dann die gleiche: Das Kind wird in einen Konflikt hineingezogen, mit dem es überhaupt nichts zu tun hat und den es nicht in der Lage ist zu lösen.

Diese Dynamik kann wie im Modul „Triangulierung" auf Seite 268 beschrieben aufgelöst werden.

TECHNIK

Zirkulärer Reimprint

Prüfe die Ökologie bei dieser Technik sehr sorgfältig!

1. **Ökologie-Check**

2. **Situationsfindung:**
   Bitte den Klienten, sich an eine Situation zu erinnern, in der er sein symptomatisches Verhalten besonders deutlich erinnern kann.

3. **Suchanker installieren:**
   a. Frage ihn, wo er die Körperempfindungen, die zu seiner emotionalen Reaktion passen (Wut, Ärger, Eifersucht usw.), am deutlichsten spüren kann.
   b. Bitte ihn dann, seine Hand dorthin zu legen, wo die Empfindung am deutlichsten zu spüren ist. Dieser Anker wird dem Klienten als Leitlinie dienen, mit deren Hilfe er den Weg zurück zum Ursprung des Traumas findet.
   Der Anker wird gehalten, bis die Ursprungssituation erreicht ist.

4. **In der Zeit zurückgehen bis zum traumatischen Erlebnis:**
   Jetzt bitte den Klienten, in der Zeit rückwärts zu gehen und sich an frühere Ereignisse zu erinnern, bei denen er das geankerte Körpergefühl hatte.
   a. Mache dir zu jeder Erinnerung einen kurzen Vermerk, z. B. Abitur 1963.
   b. Bei besonders wichtigen Ereignissen frage nach möglichen Generalisierungen und Glaubenssätzen, z. B: „Was hast du gewusst, als dir das widerfahren ist?"

Die Glaubenssätze können entweder unmittelbare Generalisierungen aus einer traumatischen Erfahrung sein, oder aber es werden im Familiensystem bereits vorhandene Glaubenssätze auf dem Hintergrund einer entsprechenden Erfahrung verstärkt bzw. glaubhafter. So kann z. B. ein kulturell weit verbreiteter Belief, wie beispielsweise Angst vor Verarmung („Es gibt keine finanzielle Sicherheit"), durch finanzielle Schwierigkeiten der Eltern und den sich daraus ergebenden Stresssituationen in der Familie installiert werden und dann im frühen Erwachsenenalter durch eigene finanzielle Probleme noch vertieft und verstärkt werden.
Da diese Glaubenssätze eine relative Eigenständigkeit besitzen und sich nicht automatisch durch den Reimprint des Traumas auflösen, ist es wichtig, zu einem späteren Zeitpunkt in der Therapie zu testen, ob der Reimprint das Trauma aufgelöst oder relativiert hat oder ob es notwendig ist, daran noch separat zu arbeiten.

5. **Wenn der Klient keine weiteren Erinnerungen hat:**

Oftmals erreichen Klienten einen Punkt, an dem sie keine Erinnerung an weiter zurückliegende Ereignisse haben, der typischerweise auftretende Affekt beim Erreichen des Traumas jedoch fehlt. Mit folgendem Vorgehen kann diese Erinnerungshürde überwunden werden:

a. Bitte den Klienten, sich mit dem jüngeren Selbst zu assoziieren.
b. Frage nun: „Hat der/die kleine X diese Empfindungen in diesem Moment zum ersten Mal gehabt, oder kennt er/sie dieses Gefühl schon von früher?"
Wenn JA: von welcher Situation kennt er/sie dieses Gefühl bereits?

6. **Erreichen der traumatischen Situation.**

Der Coach erkennt das Erreichen der traumatischen Situation an folgendem Ausdrucksverhalten des Klienten:

Achte darauf, dass der Klient den Suchanker löst.

b. Beim Erreichen des Traumas erlebt der Klient einen starken Affekt, der zur traumatischen Situation dazugehört.
a. In dem Moment, in dem der Klient sich an das Trauma erinnert und damit den Zusammenhang zu seinem gegenwärtigen symptomatischen Verhalten erkennt, entsteht eine Art Aha-Effekt verbunden mit Erleichterung und Entspannung, so, als ob man durch die Ziellinie kommt.

Unter Trauma verstehen wir hier ein individuell erlebtes, nicht zu verarbeitendes und nicht zu integrierendes Erlebnis. Dieses Erlebnis kann singulär sein (z. B. Mutter rastet in Ausnahmesituation völlig aus), oder es kann eine Kette von sich wiederholenden Ereignissen sein (sich wiederholendes unangemessenes Anschreien des Kindes).
Häufig begegnen wir beim Reimprint allerdings zusätzlich und/oder als Grundlage für das Trauma einer systemischen Verstrickung. Eine systemische Verstrickung ist eine Störung im Familiensystem, die zur Symptombildung beim Klienten führt, allerdings ist hier nicht notwendig vorausgesetzt, dass der Klient eine individuelle Erfahrung gemacht hat, die traumatisierend für ihn war (Näheres weiter unten).

7. **Beschreibung der traumatischen Situation:**

Der Klient berichtet dem Coach, was in der traumatischen Situation bzw. in den traumatischen Situationen geschehen ist.

a. Der Coach elizitiert die Glaubenssätze, die das Kind auf der Basis dieser Erfahrung gebildet hat.
b. Er analysiert die vom Klienten beschriebene Situation und stellt sich die nachfolgenden Fragen, die dazu dienen, dem Coach klarzumachen, ob er erst eine systemische Verstrickung auflösen muss, bevor er am Trauma arbeiten kann, oder ob es möglich und sinnvoll ist, das Trauma direkt anzugehen.

- Ist das Trauma, so wie der Klient es schildert, als Ausdruck eines dyadischen Konflikts (Mutter-Kind, Vater-Kind, Großmutter-Kind usw.) verständlich?
  ➡ **Trauma** – weiter zu **Schritt 10** (ggf. **Schritt 9**)

- Stellen sich beim Coach die typischen Zugangshinweise für ein Fremdgefühl ein?
  ➡ **Fremdgefühl** – weiter zu **Schritt 8**

- Gibt es relevante Dritte, ohne die diese traumatisierende Interaktion so nicht denkbar gewesen wäre?
  ➡ **Triangulierung** – weiter zu **Schritt 8**

8. **Wenn eine systemische Verstrickung vorliegt:**
In diesem Fall muss zuerst die systemische Verstrickung gelöst werden, bevor an dem Trauma gearbeitet werden kann.

- Wenn ein **Fremdgefühl** vorliegt:
  Der Coach vollzieht mit dem Klienten zusammen das Ritual zur Rückgabe von Fremdgefühlen (siehe Modul auf Seite 267)

- Wenn eine **Triangulierung** vorliegt:
  Der Coach vollzieht mit dem Klienten zusammen das Ritual zur Auflösung von Triangulierungen (siehe Modulauf Seite 268)

Nach Beendigung des jeweiligen Rituals fragt der Coach den Klienten: „Wie geht es dir jetzt, und was weißt du jetzt, was du vorher nicht gewusst hast?" Dadurch hilft der Coach dem Klienten, neue Generalisierungen und Glaubenssätze zu bilden.

9. **Wenn der Klient in ein früheres Leben zurückgeht:**
Manchmal kann es passieren, dass der Klient auf der Suche nach dem Ursprung des Traumas in seinem inneren Erleben in einem früheren Leben landet. Sollte dies der Fall sein, arbeitet der Coach:
a. mit dem Trauma analog zu einem Trauma in diesem Leben;
b. nachdem das Trauma im früheren Leben reimprintet worden ist, bittet er den Klienten, sich vorzustellen, dass dieses Leben beendet ist und er im Zwischenreich zwischen den Leben mit einem Berater (Engel, Höheres Selbst, geistige Helfer etc.) das vergangene Leben wie eine Schachpartie analysiert und sich fragt: „Welcher *Zug* in diesem Leben hat dazu geführt, dass es zum Trauma kommen konnte, und was ist jetzt im Nachhinein daraus zu lernen, so dass dieser Fehler in zukünftigen Leben nicht mehr wiederholt werden muss?"

Mit dieser neuen Generalisierung stellt sich der Klient dann vor, wie er in dieses jetzige Leben hineinkommt. Und zwar überlegt sich der Klient, warum er sich gerade diese Eltern gewählt hat und wie die traumatisierende Situation (Situationen) sich aus dieser Perspektive darstellt/en.

10. **Reimprinting des Traumas:**

Nachdem vorhandene systemischen Verstrickungen aufgelöst sind, beginnen wir mit dem Reimprint des Traumas.

a. Der Klient geht in Position 2 mit allen für die traumatische Situation relevanten Personen und beschreibt, wie sich die Situation aus deren Perspektive dargestellt hat (Multidescription, polyperspektivische Beschreibung).
b. Der Klient drückt seine Emotionen aus, die er damals nicht ausdrücken konnte, z.B. Wut und Empörung.
   Dabei ist es wichtig, zu beachten, dass es nicht darum geht, den Klienten in die leidvollen Erfahrungen hineinzuführen, sondern ihm zu helfen, die Emotion auszudrücken, die er damals zurückhalten musste.
c. Der Klient **dissoziiert** sich.
d. Der Coach fragt den Klienten nun: „Was hätte der/die kleine X gebraucht, damit es ihm/ihr damals gut gegangen wäre? Stelle dir nun vor, der/die kleine X hätte diese Ressource X in dieser Situation gehabt. Wie geht es dem/der kleinen X jetzt?"
   Der Klient erdenkt sich dadurch zusätzliche Ressourcen. Der Therapeut fragt so lange nach zusätzlichen Ressourcen, bis der Klient eine deutliche Versöhnungsphysiologie zeigt.
   Im Bedarfsfall kann es sinnvoll sein, nicht nur dem Klienten zusätzliche Ressourcen zu geben, sondern auch den beteiligten Personen. Dazu stellt der Coach dem Klienten folgende Frage: „Wie hätte sich dein(e) Vater/Mutter verhalten, wenn er/sie all das bekommen hätte, was er/sie als Kind wirklich gebraucht hat?"
e. Der Coach elizitiert die neuen Glaubenssätze, die der Klient jetzt über diese Situation und sich selbst entwickelt hat:
   „Was glaubst du jetzt über diese Situation und dich selbst?"

11. **Das ressourcevolle Kind erwachsen werden lassen:**

a. Jetzt wird der Klient gebeten, das Bild vom geheilten, glücklichen Kind in seinen Körper aufzunehmen.
b. Dann geht der Klient mit diesem Gefühl durch alle notierten Stufen bis zur Gegenwart und lässt das Kind dabei Schritt für Schritt in sich älter werden.
c. Bei jedem zuvor notierten Zwischenschritt fragt der Coach den Klienten: „Wie erlebst du diese Situation jetzt, und was glaubst du jetzt über dich und diese Situation?"

Wenn der Klient eine deutliche Versöhnungsphysiologie zeigt, wird zum nächsten Zwischenschritt weitergegangen.
Wenn sich noch Reste der Problemphysiologie zeigen, ist es notwendig, in die Situationen dieses Zwischenschrittes noch zusätzliche Ressourcen einzufügen. Gehe hier analog zu Schritt 10 vor.

12. **Testen der Ausgangssituation**

Der Klient denkt nun an die Ausgangssituation und beschreibt:

a. wie er diese Situation jetzt erlebt;
b. was er jetzt im Hinblick auf diese Situation glaubt.

Der Coach kalibriert sich dabei auf die Physiologie des Klienten.

- Zeigt der Klient eine kongruente Versöhnungsphysiologie, ist das Format erfolgreich beendet, dann weiter zu Schritt 13.
- Zeigt sich weiterhin eine Problemphysiologie, zurück zu 7.

13. **Future-Pace.**

ZIRKULÄRER REIMPRINT

Als Letztes testen wir die Ausgangssituation.
Dann gehen wir zum Future-Pacing über.

Beim Zurückgehen testen wir alle Situationen, die wir uns vorher notiert haben, um festzustellen, ob der Reimprint das Erleben der Situation und/oder deren Bewertung wirklich mitverändert hat. Wenn nicht, dann ist an diesem Ereignis noch etwas Besonderes, was wir entweder mit einem erneuten Reimprint oder einer anderen Technik bearbeiten müssen.

Beim Reimprinting geht es darum, dem Unbewussten und dem Bewusstsein neue Alternativen für eine traumatisierende Situation zu ermöglichen, und zwar kinästhetisch und intellektuell. Dazu gibt es verschiedene Strategien:
1. Was braucht der/die kleine X, um sich in der Situation wirklich 100%ig wohl zu fühlen (mehr Ressourcen)? Der Therapeut lässt den Klienten so viele Ressourcen finden, bis deutlich eine K+- Physiologie zu sehen ist. - Dann das Bild bzw. die geheilte Person in den Körper hineinnehmen.
2. Gehe in deine(n) Mutter/Vater und spüre, wie es ihr/ihm geht. Da du jetzt weißt, wie es ihr/ihm ging, wie schätzt du die Situation jetzt ein? Je nach Information kann jetzt ein Fremdgefühl zurückgegeben werden und/oder eine neue Generalisierung gebildet werden.
3. Wie hätte sich dein(e) Vater/ Mutter verhalten, wenn sie als Kind all das bekommen hätten, was sie gebraucht haben?
Trennung von Verhalten und Identität. Dann weiter wie in 1.

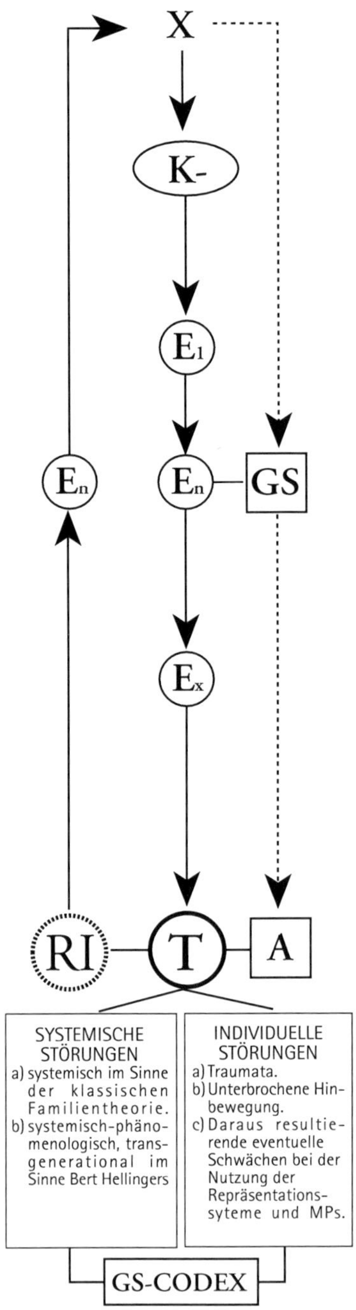

Irrationale Reaktion auf eine alltägliches Ereignis.

Der Klient ankert die negativen Körperempfindungen bei sich selbst, indem er seine Hand auf die Stelle legt, an der er die Empfindung am deutlichsten spürt.
Der Anker wird gehalten, bis wir am Ursprung angelangt sind.

Jetzt erinnert sich der Klient an frühere Ereignisse dieser Klasse. K- ist das Kriterium der Klassenzugehörigkeit. Zu jeder Erinnerung macht sich der Therapeut einen kurzen Vermerk, z. B.: „Abitur 1963".

Bei besonders wichtigen Ereignissen fragen wir nach möglichen Generalisierungen und Glaubenssätzen /GS). „Was hat X gewusst, als er das erlebt hat?"

Wenn der Klient an einen Punkt kommt, wo er sagt: „Davor habe ich keine Erinnerungen!", dann kann man ihm helfen, indem man ihn bittet, sich mit seinem jüngeren Selbst zu assoziieren, um ihn dann zu fragen:
"Hat der kleine X diese Empfindung in diesem Moment zum ersten Mal gehabt, oder kennt er die schon von früher?'"

Starker Affekt beim Erreichen des Traumas und gleichzeitig ein Entspannen oder eine Erleichterung, so, als ob man durch die Ziellinie durch ist. Man ist angekommen.

Elizitieren des GS und der Generalisierungen, die aus der traumatischen Erfahrung abgeleitet wurden. Dazu ist es nützlich, sich der Vorannahmen der "KINDER-LOGIK" bewusst zu sein:
1.Die Eltern wissen alles.
2.Die Eltern machen alles richtig.
3.Die Eltern meinen es gut mit mir.
Aus diesen Vorannahmen folgt, daß es die Schuld des Kindes ist, wenn sich die Eltern nicht so verhalten haben, wie das Kind es gebraucht hätte.

Der CODEX besteht aus den Verhaltensregeln, die das Kind aus den GS ableitet. So kann ein Kind, das von den Eltern nicht gewollt wurde, den GS entwickeln, dass es seine Schuld ist, dass es überhaupt auf der Welt ist, und dass es für das Unglück der Eltern verantwortlich ist. Daraus ergibt sich dann z. B. folgender Verhaltens-CODEX:
1. Ich darf keine Probleme haben!
2. Ich muss für gute Laune sorgen!
3. Ich muss der Sonnenschein der Familie sein.
In der Bio-Energetik würde man sagen, dass dieses Kind seine Existenz für seine Bedürfnisse eintauscht. Es darf existieren, solange es niemanden mit seinen Bedürfnissen belästigt.

ANHANG

Gefühlskategorien

Aufsatz von Ulf Pitthan

Ich werde in diesem Abschnitt darüber sprechen, dass eine Wahrnehmung, und zwar eine genaue Wahrnehmung des Gegenübers, nicht nur auf dem Sektor des Sehens und Hörens (V, A), sondern auch auf der Ebene der Gefühle möglich ist und dass die sorgfältige direkte Wahrnehmung von außen kommender Gefühle diagnostisch sowie als Leitfaden für die Richtung der Therapie wichtig ist.

Im NLP wird auf die genaue Wahrnehmung des Gegenübers mit Recht großer Wert gelegt. Milton Erickson, Virginia Satir und Fritz Perls, von denen die Begründer des NLP sehr viel gelernt haben, waren dafür bekannt, sorgfältig und präzise wahrzunehmen. Nun beschränkt sich im NLP die genaue Wahrnehmung von Gefühlen beim Gegenüber im Wesentlichen auf das genaue Kalibrieren von Gesichtsausdruck, Körpersprache und Stimme. Ob dann beim Gegenüber negative oder positive Gefühle vorliegen, wird dabei angeblich lediglich über Sehen und Hören, vielleicht auch Riechen festgestellt. Dabei wird festgestellt, ob ein positives (K+) oder negatives (K–) Gefühl auftritt. Was für ein Gefühl das ist, ob Freude, Trauer, Wut usw., wird dabei wieder angeblich nur durch Sehen und Hören des Beobachters wahrgenommen.

Im Gegensatz dazu möchte ich darlegen, dass Gefühle direkt mit einer Art von Gefühlsradar wahrgenommen werden können; weiterhin, dass diese direkte Gefühlswahrnehmung für den Gang der Therapie sehr wichtig ist.

Obgleich die direkte Wahrnehmung eines bestimmten Gefühls (Freude, Schmerz, Angst) möglich und wichtig ist, will ich bei meiner Darstellung hier auf etwas anderes hinaus: Ich folge der Ansicht von Bert Hellinger, dass es verschiedene Kategorien von Gefühlen gibt, und dass der Wahrnehmung dieser Gefühlskategorien die größte Wichtigkeit als Leitfaden bei einer therapeutischen Intervention zukommt.

Nach Bert Hellinger gibt es vier Arten von Gefühlen:

- Primäre Gefühle
- Sekundäre Gefühle
- Fremdgefühle
- Gefühle des Seins

Primäre Gefühle

Das, was als Impuls oder Gefühl in einer Situation als erstes in uns entsteht, ist ein Primärgefühl. Es ist unsere unverfälschte ursprüngliche Antwort auf die Umwelt und kommt tief aus unserem Sein, aus dem, was wir im Grunde weder erklären noch analysieren können. Es ist ein Ausdruck dessen, was wir sind, etwas Ganzheitliches.

Ein primäres Gefühl, wenn wir es zulassen, erfüllt uns ganz, von unserer tiefsten Tiefe, aus der es aufsteigt, bis an die Oberfläche. Es ist niemals gespalten oder mehrschichtig, sondern eine Einheit, ein Einklang: Ein Aufwallen von Liebe, mit dem wir einen anderen Menschen umarmen, der Impuls der Empörung oder des Zorns, der einen Menschen hochfahren lässt, die Trauer oder die tiefe Freude, die uns erfüllt. Primäre Gefühle sind nicht erklärbar oder analysierbar, wir können sie nur erfahren. Wenn wir sie uns erlauben, machen sie uns ganz, sie heilen. Wir sind dann im Einklang mit uns selbst, ja sie sind wir selbst, und sie verleihen uns und unseren Handlungen Ganzheit, Unmittelbarkeit und Kraft.

Die Auswirkung auf die Umgebung ist gleichfalls sehr charakteristisch: Sie berühren andere zutiefst, bringen Menschen einander nahe, rufen Sympathie hervor, bewirken Gemeinsamkeit und Harmonie, sie verbinden. Die innere Klarheit, die sie hervorrufen, strahlt auch auf die Umgebung ab, fördert auch dort unmittelbaren Gefühlsausdruck und Einklang mit sich selbst.

Sekundäre Gefühle

Dies sind Gefühle, die man vorzieht oder vorschiebt, weil sie für akzeptabler gehalten werden als das ursprüngliche primäre Gefühl. Wenn also jemand sich traurig fühlt, sich jedoch davor fürchtet, dies auszudrücken, und es vorzieht, wütend zu werden oder fröhlich, dann sind Wut oder Fröhlichkeit sekundäre Gefühle, Trauer ist das primäre. Umgekehrt kann man, anstatt wütend zu werden, es vorziehen, traurig zu sein. Dann ist Wut das primäre Gefühl, Trauer das sekundäre. Sekundäre Gefühle und Reaktionen wirken auf die Umgebung langweilend, machen überdrüssig und müde. Sie bewirken, dass der Zuhörer das Gefühl hat, er müsse etwas tun, aber nicht weiß, was, sie machen also hilflos und bewirken Schuldgefühle. Oder aber sie wirken aufwühlend, tragisch bis zur Theatralik, tragen Unruhe und Hektik in die Umgebung, Irritation und Ärger, bewirken Turbulenz und Verwirrung.

Sekundären Gefühlen fehlt die einfache, kristallklare, strukturierende und ordnende Kraft der Primärgefühle. Sie sind ihrer Natur nach zusammengesetzt, weil in ihnen das nicht zugelassene primäre Gefühl mitschwingt. Da sekundäre Gefühle ausgedrückt werden mit einem Auge auf die Reaktion der Umgebung, haben sie etwas Verstelltes, Künstliches, zur Schau Gestelltes und Manipulatives.

Fremdgefühle

Fremdgefühle sind übernommene Gefühle. In der Regel sind es Gefühle von Mitgliedern der Sippe, die von Nachkommen übernommen wurden. Auf diese Weise können Gefühle über Generationen hinweg tradiert werden. So gibt es Familien, in denen eine unbestimmte Trauer oder Resignation als Grundstimmung herrscht, in anderen ist es Heimatlosigkeit,

Ohnmacht oder Wut usw.

Insbesondere werden Gefühle übernommen, die von dem ursprünglichen Besitzer des Gefühls nicht zugelassen bzw. nicht offen ausgedrückt wurden. Nicht damit gemeint sind Gefühle, von denen man sich gelegentlich einmal anstecken lässt, oder Gefühle, die man durch das normale Einfühlen, durch Sympathie mitempfindet.
Die Hauptquelle von Fremdgefühlen ist wahrscheinlich die Identifizierung (siehe dort).

Fremdgefühle sind ein Dauerzustand, sie sind offen oder unterschwellig dauernd da und prägen die Grundstimmung eines Menschen. Ist z. B. die Grundstimmung Trauer, dann wird ein solcher Mensch vielleicht bei traurigen Anlässen traurig sein, bei glücklichen Anlässen ist er vielleicht auch traurig, weil Glück so kurz und vergänglich ist. Er ist für andere traurig, und in einer Gruppe von fröhlichen Menschen wird er vielleicht einen entdecken, dem es nicht gut geht, sich von ihm angezogen fühlen und sich mit ihm unterhalten.

In der therapeutischen Arbeit trifft man sehr häufig auf Fremdgefühle. Da sie nicht auf persönliches Erleben zurückgehen, kann man mit ihnen auf die übliche therapeutische Weise nicht arbeiten. Sie gehen nicht auf eigenes Erleben zurück, und deswegen kann auch kein Trauma vorliegen.
Ganz besonders wichtig ist die Auswirkung von Fremdgefühlen auf die Umgebung. Sie sind ein wichtiges diagnostisches Kriterium. Sie deuten hin auf eine Identifizierung, d. h. auf einen wichtigen Skriptbezug. Man erkennt sie an ihrer Auswirkung auf die Umgebung. Auch sie wirken – wie Sekundärgefühle – störend, aber auf andere Weise:

1. Sie sind aus der aktuellen Situation nicht zu erklären, passen nicht hinein.
2. Anders als Sekundärgefühle wirken sie eher lähmend und machen ratlos. Sie haben etwas Penetrantes an sich und rufen, anders als Sekundärgefühle, weniger Turbulenz, Ärger oder den Eindruck des Manipuliertwerdens hervor als vielmehr den Eindruck, im Nebel herumzutasten, dass man nichts mehr machen kann, von Hoffnungslosigkeit.

Die einzige Art, mit Fremdgefühlen umzugehen, ist, sie zurückgeben zu lassen und die ihnen zugrunde liegende Identifizierung zu lösen.

Seinszustände

Es sind dies Gefühle, die man vielleicht besser als Zustände des Seins beschreiben könnte. Sie sind begleitet von Gefühlen von Leichtigkeit, Heiterkeit, Harmonie und Fülle. Sie begleiten spirituelle Zustände. Sie werden erfahren als Einssein mit sich selbst und der Welt. Wenn sie während der therapeutischen Arbeit auftreten, sind sie nach meiner Erfahrung ein Hinweis darauf, dass die Arbeit in der richtigen Richtung verläuft. Sie haben gewisse Gemeinsamkeiten mit den primären (ursprünglichen) Gefühlen, weil sie – so mein Eindruck – mit dem Ursprung dessen, was wir sind, verbunden sind.

Übertragung von Gefühlen

Jeweils zwei Gruppenmitglieder setzen sich in etwa zwei bis drei Meter Abstand einander gegenüber und schließen die Augen. Der eine spielt „Sender", der andere „Empfänger". Der Sender erinnert sich an eine Situation, die von starken Gefühlen begleitet war. Der Empfänger stellt sich vor, seinen persönlichen Raum so weit auszudehnen, dass der Sender darin sitzt, und konzentriert sich auf die Gefühle, die dieser sendet. Auf ein vereinbartes Zeichen lässt der Sender die Situation innerlich ablaufen, der Empfänger spürt. Nach meiner Erfahrung funktioniert das immer. Auch in großen Gruppen findet man praktisch nie eine Person, bei der es nicht gehen würde.Die Übung funktioniert auch, wenn Sender und Empfänger mit geschlossenen Augen an ihren Platz geführt werden und nicht wissen, wer ihnen gegenübersitzt.

Erkennen von Gefühlszuständen

Man kann nun nicht nur Gefühle direkt wahrnehmen, sondern auch, zu welcher der oben beschriebenen Kategorien von Gefühlen sie gehören, und zwar erkennt man diese an den oben genannten Auswirkungen auf sich selbst und andere.
Wir werden in dieser Woche üben, Gefühlszustände zu erkennen. Hier noch einmal ihre Auswirkungen auf andere:

1. Primärgefühle strahlen Einfachheit ab, Klarheit, Kraft und Ordnung. Sie bewirken Gemeinsamkeit, Sympathie und Harmonie.
2. Sekundärgefühle wirken verstellt, künstlich und manipulativ, machen hilflos und bewirken Schuldgefühle. Man erkennt sie auch an der Langeweile, dem Überdruss, der Irritation und dem Ärger in der Umgebung.
3. Fremdgefühle wirken lähmend und machen ratlos. Sie haben etwas Penetrantes an sich und rufen den Eindruck hervor, im Nebel herumzutappen, dass man nichts machen kann und dass es hoffnungslos ist.
4. Das Charakteristikum von Seins-Gefühlen ist ihre Leichtigkeit, Heiterkeit und Harmonie.

Wie Katharina Stresius in ihrer Arbeit (Die Verbindung von NLP-Techniken mit der Systemtheorie und der systemischen Therapie) beschreibt, ist das Erkennen der verschiedenen Gefühlszustände und insbesondere der Fremdgefühle für die therapeutische Arbeit wichtig, da Fremdgefühle auf bestimmte Skriptzusammenhänge hinweisen, mit denen man auf spezielle Weise umgehen muss. Damit alle das üben können, werden wir während des Seminars darauf hinweisen, wenn bestimmte Gefühlszustände bei jemandem auftreten, und ich bin sicher, dass ihr, wenn ihr nur erst einmal darauf aufmerksam werdet, diese Gefühlszustände auch sehr deutlich spüren und erkennen werdet.

Jedem, der NLP kennt, muss klar sein, dass das hier von mir Vorgeschlagene im NLP bisher eigentlich nicht „erlaubt" ist. Ich behaupte damit nämlich, dass man Gefühle kalibrieren kann – beim Gegenüber! Und ich behaupte, man könne auch die Gefühlskategorien kalibrieren, und zwar beides mit einer Art von persönlichem Gefühlsempfänger. Das erscheint gewagt und erinnert an das im NLP aus gutem Grund verpönte Gedankenlesen (obwohl es das auch gibt). Natürlich ist es besser, wenn der Therapeut sich nicht nur auf seinen „Gefühlsempfänger", sonder auch auf Sehen und Hören verlässt. Nach meiner Erfahrung ist der Gefühlsempfänger jedoch sehr zuverlässig, man kann seine sichere und schnelle Wirkung auch bei Leuten beobachten, die in keiner Weise therapeutisch vorbelastet sind.

Aufmerksamkeit

Beim Zusammensein mit anderen, mit Fremden, Freunden, dem eigenen Partner, kann man eine ständige Veränderung der eigenen Aufmerksamkeit feststellen. Manchmal sind wir interessiert, ja fasziniert, manchmal gelangweilt und abwesend. Das hängt von verschiedenen Faktoren ab: ob der Gesprächsgegenstand interessiert, vom eigenen Zustand, von der Erzählkunst des anderen usw. Diese bekannten Ursachen für Aufmerksamkeit werden jedoch von einem anderen Phänomen überlagert, und dieses Phänomen wird besonders im therapeutischen Kontext deutlich, weil hier der Therapeut neben dem normalen Interesse für den Inhalt der Mitteilungen des Gegenübers gleichzeitig in einer Art von Meta-Aufmerksamkeit ist, die sich auf das bezieht, was um die Mitteilung herum sonst noch passiert: Warum erzählt er/sie das jetzt? Was hat es mit der allgemeinen Fragestellung zu tun? Wie sind die Hintergründe und der Kontext? Oder allgemeiner: Was ist hier los?

Jeder kennt es, dass, wenn jemand spricht, es bestimmte Punkte gibt, an denen Langeweile auftritt, dann Aufmerksamkeit, dann wieder Langeweile usw. In bestimmten Fällen steigert sich die Langeweile bis zur Unlust, zur lähmenden Müdigkeit. Dieses Phänomen ist besonders in Gruppen aufschlussreich, weil man hier feststellen kann, dass die gesamte Gruppe auf gleiche Weise reagiert. Eben noch waren alle wie gebannt, fasziniert, eine Sekunde später ist es, als ginge ein Wind über die Gruppe. Alle fangen an sich zu bewegen, jemand gähnt, andere sehen weg, einige fangen an sich zu unterhalten usw. Was ist geschehen?

Derjenige, der sprach, wechselte von etwas, das für ihn selbst relevant war, über zu etwas anderem, das nicht relevant war. Dieses Abweichen wird vom Tiefenbewusstsein der Teilnehmer sofort erfasst, und die Aufmerksamkeit wendet sich im gleichen Augenblick ab. Im Folgenden werden wir sehen, welche Bedeutung die aktuelle Relevanz einer Mitteilung und die damit verbundene Fluktuation der Aufmerksamkeit als diagnostische Methode haben.

Aufmerksamkeit und Ablenkung

Der oben beschriebene Umschlagpunkt, an dem der Zuhörer vom aufmerksamen Zuhören plötzlich in einen Zustand von Abgelenktsein übergeht, ist dort, wo der Sprechende von dem, was im Moment dran ist und ihn beschäftigt, zu etwas anderem übergeht, das gar nicht dran ist. Er geht also vom Aktuellen und Relevanten über zu etwas anderem.Das andere besteht in Folgendem:

1. Der Sprechende geht zu etwas anderem mit einem anderen Gefühl Verbundenem über, weil er das ursprüngliche Anliegen mit dem dazu gehörenden Gefühlszustand für unakzeptabel hält oder auf verdeckte Weise sucht, was er nicht anzusprechen wagt.
2. Er drückt etwas Fremdes aus, etwas nicht Eigenes. Dieses Fremde überdeckt das Eigene und drängt es zurück. (Hier wirken fremde Anliegen, fremde Gefühle, Zuständigkeiten und Motive.)

Im gleichen Moment, wo er dies tut, geht die Aufmerksamkeit beim Gegenüber weg. Er hatte sich zugewandt, um etwas vom Sprechenden zu erfahren. Stattdessen erscheint verdeckt etwas anderes (das Primäre) hinter dem offiziell vorgebrachten (sekundären) Anliegen, oder die Person ist von etwas Fremdem besetzt (oder besessen), das gar nicht ihre Sache ist (ein fremdes Anliegen, Motiv, Gefühl).

Das Wegdriften der eigenen Aufmerksamkeit (und die der anderen) ist ein sehr zuverlässiges Zeichen dafür, dass der Sprecher oder der Handelnde nicht bei dem ist, was er sagt oder tut. Es ist daher ein zuverlässiges diagnostisches Hilfsmittel zum Erkennen von Sekundär- und Fremdgefühlen. Fremdgefühle aber sind ein Bestandteil von Identifizierung auf der Ebene des Systems (Sippe).

Jeder ist Teil des Systems

In unserer Kultur sind wir gewohnt, nicht an Gefühle zu glauben. Gefühle sind eher eine angenehme oder unangenehme Zugabe, irrational, unzuverlässig, Blendwerk. Im Gegensatz dazu ist jetzt hoffentlich klar geworden, dass Gefühle – und zwar die beim Therapeuten auftretenden – eine wichtige Orientierungshilfe sind. Dabei ist allerdings noch einiges zu beachten:

1. Der Therapeut braucht Übung im Erkennen von Gefühlskategorien.
2. Der Therapeut muss lernen, Empfänger zu spielen.
3. Er muss selbstverständlich alle anderen Kanäle (V, A) ebenfalls benutzen und sich gegebenenfalls Rückmeldungen beim Klienten oder bei der Gruppe holen, um seine Wahrnehmungen zu prüfen.
4. Es ist nicht wünschenswert, dass der Therapeut im Zusammenhang mit Sekundär- und Fremdgefühlen objektiv und abgegrenzt den Klienten seine eigene Lösung finden lässt. Er muss beim Finden konstruktiver Lösungen helfen und auch welche vorschlagen können. Nehmen wir an, der Therapeut hört sich viel Negatives an, ohne dies zu unterbrechen, dann leistet er dem Negativen Vorschub. Er muss auf das Vorliegen von Sekundär- und Fremdgefühlen aufmerksam machen und unterbrechen, da man mit diesen Gefühlen nicht arbeiten kann. Bei Sekundärgefühlen geht es um etwas anderes und bei Fremdgefühlen um jemand anderen. Beide beziehen sich auf das, worum es geht.

Wir müssen uns hier Folgendes klarmachen: Der Klient oder derjenige, der gerade in einer Gruppe arbeitet, ist ein Sender, und die anderen sind

Empfänger. Ihre Reaktionsweise ist einerseits ein wichtiges diagnostisches Hilfsmittel, das für den weiteren Verlauf der Handlung bestimmend ist. Alle diese Empfänger senden aber auch gleichzeitig! Es ist klar, dass es hier zu sehr negativen Feedback-Schleifen kommen kann. Aus diesem Grund ist es so wichtig, Negatives zu unterbrechen und Positives zu finden. Der Therapeut macht dies am besten so, dass er sich das Problem anhört und sich dabei innerlich auf eine positive Lösung ausrichtet, d. h., er muss dabei tatsächlich in einen positiven Zustand gehen, da er nur so etwas Konstruktives sendet. Wenn er nicht unterbricht, gerät er selbst in den Zustand, der zu Sekundär- und Fremdgefühlen gehört, verliert seine Ressourcen und kann nicht mehr helfen. Empathisches Zuhören ist hier völlig sinnlos. Wir müssen uns also in einer Gruppe darüber klar sein, dass wir es hier mit einem komplizierten Beziehungsnetz zu tun haben, in dem jeder gleichzeitig Sender und Empfänger ist und in dem jeder auf den anderen einwirkt.

Weiterhin müssen wir aber auch berücksichtigen, und das werden euch die Aufstellungen sehr klar zeigen, dass es Konstellationen gibt (in Familien, Sippen, das gilt aber auch in Betrieben und Institutionen), die mit Klarheit, Wohlbefinden und Harmonie nicht zu vereinbaren sind. Das ist eine Behauptung. Wenn diese Behauptung aber stimmt, dann müssen wir diese Konstellationen kennen, weil sonst bei allem Engagement und allem positiven Denken eine konstruktive Arbeit nicht möglich ist. Das Wissen über diese Konstellationen und Gesetzmäßigkeiten führt uns zu den in der Arbeit von Katharina Stresius beschriebenen Systemgesetzen.

Zurückgeben von Fremdgefühlen

Das Zurückgeben von Fremdgefühlen kann als ein „Ritual" gesehen werden. Es sollte mit einer angemessenen Ernsthaftigkeit angegangen werden. Sowohl von Seiten desjenigen, der durch das Ritual führt, als auch von demjenigen, der das Fremdgefühl zurückgeben möchte.

Um die Rückgabe zu erleichtern kann ein Gegenstand „symbolisch" an die betreffende Person zurückgegeben werden. Der Klient stellt sich vor, die Person, von der er das Gefühl übernahm, würde ihm gegenüberstehen. Zum Schluss gibt der Klient den Gegenstand an die imaginierte Person zurück, und der Therapeut nimmt ihn stellvertretend ab.

Es kann vorkommen, dass der Klient sich nicht traut, das Gefühl zurückzugeben, aus Angst, die betreffende Person könnte diese „Belastung" nicht verkraften. Die Erfahrung zeigte, dass es gerade in einem solchen Fall sehr wichtig für den Klienten ist, dass übernommene Gefühl zurückzugeben. Es ist nun mal nicht das Lebensgefühl des Klienten, und es wird auch niemals das seine sein. Denn ihm fehlen die Lebenserfahrungen, die bei der anderen Person zu genau diesem Gefühl geführt haben. Außerdem steht hinter einer solchen Haltung die Vorannahme, dass der andere Erwachsene nicht stark genug sei, um sein eigenes Schicksal zu tragen. Das macht den anderen „kleiner" als den Klienten. Ein Zustand, der dem Klienten in der Regel nicht gut tut. Im Gegen-

Menge an angebotenen Informationen vieles aussondern und nur das ins Bewusstsein treten lassen, was der Filter durchlässt – ähnlich der Wirkung eines Siebes.

Fremdgefühle:
Übernommene Gefühle; Begriff aus der Systemischen Familientherapie nach Bert Hellinger.

Generalisierung / generalisieren:
Verallgemeinerung; verallgemeinern; aus einer oder wenigen Erfahrungen auf eine ganze Klasse von Erfahrungen schließen.

Glaubenssätze:
Überzeugungen, die ein Mensch über sich und die Welt hat; Glaubenssätze steuern bewusst oder unbewusst unser Verhalten und unsere Gefühlsreaktionen.

Halluzinieren:
Vermutungen über den inneren Zustand eines anderen, die nicht auf Wahrnehmung basieren, sondern auf willkürlich vorgenommener Bedeutungsgebung.

Hauptrepräsentations-Systeme:
Visuell, auditiv, kinästhetisch – die drei Repräsentations-Systeme, die in westlichen Kulturen bevorzugt zur Informationsaufnahme und -verarbeitung genutzt werden.

Hypnotalk:
Verbal geführte Trance in leichter bis mittlerer Trancetiefe, mit der ein innerer Prozess mittels inhaltlicher Beschreibung und hypnotischen Induktionen gesteuert wird.

Intonation:
Klangeigenschaften der Stimme.

Introjekt:
Zuschreibungen von Bezugspersonen aus der Kindheit, die so häufig geäußert wurden, dass diese Zuschreibungen in bestimmten Situationen im Inneren gehört werden, ohne dass die Bezugsperson anwesend ist.

K^--Zustand:
Ressourcearmer Zustand; „K" steht für Kinästhetik, „–" steht für negativer Gefühlszustand.

Kalibrieren:
Zuordnen des nonverbalen Ausdrucks einer Person zu einer bestimmten inneren Verfassung.

Kernglaubenssatz:
Eine tiefgreifende Überzeugung über die Welt oder die eigene Identität.

Komplexe Äquivalenz:
(A = B); zwei Erfahrungen werden als synonym interpretiert. Beispiel: Er kommt zu spät zu unserem Treffen, das bedeutet, dass es ihn nicht interessiert, was wir besprechen.

Kongruenz:
Stimmigkeit des nonverbalen und verbalen Ausdrucks; alle Ressourcen einer Person sind auf ein Ziel hin fokussiert; in diesem Zustand behindert kein Teil der Persönlichkeit das Erreichen des Zieles.

Kritische Submodalitäten:
Submodalitäten, bei deren Veränderung sich andere Submodalitäten automatisch mitverändern; Beispiel: Du veränderst das Bild von schwarzweiß auf farbig, und das Bild wird automatisch ein Film und heller.

Leaden / Leading:
Führen durch das Verändern des eigenen Ausdrucksverhaltens auf der Grundlage eines ausreichend tiefen Rapports.

Leadsystem:
Dasjenige Repräsentations-System, das eine Person grundsätzlich zuerst ansteuert – unabhängig von der aufzufindenden Information –, um eine Information aus dem Langzeitgedächnis zugänglich zu machen; nicht alle Menschen nutzen ein Leadsystem.

Lieblingsworte:
Begriffe, die eine Person gerne benutzt, wie Kumpel, Kohle, Karre u. Ä., die jedoch keine außerordentliche Bedeutung für sie tragen.

Matching:
In Übereinstimmung bringen; in Übereinstimmung sein.

Meta-Modell der Sprache:
Eine effiziente Interviewtechnik, die eine differenzierte Kategorisierung der Sprache und Fragetechniken nutzt, mit deren Hilfe sehr genaue, sinnesspezifische Informationen über kognitive Prozesse eingeholt werden können; Generalisierungen, Verzerrungen und Tilgungen sowie kognitive Strategien werden hinterfragt bzw. erfragt.

Mismatching:
Aus der Übereinstimmung herausgehen, Übereinstimmung vermeiden.

modellieren:
Das Elizitieren und Imitieren der Strategie eines Menschen, der eine Aufgabe hervorragend und anscheinend ohne Mühe erledigt; die bewusste, aktive „Erzeugung" kognitiver Modelle mit dem Ziel, neues Verhalten zu ermöglichen.

Pacen / Pacing:
Angleichen des eigenen Ausdrucksverhaltens an das Ausdrucksverhalten einer anderen Person zum Aufbauen und Vertiefen von Rapport.

Physiologie:
Der von einem außenstehenden Beobachter wahrnehmbare nonverbale Anteil eines inneren Zustandes.

Primäres Repräsentations-System:
Repräsentations-System, das eine Person bevorzugt zur bewussten Informationsaufnahme und -verarbeitung benutzt; dies kann kontextübergreifend ein Repräsentations-System sein, oder aber das Primäre Repräsentations-System wechselt je nach Kontext.

prozessorientiert:
Eine prozessorientierte Vorgehensweise ist eine solche, die das WIE stärker betont als das WAS oder WARUM.

Prozessworte:
Begriff aus dem Meta-Modell der Sprache; Worte, die einen Prozess beschreiben, wie Verben, Nominalisierungen, Adjektive, Adverbien.

Rapport:
Spontan entstehendes Vertrauen durch Wahrnehmen von Gleichem; ein Zustand, in dem sich zwei oder mehrere Menschen in tiefem Kontakt zueinander befinden, der von Harmonie und Vertrauen geprägt ist.

Rapportbruch:
Störung in der Harmonie und im Vertrauen zwischen zwei Gesprächspartnern; Rapport ist wie ein feiner seidener Faden zu verstehen, der leicht gesponnen ist, aber auch leicht wieder reißen kann, daher sind Rapportbrüche nicht vermeidbar; wichtig ist, diese schnell zu erkennen und Gegenmaßnahmen einzuleiten.

Referenzsystem:
Das Repräsentations-System, in dem eine Person testet, ob eine abgerufene Information richtig ist oder nicht.

Reframing:
Umdeuten – den Bezugsrahmen einer Aussage verändern oder auswechseln, um ihre eine andere Bedeutung zu verleihen.

Repräsentation / repräsentieren:
Die inneren Bilder, Töne und Gefühle, die bewusst oder unbewusst das Erleben und Verhalten einer Person beeinflussen.

Repräsentations-Systeme:
Fünf nonverbale Sinnesmodalitäten (visuell, auditiv, kinästhetisch, olfaktorisch, gustatorisch), die ein Mensch zur externen Wahrnehmung und zur internen Weiterverarbeitung der Wirklichkeit zu Modellen verwendet; zusätzlich zu den fünf nonverbalen wird als sechstes Repräsentations-System ein verbales angenommen, das ebenfalls der internen Weiterverarbeitung dient.

Ressource:
Hilfsmittel bzw. Quellen, die einer Person zur Verfügung stehen.

ressourcevoll:
In Verbindung mit den eigenen Kräften und Fähigkeiten sein.

Schlüsselworte:
Begriffe, die für den Gesprächspartner eine außerordentliche Bedeutung tragen; im Coachingkontext sind dies häufig Bezeichnungen für den Kern des Problems, wie z.B. unbefriedigende Lebenssituation oder emotionale Gewalt usw.; im beruflichen Kontext sind dies häufig Insiderbegriffe wie Firmenkultur oder Sozialpolitik usw.

sensorisch definit:
Informationen, die direkt mit Hilfe der fünf Sinne wahrnehmbar und überprüfbar sind.

Sonstige Gesten:
Gestikbewegungen, die keine sprachbetonende Bedeutung haben und daher während des Zuhörens gepacet werden können.

Sprachbetonende Gesten:
Gestikbewegungen, die eine Person nutzt, um ein Wort oder eine Aussage zu betonen.

Submodalitäten:
Die kleinsten wahrnehmbaren Untereigenschaften der einzelnen Repräsentations-Systeme. Beispiel: Helligkeit, Farbe, Bewegung, Lautstärke usw.

Suchanker:
Kinästhetischer Anker (i.d.R.), mit dessen Hilfe traumatische Ereignisse in der Vergangenheit aufgespürt werden können.

Systemisch-phänomenologische Familientherapie:
Eine hochgradig wirksame, von Bert Hellinger entwickelte Familienthe-

rapie, welche die Methode der Familienaufstellungen nutzt, um verborgene Dynamiken innterhalb eines Familiensystems bewusst und lösbar zu machen.

Tilgung / tilgen:
Löschen, Ausblenden bestimmter Informationen; Tilgen ist ein notwendiger Prozess in der Kommunikation, um die mögliche Informationsflut auf eine verarbeitbare Menge zu reduzieren; getilgte Informationen, die für eine jeweilige Interaktion wichtig sind, sollten jedoch als Informationslücke wahrgenommen und erfragt werden.

Trauma / traumatisiert:
Verletzung; Ereignis, das mit den zur Verfügung stehenden Ressourcen nicht verarbeitet werden konnte und einen seelischen Schock auslöste; durch ein seelischen Trauma separiert sich erfahrungsgemäß ein Teil der Persönlichkeit von der Gesamtpersönlichkeit und bleibt in dem kindlichen Erleben des Schockzustandes verhaftet.

Treiber-Submodalität:
Zwangauslösende Submodalität.

Triangulierung:
Involviertsein einer Person in den Konflikt zweier anderer; der involvierten Person wird entweder eine Teilverantwortung für das Lösen des Konfliktes aufgetragen, oder ein Konfliktpartner zieht den unbeteiligten Dritten in eine Koalition gegen den anderen Konfliktpartner; ein klassisches Beispiel aus der Familientherapie ist das Einbeziehen eines Kindes in Ehestreitigkeiten der Eltern.

Trigger / triggern:
Auslösendes Element; hervorrufen, auslösen.

Ursache-Wirkungs-Beziehung:
Die Annahme, dass eine Aktion oder ein Verhalten einer Person ursächlich dafür sein kann, dass eine andere Person eine Emotion oder einen inneren Zustand erlebt.

Valenz:
Leerstellen, die ein Prozesswort „fordert", um seine Bedeutung entfalten zu können.

Verzerrung / Verzerren:
Prozess, bei dem wir unsere internen Repräsentationen von der Welt verändern, um eine interne Repräsentation zu erschaffen, die es in der Wirklichkeit (noch nicht) gibt; die entsprechende Fähigkeit ist Voraussetzung für jeden kreativen Akt; ein Beispiel für negative Auswirkungen von unangemessenem Verzerren wäre Verfolgungswahn.

Vorannahmen:
Eine Aussage, die in einem Satz als wahr vorausgesetzt wird, damit dieser Satz überhaupt Sinn ergeben kann; Beispiel: „Wenn die Katze noch mal auf den Tisch springt, werfe ich sie runter." Vorannahme: Die Katze war bereits mindestens einmal auf dem Tisch.

Zirkulärer Reimprint:
Erweiterte Reimprint-Technik von Katharina Stresius und Klaus Grochowiak; der Reimprint wurde um systemische Aspekte aus der Systemisch-phänomenologischen Familienarbeit nach Bert Hellinger erweitert.

Literaturliste

Die folgenden Titel empfehlen wir zu den einzelnen Wochenenden

..........Als Nachschlagewerk zu allen Wochenenden..........

T. Rückerl — NLP in Stichworten

Ein Nachschlagewerk, in dem in alphabetischer Reihenfolge NLP- und therapiespezifische Begriffe ausführlich erklärt sind; 22,50 EUR

..........Ankern..........

Richard Bandler/John Grinder — Neue Wege der Kurzzeit-Therapie

Einführungsbuch in die grundlegenden Vorstellungen und Techniken des NLP – Zugangshinweise, Ankern, Umdeuten; 19,50

..........Repräsentations-Systeme..........

Richard Bandler/John Grinder — Kommunikation und Veränderung, Seite 9 - 33

Zu lesen ist nicht das gesamte Buch, sondern nur die oben angegebenen Seiten über Repräsentations-Systeme und ihre Bedeutung in der Kommunikation; 19,50

..........Submodalitäten..........

Richard Bandler — Veränderung des subjektiven Erlebens

Das erste Buch über Submodalitäten. Submodalitäten sind die kleinsten Einheiten des subjektiven Erlebens: die Farbe der inneren Bilder, ihre Größe, Entfernung, Helligkeit usw. Bandler zeigt hier, wie durch die Veränderung der konstituierenden Elemente des subjektiven Erlebens Ängste, Unsicherheit, Zweifel und viele andere Befindlichkeiten schnell und erfolgreich verändert werden können; 17,-

Connirae und Steve Andreas — Gewusst wie

Ein weiteres Buch mit vielen sehr nützlichen Submodalitätstechniken; 22,50

Bandler/ Will Mac Donald — Der feine Unterschied

Ein kleiner Band mit fortgeschrittenen Submodalitätstechniken; 15,50

Richard Bandler — Bitte verändern Sie sich ... jetzt!

Therapietranskripte von Richard Bandler über Angst und Zwänge. Mit einem nützlichen Anhang über hypnotische Sprachmuster und einer Anwendung des NLP bei einer posttraumatischen Streßstörung; 24,50

..........Milton-Modell – Hypnose..........

Bandler/Grinder — Therapie in Trance

Bandler und Grinder geben in diesem Buch eine umfassende praktische Einführung in die Techniken der Hypnose. Anhand von Übungen, die jeweils detailliert erläutert werden, wird dem Leser die Möglichkeit geboten, sich seiner eigenen hypnotischen Fähigkeiten bewusst zu werden und sinnvoll zu schulen; 25,-

..........Meta-Modell der Sprache..........

Bandler/Grinder — **Metasprache und Psychotherapie**
Kommunikation und Veränderung, Seite 35 - 132

In diesen beiden Bänden wird eine Fragetechnik entwickelt, die es ermöglicht, das innere Modell der Welt des Gesprächspartners fragend zu erforschen, um so zu verstehen, wie der andere sein Problem, seine Störung oder was auch immer „macht". Das Meta-Modell der Sprache ermöglicht es, die Generalisierungen, Verzerrungen und Tilgungen in den sprachlichen Äußerungen des Gesprächspartners durch Hinterfragen rückgängig zu machen; je 19,50

..........Reframing..........

Bandler/Grinder — **Reframing**

Reframing (Umdeuten) ist eine Technik, die von der Vorannahme ausgeht, dass nichts in der Welt an sich eine Bedeutung hat, sondern dass wir den Dingen Bedeutung geben, d.h. wir können aber beliebig Bedeutungen verteilen; 19,50

..........Re-Imprint..........

Robert B. Dilts — **Identität, Glaubenssysteme und Gesundheit, S.79 - 115**

Auf den angegebenen Seiten stellt R. B. Dilts ausführlich seine Erfahrung mit dem vom ihm erstellten Reimprint-Format dar; 19,50

....

Die folgenden Bücher können bei Interesse parallel gelesen werden:

..........Pacing & Leading / Ankern..........

Bandler/Grinder/Virginia Satir — **Mit Familien reden**

Anwendung von NLP-Techniken in der Familientherapie. Rapport, Meta-Modell, Satir-Kategorien u.a.; 17,-

Leslie Cameron-Bandler — **Wieder zusammenfinden**

Die wesentlichen Basistechniken des NLP (Rapport, Repräsentations-Systeme, Ankern, Umdeuten) und ihre Anwendung in der Paartherapie. Geeignet als Parallellektüre zu „Neue Wege der Kurzzeit-Therapie"; 18,50

Robert Dilts — **Applications of Neuro-Linguistic Programming (engl.)**

Geschichte des NLP, Repräsentations-Systeme, Anwendungen im Business

James Eicher — **Making the message clear (englisch)**

Eines der vielen Sekundär-Bücher, die sich bemühen, die Grundbegriffe des NLP anwendungsorientiert zu klären

Jerry Richardson — **Erfolgreich Kommunizieren**

Ebenfalls ein Sekundär-Buch, das sich mit dem Gebiet des Rapport ausführlich auseinandersetzt. Geeignet als Parallellektüre zu „Neue Wege der Kurzzeit-Therapie"

Terrence L. Mc Clendon — **The Wild Days - NLP 1972-1981**

Amüsant geschriebene Darstellung der Szene, der Leute und der Umstände, aus denen NLP entstanden ist.

Joseph O'Connor, John Seymour — **Neurolinguistisches Programmieren: Gelungene Kommunikation und persönliche Entfaltung**
Die neue Psychologie der persönlichen Excellence.

Alexa Mohl — **Der Zauberlehrling**
Ein Lern- und Übungs-Buch für alle Themen, die im Practitioner-Kurs behandelt werden; 22,50

..........Meta-Modell..........

Chong und Chong — **Power and Elegance in Communication**
Ein Buch zur Erweiterung und Vertiefung des Meta-Modells der Sprache und seiner philosophischen und linguistischen Hintergründe.

..........Submodalitäten..........

R. Weerth — **NLP & Imagination I + II**
In diesem Buch werden die einzelnen theoretischen und praktischen Bausteine des NLP einschliesslich seiner neuesten Entwicklungen zusammenhängend dargestellt und verwertet. Das Submodalitäten-Konzept als wichtigste „Eigen-Erfindung" des NLP bildet dabei Schwerpunkt und roten Faden zugleich; 20,50

Connirae und Steve Andreas — **Mit Herz und Verstand**
Eine wunderbare Sammlung von sehr effektiven NLP-Techniken; 25,46

Richard Bandler — **Time for a Change**
„New ways for hypnotic and belief work"; 22,50

..........Die drei Wahrnehmungspositionen – Position 1, 2 und 3..........

C. Andreas/T. Andreas — **Der Weg zur inneren Quelle - Core-Transformation**
Das kürzlich erschienene Buch zu dem von Connirae Andreas erstellten Format Core-Transformation, von dem ein Teil, die drei Wahrnehmungspositionen, an diesem Wochenende geschult wird; 22,50

..........Hypnose..........

Bandler/Grinder/DeLozier — **Patterns, Volume 1 + 2 (englisch)**
Darstellung wesentlicher linguistischer Muster und Strukturen, die Milton Erickson in der Arbeit mit Klienten nutzte. Mit vielen interessanten Transkripten von Ericksons Arbeit

E. Rossi — **Die Psychologie der Körper-Geist-Heilung**
In diesem Buch beschreibt Rossi (einer der wichtigsten Schüler Milton Ericksons) die „Mind-Gene-Connection". Er zeigt, wie unsere Gedanken und Emotionen unsere Gesundheit beeinflussen. Mit diesem Buch zeigt und verbindet Rossi die neuesten Ergebnisse aus der Psychoneuroimmunologie und der Hypnoseforschung.

Milton H. Erickson — **Meine Stimme begleitet Sie überallhin**
Das Kernstück des Buches bilden die wörtlichen Protokolle eines 5-tägigen Lehrseminares, das Milton H. Erickson in seinem Haus in Phoenix/Arizona abhielt; 24,-

M. Erickson/E. Rossi — **Hypnotherapie**
Dieses Buch stellt eines der Standardwerke zum Erlernen Ericksonscher Hypnose dar. Es werden auf über 500 Seiten Aufbau, Beispiele und Forschungsergebnisse über Hypnose vorgestellt; 30,-

J. Haley — **Die Psychotherapie Milton H. Ericksons**
Haleys Arbeit gilt als eines der Standardwerke der Ericksonschen Hypnosetherapie. In diesem Buch werden die Rahmenbedingungen, die für Erickson bei der Therapie wichtig waren, wie Zyklen des Familienlebens, Partnersuche usw., dargestellt und analysiert; 22,50

Erickson/Rossi/Rossi — **Hypnose**
Dieses Buch handelt von der Induktion klinischer Hypnosebehandlungen von acht wörtlich protokollierten Hypnosesitzungen mit Milton Erickson, die im Gespräch mit Dr. Rossi kommentiert und Schritt für Schritt erläutert werden; 27,50

S. Rosen — **Die Lehrgeschichten von Milton H. Erickson**
Es handelt sich hier um eine relativ vollständige Sammlung der von Milton Erickson immer wieder benutzten Geschichten und Anekdoten; 29,50

J.K. Zeig — **A Teaching Seminar with M.H. Erickson (englisch)**
Bei diesem Buch handelt es sich um eine Abschrift und Kommentare eines 5-tägigen Lehrseminares von Milton Erickson.

Steve de Shazer — **Worte waren ursprünglich Zauber**
Grundlegende sprachanalytische Überlegung zur therapeutischen Interview-Praxis; 31,66

Patrick K. Porter — **Psycho-Linguistics**
Psycho-Linguistics ist eine Kombination aus Hypnose, NLP und Meditation.

Praktisch angewandtes NLP

Siegmund/Besser-Siegmund — **Coach Yourself**
Sehr praktisch orientiertes Buch, geschrieben für Manager, die effektiv an ihrer Gesamtpersönlichkeit arbeiten wollen, aber auch hochinteressant für Otto Normalverbraucher, selbst für den, der noch nie etwas mit dem Thema zu tun hatte, deutschsprachig; 20,50

Cameron-Bandler/Lebeau — **Die Intelligenz der Gefühle**
Ein eigenständiges Modell über Emotionen, ihren Mitteilungswert und ihre möglichen Nutzungen.

Susanne Haag — **NLP-Welten / NLP – Eine Einführung**
Das praktische Handbuch für die kleineren und grösseren Herausforderungen des Alltags. Mit vielen lustigen Illustrationen von Klaus Holitzka; 10,-

Thies Stahl — **Triffst du nen Frosch unterwegs ...**
Eine Zusammenfassung wesentlicher NLP-Techniken und ihrer Anwendung; 22,50

Alyce P. Cornyn-Selby — **Procrastinator's Success Kit (englisch)**
Hier wird auf humorvolle Weise eine weltweite „Seuche" – das Zögern – untersucht und gezeigt, wie man aus dem Programm „wichtige Dinge auf die lange Bank schieben" aussteigen kann.

Anthony Robbins — **Grenzenlose Energie**
Tony Robbins ist durch seine „riesigen" Seminare in den USA einer der bekanntesten NLP-Trainer. Sein Buch stellt sein Verständnis der wichtigsten NLP-Techniken und ihre Nutzung für persönliches Wohlbefinden und Erfolg vor, einschliesslich eines Ernährungs-Kapitels für einen klaren Kopf. US-Bestseller.

Meta-Reflexion über NLP

Winfried Bachmann — **Das Neue Lernen**
Diskussion der Rahmenbedingungen des NLP-Konzepts im Vergleich zu anderen Konzepten und Untersuchung der inneren theoretischen Struktur des NLP. Versuch einer Anbindung des NLP an handlungsorientierte, ganzheitlich-systemische Ansätze und Konzepte in der beruflichen Bildung; 20,50

Eric Marcus, M.D. — **Die Logik des Unlogischen**
Ein Versuch, NLP, das Modell der rechten Gehirnhemisphäre und die Theorien über nicht-lineares Denken zusammenzubringen.

Klaus Grochowiak, Joachim Castella — **Der leichte Tanz**
Einführung in eine neue Denkform. Ausgehend von der alltäglichen Erfahrung führen die Autoren schrittweise in eine neue Form der Rationalität ein; 20,50

Klaus Grochowiak — **Vom Glück und anderen Sorgen**
Dieses Buch ist ein flammendes Plädoyer gegen unsere stillschweigende Bereitschaft, unser Leben sich auf einem mittleren Zufriedenheitsniveau einpendeln zu lassen. Es macht Lust, die mentalen Ärmelschoner abzulegen und endlich das beim Leben einzufordern, was uns zuallererst zusteht: das Menschenrecht auf Glück. – Vergriffen; Neuauflage folgt.

Joseph Yeager — **Thinking About Thinking with NLP (englisch)**
Erkenntnistheoretische und wissenschaftstheoretische Auseinandersetzung mit den Prinzipien des NLP.

Inke Jochims — **NLP für Profis**
Über die Arbeit mit Glaubenssätzen und die Erweiterung des Therapiekonzepts, die dadurch geleistet worden ist; 18,41

Michael Hall — **Meta-States (englisch)**
In diesem Buch entwickelt Hall die linguistischen und erlebnismässigen Möglichkeiten, mit den selbstreflexiven Bewusstseinsmöglichkeiten zu arbeiten.

Michael Hall — **The Spirit of NLP (englisch)**
Dieses Buch beschäftigt sich unter anderem mit neueren Erweiterungen des Meta-Modells, wie sie von Richard Bandler entwickelt worden sind.

NLP für Lehrer / Lehrende / Schule / Erziehung

Michael Grinder — **NLP für Lehrer**
Michael Grinder ist sicher der profilierteste Experte für das Thema. Er legt mit diesem praxisorientierten Arbeitsbuch ein Standardwerk für jeden Lehrer vor.

Eric P. Jensen — **Super-Teaching (englisch)**
Jensen (M.A. in Psychologie) ist Experte auf dem Gebiet der Lerntechniken. Er übersetzt die neuesten Forschungen auf dem Gebiet der Gehirnforschung, des NLP und beschleunigter Lerntechniken in praktische Anleitungen für Lehrer auf allen Ebenen des Ausbildungssystems; 31,66

Bernhard F. Cleveland, PH.D. — **Master Teaching Techniques (englisch)**
Dieses Buch ist eher eine Anwendung der NLP-Basistechniken auf den Schulalltag.

Sid Jacobson — **Meta-Cation, Volume I-III (englisch)**
Der Autor ist selbst Lehrer und legt mit diesen drei Bänden eine umfassende Darstellung der Nutzung von NLP-Modellen im schulischen Kontext vor; 26,66 pro Band

Joseph O'Connor — **Not Pulling Strings**
Ein Buch über den Musikunterricht insbesondere für den Instrumentalunterricht; 14,11

Faith Clark, Cecil Clark — **Hassle Free Homework**
Ein Sechs-Wochen-Plan für Kinder und Eltern, um aus den Schularbeiten ein grossartiges Lernerlebnis zu machen; 18,80

Dawna Markova — **Die Entdeckung des Möglichen**
Wie unterschiedlich wir lernen, denken und kommunizieren.

Fred Warnke — **Was Hänschen nicht hört ...**
Neue Wege der Früherkennung und Überwindung der Lese- und Rechtschreib-Schwäche.

NLP & Verkauf

Richard Bandler/Paul Donner — **Die Schatztruhe - NLP im Verkauf**
Übungsband zum Einsatz der NLP-Techniken im Verkauf; 25,50

Alfred Bierach — **NLP - Die letzten Geheimnisse der Starverkäufer**
In diesem Buch werden die Basis-Techniken des NLP (Rapport, Zugangshinweise, Strategien, Ankern usw.) und ihre Anwendung beim Verkaufen vorgestellt.

Don Aspromonte/Diane Austin — **Green light selling (englisch)**
Die Autoren entwickeln ein Verkaufs-Modell, das am zeitlichen Ablauf des Verkaufsvorganges orientiert ist, und stellen die einzelnen Techniken dar, die für die jeweilige Phase notwendig und nützlich sind.

Bierbaum/Marwitz/May — **Happy Selling**
Auch hier die bekannte Anwendung des NLP-Kommunikationsmodells auf das Verkaufsgespräch, deutschsprachig; 25,-

Donald J. Moine/Kenneth Lloyd — **Unlimited Selling Power**
Die Techniken der Verkaufselite
Viele interessante Techniken und ihre Anwendung im Verkaufsgespräch. Nicht nur die üblichen NLP-Techniken.

Richard A. Zarro — **Den richtigen Draht finden**
Ein Buch mit nützlichen Anregungen für alle, die beruflich häufig telefonieren müssen und ihre NLP-Kenntnisse nutzen wollen.

Scott Nelson — **No Experience Necessary (englisch)**
Ebenfalls empfehlenswertes Buch über NLP am Telefon.

R. Bandler, J. La Valle — **Die Schatzkammer des Erfolgs CP**
Das neueste Buch von Bandler zum Thema „Nutzung der Sprache und effektives Verhalten im Verkauf".

Psychoneuroimmunologie

Jeanne Achterberg — **Gedanken heilen**
Ein ausführliches Werk über die (bis jetzt bekannten) Zusammenhänge zwischen Gedanken/Gehirn und Immunsystem/Gesundheit mit vielen Beispielen aus der Forschung dieser bekannten Ärztin.

Deepak Chopra — **Die heilende Kraft**
Der bekannte ayurvedische (Indien) Arzt diskutiert in hervorragender Weise das Thema „Quantum Healing" (Originaltitel): Wie funktioniert die Intelligenz unserer Zellen, wie wird ein Gedanke zur Materie, zur Chemie unseres Körpers? Spontanheilungen und Placeboeffekt werden genauso verständlich beschrieben wie eine Verknüpfung von moderner Quantenphysik mit Molekularbiologie; 8,45

Dr. med. Hans Grünn — **Die innere Heilkraft**
Gedanken, Immunsystem und NLP – ein informatives Selbsthilfebuch auch für Laien.

E.L. Rossi — **Zwanzig Minuten Pause**
Die Bedeutung der ultradianen Rhythmen für unsere körperliche und geistige Gesundheit; 19,50

Robert Masters — **Neurospeak**
Ein völlig neuartiger Ansatz, der es Ihnen ermöglicht, Ihren Körper zu verändern, während Sie lesen. Die hier vorgestellte Technik lässt Sie erleben, wie geschriebene Information sich in eine semantische Reaktion übersetzt; 13,85

Hintergrundliteratur zu NLP

Paul Watzlawick — **Wie wirklich ist die Wirklichkeit?**
Einführung in aktuelle Probleme der Kommunikationsforschung mit verblüffenden Beispielen dafür, dass unsere sogenannte Wirklichkeit das Ergebnis von Kommunikation ist; 9,90

Paul Watzlawick — **Anleitung zum Unglücklichsein**
Ein amüsantes Buch über Symptomverschreibung; 7,90

F. Farrelly — **Provokative Therapie**
Einführungsbuch über die Provokative Therapie; 44,95

Jürgen Wippich — **Denk nicht an BLAU**
Eine unendliche Reise ins Systemische, zu Selbstorganisation und NLP, zu NKS und unseren Lebensliedern; 25,50

H. R. Maturana, F. J. Varela — **Der Baum der Erkenntnis**
Wie wir die Welt durch unsere Wahrnehmung erschaffen – die biologischen Wurzeln des menschlichen Erkennens; 8,-

Gregory Bateson — **Geist und Natur**
Es ist die platonische These dieses Buches, dass Erkenntnistheorie eine unteilbare, integrierte Metawissenschaft ist, deren Thema die Welt der Evolution, des Denkens, der Anpassung, der Embryologie und der Genetik bildet – die Wissenschaft des Geistes im weitesten Sinne des Wortes; 12,-

G. Bateson **Ökologie des Geistes**
Aufsatzsammlung mit wesentlichen Beiträgen zur Lerntheorie und zur Entwicklung der Double-bind-Theorie; 18,-

Robert Ornstein **Multimind**
Ein neues Modell des menschlichen Geistes auf der Basis der modernen Hirnforschung, das eine sehr gute Ergänzung zum Teile-Modell im NLP darstellt.

E.L. Rossi **Die Psychobiologie der Seele-Körper-Heilung**
Bedeutung der Psychoneuroimmunologie für die therapeutische Hypnose.

Julian Jaynes **Der Ursprung des Bewusstseins durch den Zusammenbruch der bikameralen Psyche**
Neue Theorie über die Integration der linken und rechten Gehirnhemisphäre mit interessanten Darlegungen über Hypnose, Schizophrenie, Weissagung und über das Wesen des Schöpferischen bei Dichtern und Künstlern.

Alfred Korzybski **Science and Sanity (englisch)**
Grundlegendes Werk über „General Semantics". Hier wird der Begriff der Neuro-Linguistics zum ersten Mal benutzt; 39,53

I.P. Pawlow **Die bedingten Reflexe**
Diese Arbeiten stellen die physiologischen Grundlagen für die Stimulus-Response-Theorie und damit für das Ankern im NLP dar.

I.P. Pawlow **Wie Pawlow auf den Hund kam**
Klassische Experimente der Psychologie.

S. Pinker **The Language Instinct (englisch)**
Pinker ist einer der führenden Experten aus der Chomsky-Richtung und zeigt in diesem Buch, wie er sich den Spracherwerb auf der Basis eines angeborenen Instinkts für Sprache vorstellt.

R. Jackendorff **Patterns in the Mind (englisch)**
Eine interessante und leicht verständliche Darstellung der neuesten Ergebnisse der Linguistik, Psychologie, Neuro-Wissenschaften über Struktur und Aneignung der Sprache. Wie Pinker vertritt er den Standpunkt der Chomsky-Schule, dass es angeborene Strukturen für den Spracherwerb gibt.

NLP & Management / Business

Klaus Grochowiak, Susanne Haag **Erfolgreich im Beruf mit NLP**
Es werden verschiedene NLP-Kommunikationstechniken vorgestellt, die Ihre Chancen im Berufsleben erhöhen; vergriffen, Neuauflage folgt.

McMasters **Performance Management (englisch)**
Diese Arbeiten stellen die physiologischen Grundlagen für die Stimulus-Response-Theorie und damit für das Ankern im NLP dar. NLP & Management; 19,73

Klaus Marwitz **Lean Company**
NLP im Unternehmen, Kommunikations-Design, Mind-Mapping in Aktion, Ad-hoc-Strategien, Photo-Reading; 29,65